Sozial wirtschaften – nachhaltig handeln

Sozial wirtschaften – nachhaltig handeln

ConSozial 2010

Herausgegeben von
Joachim König, Christian Oerthel und Hans-Joachim Puch

Allitera Verlag

Weitere Informationen über den Verlag und sein Programm unter:
www.allitera.de

April 2011
Allitera Verlag
Ein Verlag der Buch&media GmbH, München
© 2011 Buch&media GmbH, München
Umschlaggestaltung: Kay Fretwurst, Freienbrink
Printed in Germany · ISBN 978-3-86906-146-7

Inhalt

Zur Einführung

Christine Haderthauer
Grußwort 11

Burkard Rappl
Grußwort 13

Joachim König, Christian Oerthel & Hans-Joachim Puch
Nachhaltigkeit, na klar! Aber was heißt das eigentlich, vor allem
für die Soziale Arbeit? 14

Vorträge

Reinhard Marx
Sozial wirtschaften – nachhaltig handeln 21

Peter Masuch
Wer entscheidet, was sozial ist? Die Bedeutung der Entscheidung
des BVerfG vom 9. Februar 2010 für die Festlegung von Mindeststandards in der Eingliederung von behinderten Menschen 39

Erny Gillen
Organisation des Sozialen in Europa – Orientierungswissen für
Führungskräfte 59

Heiner Bielefeldt
Inklusion als Menschenrechtsprinzip: Perspektiven der
UN-Behindertenrechtskonvention 68

Ronald Richter
Wege aus dem Vorgaben-Dschungel. Was ist zu erfüllen
und wogegen können sich Pflegeeinrichtungen wehren? 89

Reinhard Wiesner
Das neue Kinderschutzgesetz – Was kommt? 100

Winfried Knorr
Wer zahlt, schafft an? Das Verhältnis von freier und öffentlicher Jugendhilfe neu denken 108

Thomas Eisenreich
Spezialisierung vs. Diversifikation der Angebote – Zukunfts- und Vernetzungsstrategien der Altenhilfe 120

Ute Luise Fischer
»Was sind uns soziale Berufe wert?« Ergebnisse aus dem BMBF-Forschungsprojekt »Berufe im Schatten« 129

Stefan Becker
audit berufundfamilie – Eine Strategie gegen den Fachkräftemangel? 138

Astrid Szebel-Habig
Führen Frauen anders? Rollen – Erwartungen – Wirkungen 141

Fritz Krueger
Ethik der Achtsamkeit – Richtschnur für technikgestützte Assistenzleistungen 145

Wolfgang Meyer
Mehr Technik – Mehr Zuwendung? 156

Markus Horneber
Forschung und Entwicklung in der Sozial- und Gesundheitswirtschaft – Erfolgreiche Beispiele 165

Thomas Kreuzer
Fundraising in Zeiten knapper Mittel – Was funktioniert? 175

Bernd Halfar
Wirkungsorientiertes Controlling in sozialwirtschaftlichen Organisationen 188

Klaus Schellberg
Die regionalökonomische Wirkung von Sozialunternehmen 196

Wolfgang Wasel
Sozialraumorientierung rechnet sich – Mehrwert ermitteln 201

Renate Salzmann-Zöbeley
Wohnen, Pflegen, Betreuen – Neue Angebote für Menschen
im Alter 211

Heiko Zillich
Das Persönliche Budget – Totgesagte leben länger?! 217

Karl Stengler
Behinderung und Migration – Besonderheiten und Probleme im
Leistungszugang für Menschen aus traditionell-islamischen
Milieus 229

Preisträgerin
Barbara Mittnacht
Wissenschaftspreis der ConSozial 235

Ergebnisse der Besucher- und Ausstellerbefragung

Axel Geißendörfer
Auswertung und Statistik 245

Anhang
Verzeichnis der Autoren und Autorinnen 255
Mitglieder der Programmkommission der ConSozial 2010 257
Kuratorium der ConSozial 2010 259
Jury Wissenschaftspreis 260

Zur Einführung

Christine Haderthauer
Grußwort

»Es ist nichts beständig als die Unbeständigkeit«
Immanuel Kant

Seit jeher haben die Menschen den Wandel der Zeiten gespürt. Heute empfinden wir – vermutlich ebenso wie die Menschen früherer Epochen – besonders hohen Veränderungsdruck. Gesellschaftliche, demografische, wirtschaftliche, technologische und ökologische Veränderungen stellen uns in der Tat vor immer neue Herausforderungen. Wandlungsfähigkeit ist ein zentrales Qualitätsmerkmal geworden. Ebenso bedeutsam ist allerdings das Bewusstsein um die Wurzeln, unsere gemeinsamen gesellschaftlichen Grundlagen, unsere kulturelle und auch soziale Identität.

Die Soziale Arbeit hat ihre hohe Anpassungsfähigkeit bereits über Jahrzehnte hinweg bewiesen. Sie hat es immer verstanden, ihre Strukturen so zu modifizieren, dass ihre Funktion als gesellschafts- und generationenverbindendes Element unserer Gemeinschaft bewahrt werden konnte. Ausgestattet mit Kompetenz und Professionalität ist sie auch heute in der Lage, aktuelle Herausforderungen als Chance zu begreifen und sie aktiv anzugehen, ohne dabei die Grundprinzipien des Sozialen von Teilhabe und sozialer Gerechtigkeit aufzugeben.

Im letzten Jahrzehnt und etwas darüber hinaus hat die ConSozial diesen Wandel der Sozialwirtschaft begleitet. »Zukunftsfähigkeit Sozialer Arbeit«, »Potenziale des Sozialen«, »Visionen sozialen Handelns« sind nur einige Fragmente aus Veranstaltungstiteln der letzten zwölf ConSozial-Jahre, die das gemeinsame Bemühen um zukunftsfähige Lösungen veranschaulichen.

Natürlich ist auch die ConSozial selbst stetig fortzuentwickeln und an aktuelle Entwicklungen anzupassen. So bot die ConSozial 2010 mit über 70 Kongressbeiträgen eine nie gekannte Informationsfülle. Im Eröffnungsvortrag hob Kardinal Dr. Reinhard Marx unter dem Jahresmotto »Sozial wirtschaften – nachhaltig handeln« den Stellenwert sozialer Strukturen als gesellschaftliche Erfolgsfaktoren hervor. Er betonte die

Bedeutung der sozialen Marktwirtschaft als Erfolgsmodell für funktionierende Wirtschaftssysteme sowie des christlichen Menschenbildes als Grundlage sozialen Handelns in modernen Gesellschaften. Der Plenumsreferent des zweiten ConSozial-Tages, der Präsident des Bundessozialgerichts Peter Masuch, ergänzte das Motto um die Frage »Wer entscheidet, was sozial ist?« und widmete sich eingehend dem Urteil des Bundesverfassungsgerichtes zu den Hartz-IV-Regelsätzen vom 9. Februar 2010. Dabei beleuchtete er neben den verfassungsrechtlichen Grundsätzen auch die Vorgaben für eine transparente Gesetzgebung. Er ging auch auf die Bedeutung der UN-Behindertenrechtskonvention ein und die sich hieraus ergebenden Anforderungen zur Verwirklichung einer umfassenden Teilhabe behinderter Menschen am Leben in der Gesellschaft.

Besonderes Highlight war das Jahresthema »Ambient Assisted Living« mit einer Sonderschau auf der Messe und begleitenden Beiträgen im Kongressprogramm. Dort wurden moderne Assistenztechnologien, ihre Potenziale, aber auch ethische Grenzen ausführlich dargestellt und erläutert.

Ich danke allen, die durch ihre Arbeit und durch ihre Präsenz die Veranstaltung bereichert und zum Erfolg geführt haben. Mein besonderer Dank gilt der Firmengruppe Dr. Loew Soziale Dienstleistungen, die das Preisgeld für die Prämierung der Doktorarbeit von Frau Dr. Barbara Mittnacht zum Thema »Qualitätsentwicklung und Nachhaltigkeit im Kontext häuslicher Pflegearrangements« gestiftet hat.

Der Paradigmenwechsel von Integration zu Inklusion, Forderungen nach veränderter Wahrnehmung älterer Menschen (Kompetenzsicht statt Defizitsicht), die Stärkung sozialer Berufe, die Vielfalt der Freiwilligendienste, das Europäische Jahr zur Bekämpfung von Armut und sozialer Ausgrenzung waren nur einige Schlaglichter auf die ConSozial 2010. Einen umfassenderen Rückblick gibt Ihnen diese Dokumentation.

Bitte merken Sie sich den Termin der ConSozial 2011 am 2. und 3. November 2011 im Messezentrum Nürnberg vor. Schon heute lade ich Sie dazu herzlich ein!

Burkard Rappl
Grußwort

Das Dutzend ist voll! Die zwölfte ConSozial 2010 hat einmal mehr die Besucher im Messezentrum in Nürnberg »Perspektiven entdecken, Kontakte knüpfen und Fachwissen tanken« lassen. Sie fand in einem schwierigen Umfeld statt: Finanzkrise, wirtschaftliche Unsicherheiten, demografische Herausforderungen, instabiler Arbeitsmarkt. Die ConSozial hat sich als Ideengeber für Stabilität im sozialen Raum einmal mehr bewährt. Die Besucherinnen und Besucher von Messe und Kongress haben zahlreich und hochinteressiert die vielen neuen Facetten der Sozialwirtschaft verfolgt, beleuchtet, diskutiert. Gelungen war auch die Parallelveranstaltung der Bundestagung des Deutschen Sozialrechtsverbandes. Praktiker und Wissenschaftler aus verschiedenen Bereichen des sozialen Lebens haben die unkomplizierte Möglichkeit zum Wissens- und Erfahrungsaustausch auf der ConSozial genutzt.

Wer die Vielfalt der Themen, die behandelt wurden, verfolgt und die professionellen Aussteller aus allen Bereichen der Wirtschaft betrachtet, sieht: Sozialwirtschaft und Sozialmarkt werden vielfach zu Unrecht als bloßer Kostenfaktor abgetan. Die Sozialwirtschaft, die mehr Beschäftigte als manche Industriebranche hat, ist eine unverzichtbare Größe in der Wirtschaft. Sie kann selbstbewusst auftreten. Innovationsfreude, nachhaltiges Handeln, Arbeitsplätze, die nicht ins Ausland verlagert werden können, Wachstumsstärke sind nur einige Merkmale, die diesen Bereich kennzeichnen. Die deutschlandweit einmalige Studie zur bayerischen Sozialwirtschaft von Professor Hans-Joachim Puch belegt dies eindrucksvoll. Die dazu erschienene Broschüre ist zur Lektüre empfohlen.

Die nächste ConSozial wird wieder aktuelle Themen aufgreifen und Besuchern aus allen Branchen zeigen, wie wichtig und innovativ Sozialwirtschaft ist. Die ConSozial 2011 findet statt am 2. und 3. November im Messezentrum in Nürnberg. Alle sind herzlich eingeladen.

Joachim König, Christian Oerthel und Hans-Joachim Puch
Nachhaltigkeit, na klar! Aber was heißt das eigentlich, vor allem für die Soziale Arbeit?

Wie ein Zauberwort schwebt der Begriff durch alle Reden, nicht nur von Politikern und Politikerinnen. Er steht auf Plakaten, ziert Konzepte, schmückt Visionen und wird für Werbezwecke sattsam bemüht: Potenziell nachhaltig sind Therapien, Finanzanlagen und Klimapolitik genauso wie die Landwirtschaft, ein Lernprozess oder die Entwicklung einer neuen Technologie. Geradezu inflationär hat sich der Gebrauch dieser Vokabel in den letzten Jahren entwickelt. Und doch feiert er im kommenden Jahr bereits seinen 300. Geburtstag: Nachdem nämlich Hans Carl von Carlowitz 1711 zum Oberberghauptmann am kursächsischen Hof in Freiberg in Sachsen ernannt worden ist, erkannte er – zuständig für die dortige Forstwirtschaft als Zulieferer für den Bergbau – das damals schon ökonomische und zugleich ökologische Problem sofort: Der ständig steigende Holzbedarf führte zu Abholzungen, die den Waldbestand in Sachsen in seiner Existenz bedrohten. So schrieb er in seiner »Sylvicultura Oeconomica« mit dem schönen Untertitel »Anweisung zur Wilden Baumzucht«: »… wird derhalben die größte Kunst, Fleiß und Einrichtung hiesiger Lande darinnen beruhen, wie eine sothane Conservation und Anbau des Holtzes anzustellen, daß es eine continuierliche beständige und nach-*haltende* [Herv. d. Verf.] Nutzung gebe, weiln es eine unentberliche Sache ist, ohne welche das Land in seinem Esse nicht bleiben mag.« Dies war – wenn wir den Quellen glauben dürfen – die Geburtsstunde des Grundgedankens der Nachhaltigkeit im Sinne der Sorge um die langfristige Erhaltung der Grundlagen für die natürliche und wirtschaftliche Existenz der Menschen. Ein verantwortliches und achtsames Denken über den Tag hinaus, so könnte die Botschaft gelautet haben.

Dann wurde es lange still um diesen Begriff. Erst Mitte der Siebzigerjahre des letzten Jahrhunderts, im Zuge der zunehmenden Sorge um die Erhaltung der globalen Grundlagen menschlicher Existenz, fand dieser Begriff wieder Einzug in unser Vokabular und damit in unser Bewusstsein, auch wenn sich der Fokus von eher regionalen Perspektiven auf eine globale Gesamtsicht erweitert hat. Mindestens drei Etappen markieren diese Entwicklung der letzten 40 Jahre im Wesentlichen:

- Mit dem Bericht des Club of Rome zu den »Grenzen des Wachstums'«[1] wurde 1968 zum ersten Mal aufgezeigt, welche katastrophalen Folgen die Ausbeutung der Rohstoffe und die zunehmende Belastung des weltweiten Klimas für die Existenzgrundlagen der Menschheit global haben kann und, wenn nicht massive Korrekturen in allen Bereichen erfolgen würden, auch mit Sicherheit haben werden.
- Eine deutliche Verstärkung erfuhr die Diskussion weltweit durch das Inkrafttreten der UN-Klimakonvention[2] am 21. März 1994, nachdem sie 1992 in Rio de Janeiro beraten und zunächst von 50 Staaten ratifiziert wurde. Innerhalb der folgenden zehn Jahre stieg die Zahl der Ratifikationen auf 189. Die noch unverbindliche Botschaft der ersten Weltklimakonferenz von 1979 gewann damit eine deutliche, weltweite Rechtsverbindlichkeit: »Alle potenzielle von Menschen verursachte Änderungen im Klima, die sich nachteilig auf das Wohl der Menschheit auswirken könnten, sind zu verhindern.«
- Für Deutschland wurde damit eine eigene Entwicklungsdynamik angestoßen, die 1995 ihren Anfang nahm mit dem Bericht der Enquete-Kommission zum Schutz der Erdatmosphäre[3] und schließlich, unter dem Prinzip »Global denken, lokal handeln« in viele sogenannte Agenda-2-Prozesse in den Kommunen und Regionen des Landes mündete.

Aus all diesen Entwicklungen und Diskussionen heraus wurde immer wieder der Grundgedanke des zukunftsverantwortlichen Denkens und Handelns im Sinne des Wohles der Menschheit in seiner Bedeutung hervorgehoben und schließlich in einem »Drei-Säulen-Modell der Nachhaltigkeit« zusammengefasst und in einem sehr eingängigen Beitrag auf der ConSozial 2008 von Franz-Josef Rademacher hervorragend erläutert[4]. Nachhaltigkeit bezeichnet eine dauerhaft zukunftsfähige Entwicklung der ökonomischen, ökologischen und sozialen Dimension einer Gesellschaft:

[1] Vgl. *Meadows, D. L. et al.* (1972): The Limits To Growth. Universe Books.
[2] http://www.un.org/geninfo/bp/enviro.html, zuletzt aufgerufen am 12.1.2011.
[3] Vgl. *Deutscher Bundestag, Enquete-Kommission Schutz der Erdatmosphäre* (1995): Mehr Zukunft für die Erde. Nachhaltige Energiepolitik für dauerhaften Klimaschutz. Bonn: Economica.
[4] *Rademacher, F.-J. & Beyers, B.* (2007): Welt mit Zukunft. Überleben im 21. Jahrhundert. Hamburg: Murmann.

- *Ökologisch* nachhaltig ist eine Lebensweise, die alle natürlichen Ressourcen nur in einem Umfang beansprucht, wie sie sich regenerieren. Natur und Umwelt werden für das Leben der nachfolgenden Generationen erhalten.
- *Ökonomisch* nachhaltig ist Wirtschaft, wenn langfristige Planungshorizonte Basis der unternehmerischen Entscheidungen sind, die Belange der Umwelt und der Gesellschaft mit in das ökonomische Denken einbezogen werden und insbesondere allen Mitgliedern einer Gesellschaft ihre Subsistenz ermöglicht wird.
- *Soziale* oder auch gesellschaftliche Nachhaltigkeit ist gegeben, wenn die Interessen unterschiedlicher sozialer Gruppen berücksichtigt und zukunftsverantwortlich im Sinne einer lebenswerten Gemeinschaft gefördert werden.

Soziale Nachhaltigkeit als eine der drei Säulen ist inzwischen aus volkswirtschaftlicher, ökonomischer und ökologischer Sicht intensiv diskutiert worden.[5] Aus sozialwissenschaftlicher und pädagogischer Perspektive jedoch gibt es dazu kaum Konzeptionsversuche. Vor dem Hintergrund der bisherigen Aussagen könnte das Konzept entlang der folgenden Orientierungen weiter ausdifferenziert werden:

- Den Menschen in den Mittelpunkt rücken, indem die Würde des Menschen im Sinne der Sicherung einer menschenwürdigen Existenz und der sozialen Teilhabe immer wieder aufs Neue zum Fokus von politischen und gesellschaftlichen Entscheidungen gemacht wird.
- Gerechtigkeit als Thema in den Mittelpunkt rücken, indem die gesellschaftliche Verteilung von sozialen Leistungen im Hinblick auf die Auswirkungen für folgende Generationen betrachtet wird und darauf geachtet wird, Ausgrenzungen von sozialen Gruppen zu vermeiden.
- Perspektiven für die Soziale Arbeit entwickeln, indem nicht nur die kurzfristig beabsichtigten Wirkungen sozialen Handelns in den Fokus genommen werden, sondern auch langfristige Entwicklungen intendiert sowie unbeabsichtigte Wirkungen antizipiert und im Hinblick auf ihre Folgen konstruktiv und gleichzeitig kritisch reflektiert werden.

[5] Vgl. *Diefenbacher. H.* (2001): Gerechtigkeit und Nachhaltigkeit. Zum Verhältnis von Ethik und Ökonomie. Darmstadt: Wissenschaftliche Buchgesellschaft.

Wenn wir uns dann schließlich auf der Grundlage dieser Orientierungen weiter fragen, was denn Nachhaltigkeit und insbesondere eine so verstandene soziale Nachhaltigkeit für die Sozialwirtschaft und insbesondere für die Praxis in den vielen Feldern der Sozialen Arbeit konkret bedeuten könnte, so finden sich unter den Beiträgen zur diesjährigen ConSozial mindestens an zwei Stellen Anknüpfungspunkte für eine begriffliche Bestimmung und Operationalisierung:

- Konkret wurde für den Bereich der häuslichen Pflege von Barbara Mittnacht[6] ein Versuch der Operationalisierung von Nachhaltigkeit für die Praxis unternommen: Sie stellt dazu zunächst einen entsprechenden Qualitätsbegriff sowie Kriterien und Indikatoren vor, um sich auf diesem Weg der Frage »Was ist gute Pflegequalität?« zu nähern. Die notwendige Theoriefundierung erfolgt durch die Übertragung des sozialwissenschaftlichen Paradigmas »Nachhaltigkeit« auf den Bereich der häuslichen Pflege. Dabei werden von ihr besonders die Kriterien gesellschaftliche Teilhabe, Selbstbestimmung, Partizipation und Lebensqualität in den Blick genommen.
- Heiko Zillich zeigt am Beispiel des Persönlichen Budgets auf, dass damit dem Leistungsberechtigten nicht nur ein selbstbestimmtes Leben in eigener Verantwortung ermöglicht werden kann, sondern gleichzeitig durch den effizienten Einsatz von finanziellen Mitteln Spielräume eröffnet werden, die ein Handeln in sozialpolitischer Perspektive unter der Maßgabe der Leistungsgerechtigkeit auch noch morgen möglich machen.

Nehmen wir also diesen Anspruch für die Soziale Arbeit insgesamt ernst, so könnten die oben formulierten Orientierungen zur Grundlage für ein Verständnis von Nachhaltigkeit in der Sozialwirtschaft werden, das sich an den folgenden drei Prämissen orientiert und – je Arbeitsfeld spezifisch operationalisiert – auf dieser Grundlage auch seine effektive Umsetzung messen lässt:

1. Das Individuum als Person ist Zentrum der Bemühungen

Nachhaltige Soziale Arbeit orientiert sich an einem christlich-humanistischen Menschenbild, das eine Person als Subjekt mit unverfügbaren Rechten und einer unveräußerlichen Würde versteht und ihm auch ei-

---

[6] Vgl. *Mittnacht, B.* (2010): Qualitätsentwicklung und Nachhaltigkeit im Kontext häuslicher Pflegearrangements. Entwicklungstrends und Perspektiven. Lage: Jakobs-Verlag.

nen individuellen »Eigensinn« zugesteht, der Grundlage für alle Formen der Hilfe, Unterstützung, Beratung und Bildung ist. Andererseits wird einer Person neben ihrem sich daraus ergebenden Recht auf Selbstbestimmung immer auch die Pflicht zur Selbstverantwortung auferlegt und eingefordert.

2. Die verschiedenen gesellschaftlichen Ebenen bilden die Lebenswelt eines Individuums

Nachhaltige Soziale Arbeit geht vor dem Hintergrund der ersten Prämisse grundsätzlich von der Mündigkeit ihrer Klient/-innnen aus. Sie orientiert sich deshalb konsequent an den Ressourcen einer Person. Sie bezieht daher die Lebenswelten in alle Hilfen mit ein und formuliert vor diesem Hintergrund neben dem Recht auf Mitbestimmung einer Person auch ihre Pflicht zur Mitverantwortung.

3. Der individuelle Sinn des zeitlichen Horizonts hat entscheidende Bedeutung

Nachhaltige Soziale Arbeit orientiert sich an einem Verständnis von Entwicklung, das über die Betrachtung von bloßen Veränderungen hinausgeht und dabei sowohl die Langfristigkeit als auch die Sinnhaftigkeit von Veränderungen aus einer individuellen (die Person betreffenden) und gemeinschaftlichen (die Lebenswelt betreffenden) Perspektive und Verantwortung heraus fordert. Ein solches Verständnis von Entwicklung wird damit zum zentralen Maßstab für Nachhaltigkeit.

Vorträge

Reinhard Kardinal Marx
Sozial wirtschaften – Nachhaltig handeln[1]
Eröffnungsvortrag auf der ConSozial, 3. November 2010, München

Sehr geehrte Frau Staatsministerin,
sehr verehrte Organisatoren dieses wichtigen Kongresses,
meine sehr verehrten Damen und Herren!

Herzlichen Dank für die Einladung, hier zu sprechen, sozusagen die Ouvertüre der Tagung zu geben. Als ich mich in den letzten Tagen etwas mit dem Programm beschäftigt habe, da ist mir bewusst geworden, in welcher Vielfalt und Intensität die soziale Arbeit in unserem Land stattfindet. Und das sollte man immer wieder bedenken. Es ist wichtig, dass wir erkennen: Die Standortfragen, die in den letzten Jahren oft diskutiert wurden, sind nicht nur Fragen der wirtschaftlichen Kraft, der Wettbewerbsfähigkeit im wirtschaftlichen Bereich, sondern sind auch Fragen, auf welchem sozialen Niveau eine Gesellschaft angekommen ist und ob sie in der Tendenz auf dem Weg ist, dieses Niveau wieder nach unten hin fortzuschreiben. Und das ist etwas, das uns beschäftigt in den letzten Jahren.

Das Thema, und das wurde ja gesagt, interessiert auch die Deutsche Bischofskonferenz, Caritas und andere kirchliche Einrichtungen. Und deswegen ist es sehr, sehr wichtig, dass wir mit dem Thema »Sozial wirtschaften – nachhaltig handeln« wirklich eine intensive Standortdebatte führen, insofern als wir deutlich machen: Wir wollen im sozialen und mitmenschlichen Bereich unserer Gesellschaft nicht absinken. Und wir wollen das Niveau nicht nur halten, sondern neu justieren, neu verstehen, was die sozialen Herausforderungen heute sind in dem klaren Bewusstsein – das ist meine tiefe Überzeugung –, dass das der wirtschaftlichen Standortdebatte und der wirtschaftlichen Entwicklung unseres Landes nicht schadet, sondern im Sinne einer Nachhaltigkeit, die über die eigene Generation, über den eigenen Augenblick hinausgeht, sogar ökonomisch langfristig erfolgreich ist.

[1] Für die Veröffentlichung wurde der Vortrag überarbeitet. Allerdings wurde der Stil der mündlichen Rede beibehalten.

1. Vor, in und nach der Krise – Folgen für unsere Gesellschaft

Was hat die Finanz- und Wirtschaftskrise verändert? Na ja, man könnte fragen, womit ich bei 3,5 Prozent Wachstum denn ein Problem habe. War da was? Eine Krise? Wer spricht von der Krise? Meine sehr verehrten Damen und Herren, auch das ist eine Gefahr, die in unserem Land und in unserer Kultur immer stärker wird: die Gefahr der allgemeinen Vergesslichkeit und der Kurzatmigkeit, die sich nicht nur an mangelnder Nachhaltigkeit zeigt, die nach vorne geht, in die Zukunft, sondern auch eine Vergesslichkeit nach rückwärts, sodass man schon gar nicht mehr weiß, was ist eigentlich in den letzten Jahren passiert. Und diese Krise, meine sehr verehrten Damen und Herren, ist nicht zu Ende. Wir wissen nicht, ob noch eine andere Krise kommt und welche Krisen kommen. Aber sie werden kommen, wenn wir uns nicht der Herausforderung stellen – wozu immer wieder gemahnt worden ist –, aus dieser Krise zu lernen, und auch Rahmenbedingungen, politische und wirtschaftliche Prioritäten neu zu diskutieren. Dann werden wir wieder Krisen erleben, die uns möglicherweise vor Herausforderungen stellen, die nicht wieder so einfach gelöst werden können, wie es jetzt politisch gelungen ist – man kann in Klammern sagen Gott sei Dank vielleicht –, aber doch mit Auswirkungen, die außerordentlich ungerecht sind für die große Masse der Bevölkerung. Ob das noch einmal gelingt, ob man es noch einmal so machen kann, ich befürchte eher Nein. Und deswegen gehört es zu den Prioritäten, nicht in den Augenblick verliebt zu sein und zu sagen, da war was, aber es ist alles vorbei, sondern auch wirklich zu schauen, was hat diese Krise hervorgerufen und was müssen wir ändern.

1.1 Ein Weg der Erinnerung

Deswegen als erster Punkt eine kleine Erinnerung. Für mich waren diese Fragen auch ein Anlass für das Buch »Das Kapital«, mit Bezug auf meinen Namensvetter Karl Marx geschrieben. Der Ausgangspunkt war eine Beunruhigung, die ich empfinde, seit ich mich mit den Themen der Soziallehre der Kirche beschäftige, aber noch verschärft durch die Situation, die sich nach dem Jahre 1989 ergeben hat, nach der Wende. 1991 erschien die große Sozialenzyklika Johannes Paul II., »*Centesimus annus*«, in der er versucht, diese Situation nach der Wende, den Zusammenbruch des Kommunismus, des Dirigismus zu analysieren aus der Sicht der Soziallehre der Kirche. Und er fragt sich, ich beschreibe das jetzt mit meinen Worten: Aha, der Kapitalismus, hat also jetzt gesiegt. Stimmt das? Und er sagt, wenn Kapitalismus bedeutet, alleinige Orientierung am Profit ohne jede Rahmenordnung im rechtlichen, sozialen Bereich, dann ist eine solche Entwicklung verwerflich und nicht akzeptabel. Er sagt sogar: Es ist die Gefahr gegeben, »dass sich eine radikale kapitalistische Ideologie breitmacht«[2] nach dieser Wende. Und das ist nicht akzeptabel aus der Sicht der Kirche. Aber das ist so eingetreten. Und Johannes Paul II. sagt an anderer Stelle: Auch wenn der moderate Kapitalismus, der sich verwandelt zur Sozialen Marktwirtschaft, wie wir es wünschen, nicht in der Lage ist, die Probleme der sozialen Gerechtigkeit besser zu lösen, dann werden die alten Ideologien, dann wird der alte Marxismus wieder auferstehen oder andere Ideologien, die sich mit einem solchen Adjektiv, wie auch immer, ideologisch verbinden. Und das hat mich innerlich beunruhigt. Das hat mich auch dazu gebracht, über diese Fragen weiter nachzudenken und auch dieses Buch zu schreiben, denn die Neunzigerjahre waren für mich tatsächlich eine solche Entwicklung des beschleunigten Kapitalismus. Manche haben von einem ökonomischen Imperialismus gesprochen, sodass man den Eindruck gewinnen konnte, es gehe – bei aller positiven Wertschätzung der Marktwirtschaft, von der ich mich nicht abbringen lasse –, wirklich darum, ob wir uns einem Kapitalismus ausliefern, der sozusagen von den Kapitalverwertungsinteressen her die ganze gesellschaftliche und wirtschaftliche Entwicklung einordnet und bewertet. Und das ist erfolgt durch alle Parteien hindurch, wir haben das erlebt.

Es geht mir nicht nur um diese eine Krise, die wir jetzt erlebt haben. Es geht mir um eine Veränderung des Denkens, die jedenfalls verstärkt gerade in den letzten 20 Jahren eingetreten ist, und die auch schon andere Krisen hervorgebracht hat. Wir hatten die Asienkrise, wir hatten die New-Economy-Blase, und das ist im Grunde genommen jetzt der Höhepunkt gewesen. Es ist eine Entwicklung, die uns dazu führen muss, wirklich zu lernen. Auch die Überlegungen, auch das ganze Feld des Sozialen unter erwerbswirtschaftliche Bedingungen zu bringen und von daher zu interpretieren, also sozusagen mit der sozialen Frage auch Geld zu verdienen. Es geht nicht um Wirtschaftlichkeit, das ist immer erforderlich bei allem Handeln des Menschen, und unwirtschaftlich zu handeln, also Geld zu verschwenden, ist unsozial und unethisch. Das ist keine Frage. Da soll niemand kommen und sagen, es sei Lehre der Kirche, man könne Geld verschwenden. Das ist nicht richtig. Aber die Frage, ob ich Aktionäre befriedigen muss im sozialen Bereich, das ist etwas Neues, das ist etwas anderes. Und deswegen können wir auch hier erkennen: Wir stehen unter

[2] Centesimus annus 42.

neuen Rahmenbedingungen, die hilfreich sein mögen, damit man auch Wettbewerb, Erwerbswirtschaft im ganzen Feld des Sozialen zulässt und damit Bewegung, Flexibilität, ein neues Verhältnis von staatlichen, privaten, gemeinnützigen, erwerbswirtschaftlichen Anbietern hat. Aber das Problem ist erst jetzt in dieser Dimension entstanden, in dieser Breite und hat zu einer neuen Situation geführt, die wir auch immer wieder genau analysieren müssen.

Denn natürlich ist das Soziale nicht einfach eine Ware wie alles andere, so wie die Arbeit keine Ware ist. Das muss unter besonderen Rahmenbedingungen in einem Wettbewerb stehen. Wettbewerb ist nicht schlimm. Aber die Frage, wie wir ihn organisieren und wie wir genau diese Beziehungen, diese Austauschbeziehungen, anschauen, das ist längst nicht erledigt. Ich habe mitbekommen, wie schnell man von Kundenbeziehungen spricht. Das kann alles sinnvoll sein, aber ich möchte dazu einladen, das auch noch einmal in einer zweiten Runde zu betrachten, was wir in den letzten 20 Jahren in all den Dingen da getan haben. Und dazu ist ein Ausgangspunkt eben tatsächlich die Orientierung an einer mehr kapitalistischen Vorstellung von Wirtschaft. Das berühmte Buch des französischen Ökonomen Michel Albert von 1991, »Capitalisme contre capitalisme«[3], beschreibt so wie die Enzyklika »Centesimus annus« – ja auch in der Formulierung Kapitalismus kontra Kapitalismus – die verschiedenen Varianten und kommt zu dem Schluss, dass die soziale Marktwirtschaft eigentlich so schlecht nicht ist. Aber ich kann mich erinnern, dass in den Neunzigerjahren das Lied gesungen wurde, die soziale Marktwirtschaft sei ein Nachkriegsphänomen, das wir jetzt hinter uns lassen, und der Sozialstaat sei das große Problem. Der Sozialstaat müsse eigentlich heruntergefahren werden, damit wir wieder wettbewerbsfähig würden. Diese Debatte habe ich erlebt. Und man kann über vieles nachdenken, auch über die Veränderung des Sozialstaates, aber den Sozialstaat wieder zu einem Fürsorgestaat zu machen, dem können wir nicht zustimmen. Das bringt keinen Wettbewerbsvorteil, sondern letztlich Nachteile.

1.2 Entgrenzung und globale Anpassungsstrategien

Ein zweiter Punkt: Wir haben auf die Entwicklung reagiert, indem wir sozusagen der Richtung gefolgt sind, man müsse unsere gesamte Gesellschafts- und Wirtschaftsordnung einer evolutiv sich entwickelnden,

---

[3] *Albert, M.* (1992): Kapitalismus contra Kapitalismus. Frankfurt a. M. u. a.: Campus.

globalen, entgrenzten Entwicklung der Märkte anpassen. Da könne man sowieso nichts machen, die entwickeln sich, wir müssen uns einer Evolution anpassen. Ich habe das für eine Verabschiedung aus jeder politischen Handlungsfähigkeit gehalten. Man hatte den Eindruck, wir müssen in unseren politischen und auch in unseren sozialen Rahmenbedingungen uns dem anpassen, was aber niemand beherrscht. Nun ist da auch immer etwas Wahres daran. Wer wollte verhindern, dass wir uns in einer globalen Welt auch im Wettbewerb behaupten müssen? Aber uns anonymen Mächten ausliefern, die wir selber nicht mehr gestalten können, das ist eine Verabschiedung jeder Gestaltungsmöglichkeit. Das war eine verheerende Sicht, die eben dazu geführt hat, dass wir einem Rhythmus gefolgt sind oder folgen wollten, der dazu geführt hat, dass wir in diese Krise hineingekommen sind. Die Lösung der Krise ist noch nicht erfolgt. Wir haben sie eben bisher nur »gelöst« mit den großen Verschuldungsszenarien. Und Verschuldungsszenarien in diesem Umfang sind immer zu Lasten der breiten Masse und darin noch mal zu Lasten der Armen. Mir sagte ein amerikanischer Gesprächspartner aus dem Kongress im Frühjahr: »Ich habe noch nie das Gefühl von Ungerechtigkeit so erlebt, wie jetzt in diesen Monaten, wie eine große Last, eine große Herausforderung umgeschichtet wurde auf eine breite Masse, und diejenigen, die die Krise verursacht haben, ungeschoren davongekommen sind.« Das wird in unserer Gesellschaft ein Gefühl von Ungerechtigkeit wach halten. Diese Folgen haben wir noch nicht vor Augen, was dieser Schock, den die Menschen erlebt haben, langfristig bedeutet. Und damit verbunden ist das Gefühl, dass hier etwas Ungerechtes passiert, dass es nicht richtig ist und dass viele etwas tragen müssen, was einige verursacht haben. Das wird bleiben.

1.3 Eine globale soziale Marktwirtschaft?

Und die Erkenntnis, die aus dieser Krise gekommen ist, meine ich schon, ist, dass eine globale soziale Marktwirtschaft die Antwort ist, wobei eben offen ist, was wir darunter verstehen. Das ist manchmal so eine Prozessionsfahne, auch in der politischen Debatte. Soziale Marktwirtschaft, dafür sind alle, aber dann geht es ans Detail. Aber trotzdem: Das Wort Soziale Marktwirtschaft ist ein Konsenswort. Wir brauchen in einer Gesellschaft wie unserer mit den verschiedenen Interessen, Parteien, Weltanschauungen, Religionen, auch Konsenswörter für die politische Debatte. Und deswegen bin ich gar nicht so unzufrieden, dass dieses Wort auch vieles umfassen kann. Soziale Marktwirtschaft ist kein »Wieselwort«, das sich über alles legen kann, aber es ist sehr breit angelegt und deswegen ist es auch in der Lage, deutlich zu machen: Ja, wir wollen eine Marktwirtschaft, wir wollen einen Sozialstaat, wir wollen Beteiligung, wir wollen Orientierung am Menschen, wir wollen – nach dem Thema des heutigen Kongresses – Nachhaltigkeit. Man kann mit dem Wort Soziale Marktwirtschaft vieles verbinden, was dann auch hilft bei der konkreten Einjustierung im politischen Kompromissgeschehen, das natürlich immer wieder eine mühsame Arbeit ist.

Zum ersten Mal heißt es in einem internationalen Vertrag, dem Vertrag von Lissabon vom 1. Dezember 2009, dass es Leitbild der Europäischen Union ist, sich zu beziehen auf eine »highly competitive social market economy«[4]. Man merkt, wie schwierig es ist, das zu übersetzen, was mit Sozialer Marktwirtschaft eigentlich gemeint ist. Ich kann mich erinnern, dass in den letzten Jahren auf der europäischen und internationalen Ebene Soziale Marktwirtschaft wirklich als ein Auslaufmodell galt, als etwas, was vom Solidaritätsgedanken her eigentlich ins 19. Jahrhundert gehört, das zwar nach dem Zweiten Weltkrieg in Deutschland eine Berechtigung hatte, aber jetzt eigentlich etwas anderes angesagt sei. Und jetzt höre ich, etwa noch vor drei Wochen in einer Runde in Brüssel, dass Italiener, Franzosen, andere Wissenschaftler ein hohes Lied singen auf die deutsche Soziale Marktwirtschaft. »Let's learn from the Germans«, heißt es auf einmal. Also eins können wir sicher nach der Krise auch sagen: Bei allem, was auch an sonstigen politischen Voraussetzungen gegeben wurde, um die Krise zu bewältigen, die man in dieser Dimension vielleicht nicht voraussehen konnte, so ist doch sicher, dass viele Elemente gerade dessen, was vorher als Belastung galt, was vorher als etwas galt, was sozialstaatlich eher dazu führt, dass wir nicht richtig wettbewerbsfähig sind, genau geholfen hat, um durch die Krise zu kommen. So etwa das Element der Kurzarbeit oder auch andere Vorstellungen des Zusammenhaltes von Unternehmen und Mitarbeitern. All das hat mit dazu beigetragen. Solidarität war kein Hindernis, wie man früher meinte, um wettbewerbsfähig zu sein, sondern im Gegenteil. Vielleicht sollte das doch zumindest auch ein Lerneffekt sein, wenn wir jetzt daran gehen müssen, neue Regeln und gesellschaftliche und politische Diskurse in Gang zu bringen, die dieses große Bild, dieses offene Bild der globalen europäischen und sozialen Marktwirtschaft weiter entwickeln.

---

[4]   Vgl. Vertrag von Lissabon Art. 2.3.

2. Ausgangspunkt und Orientierung

Der Ausgangspunkt ist das christliche Menschenbild. Aber das ist eben auch nicht nur eine Prozessionsfahne, eine plakative Äußerung, sondern ein Versuch, noch einmal deutlich zu machen, was sind die Eckpunkte, wenn wir den Sozialstaat auch nachhaltig entwickeln wollen, wenn wir bei unserer Bemühung, den Staat, die Gesellschaft, die Wirtschaft neu zu justieren, auch auf europäischer Ebene in der richtigen Bahn bleiben wollen.

Das christliche Menschenbild ist ja nicht exklusiv, als sei das eine Sache, die den Christen gehört, sondern es ist der Versuch, das Menschenbild, das wir aus dem Glauben heraus entwickeln, so darzustellen, dass alle Menschen guten Willens das verstehen. Das christliche Menschenbild ist nicht exklusiv christlich, sondern universal. Sonst könnten wir ja auch die Menschenrechte und die personale Würde gar nicht verstehen, als eine Möglichkeit, mit allen Menschen, allen Kulturen, zu kommunizieren im Grundsatz, weil wir Menschen sind. Dann gäbe es in einer Gesellschaft wir unserer, die immer pluraler werden wird, nicht nur sprachlich, sondern auch in punkto Weltanschauungen und Lebensstilen, und in einer Welt, die immer pluraler wird und doch stärker zusammenwächst, keine Kommunikationsmöglichkeit. Dann würde eben das passieren, was vor einigen Jahren in einem viel gelesenen Buch gesagt wurde: Dann würde so etwas wie der »clash of civilizations«[5] die einzige Antwort sein. Das ist es aber nicht. Da sind wir Christen von unserer ganzen Tradition her, von unserem Denken her grundsätzlich Universalisten. Menschsein ist die Grundlage, alles andere kommt später. Wenn wir nicht glauben würden, dass im Tiefsten jeder Mensch Bild Gottes ist – ob gläubig, ungläubig, Moslem, Hindu, katholisch, nicht-kirchlich –, dann wäre eine Kommunikation in dem, was wir die Weltfamilie nennen, nicht möglich. Das christliche Menschenbild ist nicht exklusiv, sondern inklusiv, und wir müssen versuchen, es offensiv und argumentativ vernünftig in die Debatte hineinzubringen als ein Orientierungsbild. Denn die große Tradition der biblischen Überlieferung ist nicht einfach ersetzbar durch anderes, sondern hat in unserem christlichen Abendland natürlich eine Rolle gespielt. Es gehört aber nicht nur uns. Wir haben das nicht erfunden, sondern höchstens gefunden. Wir haben es gefunden, und durch die Verkündigung und die universale Bedeutung des Christentums ist

---

[5] Vgl. *Samuel P. Huntington (1998)*: Kampf der Kulturen. Die Neugestaltung der Weltpolitik im 21. Jahrhundert. München: btb Verlag.

es überall zum Thema geworden. Die Botschaft von der Personwürde des Menschen gehört nicht uns, sondern sie ist für alle Menschen offen und zugänglich und nachvollziehbar. Und doch sollten wir uns immer wieder erinnern, dass zu unserer westlichen Kultur diese christliche Prägung gehört, und dessen sollten wir uns nicht schämen.

2.1 Die Revolution der Bibel

Das biblische Bild, ich habe es gerade gesagt, ist sehr revolutionär. Der große Staatstheoretiker und Jurist Paul Kirchhof hat das ja immer wieder gesagt: Der revolutionärste Text, der jemals auf dieser Welt geschrieben wurde, ist die erste Seite der Heiligen Schrift, der erste Schöpfungsbericht. »Gott schuf also den Menschen als sein Abbild; als Abbild Gottes schuf er ihn. Als Mann und Frau schuf er sie.« (Gen 1, 27) Beides wird in einen Satz hineingenommen. Bild Gottes, das sagt keine andere Religion vom Menschen. Dass der Mensch von Gott geschaffen ist, dass er Bild Gottes ist, Mann und Frau, und zwar alle Menschen. Man kann dann fragen: Hat die Kirche immer auf dem Niveau dieser Botschaft gelebt? Sicher nicht. Leben wir heute auf dem Niveau dieser Botschaft? Wahrscheinlich auch nicht immer. Hat Israel immer auf dem Niveau dieser Botschaft gelebt? Auch nicht, es dauerte Jahrhunderte, bis sie sie ansatzweise begriffen haben. Zum Beispiel auch das Volk Israel hat es eigentlich erst nach dem Exil begriffen, dass dieser Gott, den wir verehren, ja nicht unser Gott ist. Er ist der Gott und Vater aller Menschen. Das war etwas ganz Neues. Vorher hatte man Stadtgötter, Privatgötter, Kriegsgötter, die jeweils zuständig waren.

Was ist das für eine neue Vorstellung von Gott? Der Durchbruch ist: Wir erkennen den Gott, der nicht uns gehört, sondern der Gott und Vater aller Menschen ist. Das ist eine unglaublich revolutionäre Erkenntnis. Dann sind alle Menschen Brüder und Schwestern. Früher sagte man so schön: Wir sind verwandt über Adam und Eva. Das stimmt. Genau das ist die Botschaft der Bibel, wir sind verwandt über Adam und Eva, weil wir Brüder und Schwestern sind, alle miteinander. Das ist ein Impuls, der noch nicht eingelöst ist. Ob man den überhaupt jemals einlösen kann? Aber allein diese Vorstellung gibt Rückenwind hin zu einer Solidarität aller Menschen. Die Gleichheit aller Menschen kommt von daher, die Vorstellung, dass die Menschen gleich sind, zur gleichen Würde berufen. Nicht weil wir ihnen etwas geben, sondern weil Gott sie erschaffen hat. Und dies ist eine Grundlage unserer westlichen Kultur, auch wenn es immer wieder Versuche gab, dieses Niveau zu unterlaufen. Das Bild von der Person des Menschen, die personale

Würde, dass wir eben in Gemeinschaft gerufen sind, dass es nicht gut ist, dass der Mensch allein ist, das bezieht sich ja nicht nur auf die Ehe. Es bezieht sich insgesamt auf die menschliche Existenz, auch das ganze Projekt der Freiheit.

Was ist die Gottebenbildlichkeit des Menschen? Nicht, dass er zwei Ohren und eine Nase oder zwei Beine hat, sondern diese personale Würde. Worin besteht sie? In der Möglichkeit der Freiheit, im Gewissen, in der Möglichkeit teilzunehmen an der Freiheit Gottes und dann auch Verantwortung zu übernehmen. Denken Sie an all die biblischen Bilder, die sich daraus ergeben, was wir dann in besonderer Weise bei Jesus von Nazareth in der Nächstenliebe sehen. All das will ich hier nicht vertiefen, das ist Ihnen selbstverständlich geläufig. Aber glaube doch niemand, dass diese Bilder, diese starken Vorstellungen auch dann noch lebendig bleiben, wenn wir alle den Glauben an dieses wirkmächtige Wort Gottes, das uns in Jesus von Nazareth geschenkt ist, langsam Schritt für Schritt aufgegeben haben. Jedenfalls sollte man mit dafür sorgen, dass diese Prägung, diese Erinnerung, die Vergegenwärtigung dieser kraftvollen Bilder weitergeht.

Oder nehmen Sie eben den Gedanken des Fortschritts: Auch das scheint überall verbreitet, ist es aber nicht; das ist gewissermaßen eine typisch westliche Erfindung. Woher kommt sie? Sie kommt auch aus dieser großen biblischen Überlieferung, dass die Welt, wie sie ist, noch nicht fertig ist. Dass wir nicht in einem Kreislauf denken, in einer statischen Ordnung. Nein, die Bibel denkt in dynamischen Bildern, und sie denkt vor allen Dingen, dass wir einmal Rechenschaft ablegen werden, dass der Herr wiederkommt, dass ein neuer Himmel und eine neue Erde entstehen. Das, was ist, ist längst noch nicht alles, und es muss verändert werden auf das Bessere hin, auf das Gute hin. Es ist so, wie es im Gleichnis vom Schatz ist: Wir dürfen unsere Talente nicht einfach eingraben.[6] Diese Dynamik, die Welt zu verbessern auf die Wiederkunft des Herrn hin und ihm zu zeigen, was wir versucht haben, aus dieser Welt zu machen, besser zu machen, gerechter, solidarischer, stärker geprägt vom Gedanken der Nächstenliebe. Der Gedanke des individuellen und gesellschaftlichen Fortschritts kommt aus dieser großen Kultur, die wir immer wieder neu entdecken müssen.

Ich will auf zwei Bücher hinweisen, die das in letzter Zeit in einer interessanten Weise wieder aufgreifen: Es ist einmal Heinrich August Wink-

---

[6] Vgl. Mt 25,14–30.

lers »Geschichte des Westens«[7], in dem versucht wird, die Geschichte des Westens noch einmal darzustellen, auch von diesen kulturellen Voraussetzungen her. Und das zweite ist das schmale Buch des französischen Philosophen Philippe Nemo »Was ist der Westen?«[8]. Auch dort wird der Versuch unternommen, deutlich zu machen, woher diese Dynamik kommt, woher die Ausrichtung auf die personale Freiheit kommt, und was sie für unsere Kultur bedeutet. All das ist noch einmal neu zu entdecken, wenn wir auch im Bereich des Sozialen unser Niveau halten, verstärken wollen und die Ausrichtung auch zu einem Angebot machen, wie wir global besser leben können.

2.2 Konkrete Herausforderungen

Wir stehen, aus meiner Sicht, vor den Herausforderungen, meine sehr verehrten Damen und Herren, unter diesem Rahmen des christlichen Menschenbildes wirklich die Beziehungen von Staat, Markt, Zivilgesellschaft neu zu betrachten, ebenso auch das Verhältnis von Arbeit und Kapital. Wir müssen darauf achten, dass dies nicht aus dem Ruder läuft. Da ist eine ganz wichtige Beziehung neu zu bedenken. Das Kapital darf sich nicht von der Arbeit lösen, von der realen Wirtschaft, so wie es geschehen ist und wie es auch schon wieder geschieht im Zuge einer reinen Kapitalindustrie. Ich habe da große Bedenken.

2.3 Eine neue Fortschrittsidee?

Ein weiterer Punkt ist die intergenerationelle Gerechtigkeit. Auch da brauchen wir neue und erneuerte Wege. Papst Benedikt XVI. spricht in seiner Enzyklika »Caritas in veritate« von einer neuen humanistischen Synthese[9], die wir brauchen. Das läuft parallel zu Diskussionen, die nicht unumstritten sind, über die Frage, ob wir nicht das Bruttoinlandsprodukt mit neuen Maßstäben versehen müssen, dass das reine Wachstumsdenken zu kurz greift.

Was ist eigentlich der Maßstab für Fortschritt und gesellschaftliches Niveau in einem Land? Bis jetzt haben wir uns daran gewöhnt, jedenfalls die Ökonomen, nur auf die Zahlen zu schauen, und das heißt BIP – Bruttoinlandsprodukt – und Wachstum. Ich war im Frühjahr zu einer Gastvorlesung in den Vereinigten Staaten und konnte in einem kleinen Kreis

[7] Vgl. *Winkler, H.-A.* (2009): Geschichte des Westens. Von den Anfängen in der Antike bis zum 20. Jahrhundert. Bd. 1, München: C. H. Beck.
[8] *Nemo, P.* (2006): Was ist der Westen? Die Genese der abendländischen Zivilisation. Tübingen: Mohr Siebeck.
[9] Vgl. Caritas in veritate 21.

in Chicago mit dem sehr sympathischen Nobelpreisträger für Ökonomie, Robert Lucas, diskutieren. Und ich fragte ihn: What's after the crisis? Und wie geht's nach der Krise weiter? Darauf zeigte er Diagramme auf seinem Laptop und erklärte, man müsse auf die Zahlen schauen: Seit 1850 gab es immer wieder Phasen von Wachstum und Einbrüche, Dellen, wie etwa die Weltwirtschaftskrise, der Krieg, und danach geht es wieder weiter. Wo ist also das Problem? Ich will das gar nicht lächerlich machen, im Gegenteil, es war wirklich ein sehr interessantes Gespräch. Aber dass dabei alles wegfiel, was an Schrecklichem geschehen ist – die Millionen Toten oder was ein Krieg bedeutet usw. –, zeigt doch, dass dieser Maßstab des Wachstums ein wichtiger, aber doch nicht hinreichender ist. Welche Maßstäbe haben wir noch, um deutlich zu machen, was wirklicher Fortschritt im Sinne einer humanistischen Synthese ist? Und da gibt es mittlerweile Überlegungen im wissenschaftlichen Feld, hier auch neue Maßstäbe anzulegen, das Soziale mit hineinzunehmen und nicht nur einfach das wirtschaftliche Wachstum als die einzige Auskunft darüber zu sehen, wo eine Gesellschaft im Augenblick steht. Ich finde es als Diskussionsanregung außerordentlich wichtig, daran weiterzuarbeiten. Hier wäre auch die Sozialwirtschaft stärker in den Blick zu nehmen, die ja oft wegfällt, es sei denn, es schlägt sich nieder im Bruttoinlandsprodukt.

Das, was in einer Gesellschaft passiert, im Sinne einer neuen Idee des Fortschritts auch wirklich messbar zu machen, das wäre eine Herausforderung, die jedenfalls Papst Benedikt XVI. in seiner Enzyklika auch mit anregt. Denn Europa darf nicht nur einfach mit hängender Zunge einer Entwicklung hinterhergehen und die Wettbewerbsfähigkeit, den wirtschaftlichen Gewinn, im Blick haben, sondern gerade umgekehrt. Europa – die große europäische Tradition, auch der Solidarität, der großen Idee der personalen Freiheit und Verantwortung bis hin zur Demokratie – kann nur dann auch weiterhin mitmischen in einer globalen Welt, wenn wir eine positive Fortschrittsidee haben, wenn wir Ideen haben, die zukunftsfähig sind. Wenn wir nur wirtschaftlich dabei sein wollen, dann haben wir uns geistig aufgegeben, dann wird Europa zum Museum werden und zu einer »Rent-Seeking-Society«. Aber, meine sehr verehrten Damen und Herren, das ist sowohl für die Kirche wie für jede Gruppe, erst recht auch für ein Land, eine völlig unmögliche Perspektive. Ohne eine Fortschrittsidee, ohne eine Vision von einer lebenswerten Zukunft, ökonomisch und sozial, werden wir nicht die politischen Ressourcen mobilisieren, um in der Welt nicht nur zu bestehen, sondern auch ein Angebot zu sein für eine bessere Welt.

3. Ein neues Zu- und Miteinander der Sozialprinzipien

Insofern würde man auch ein neues Zu- und Miteinander der Sozialprinzipien brauchen, um diese gesamte Synthese, um dieses Neue auch wirklich zu beschreiben. Die Sozialprinzipien sind ja genannt worden, darauf muss ich jetzt nicht intensiv eingehen: Personalität, Solidarität, Subsidiarität. Aber ich möchte hinzufügen: Seit dem Gemeinsamen Wort der evangelischen und katholischen Kirche zur wirtschaftlichen und sozialen Lage in Deutschland, 1997 erschienen[10], ist der Begriff der Nachhaltigkeit ein zusätzliches Sozialprinzip. Ja, nicht nur ein zusätzliches, sondern eines, das hineingehört in dieses Gespann. Diese Sozialprinzipien sind ja nicht nebeneinander gesetzte Säulen, sondern ineinander verschränkte Leitplanken, an denen sich Wirtschaft, Politik, Gesellschaft und auch der soziale Bereich orientieren können.

3.1 Teilhabe

Ein erster Punkt dazu: Der Sozialstaat ist eben nicht das, was übrig bleibt, wenn wir wirtschaftlichen Erfolg gehabt haben, sondern ist Ermöglichung auch wirtschaftlichen Erfolges. Ich sage es einmal so: Das sozialstaatliche Bemühen ist nicht zunächst als Kostenfaktor zu sehen, sondern als Grundbedingung, als Grundvoraussetzung. Damit wir auch intensiv Marktwirtschaft betreiben können, brauchen wir Voraussetzungen wie Bildung und die soziale Absicherung der Lebensrisiken. Denn die Vorteile der Marktwirtschaft fallen ja Schritt für Schritt möglicherweise für viele an, tendenziell als Ziel für alle. Wenn das nicht der Fall ist, stimmt etwas nicht. Aber die Risiken fallen eben selektiv für Einzelne an: Arbeitslosigkeit, strukturschwache Regionen, Aufgabe von ganzen Betriebe, Konkurse, Insolvenzen. Und deswegen muss das Risiko gemeinsam getragen werden in einer gewissen Weise. Sonst ist das ganze System der Marktwirtschaft nicht akzeptabel. Das muss uns immer wieder bewusst sein. Aber der Sozialstaat ist nicht nur sozusagen auf Minimalstandard zu haben, sondern muss sich weiterentwickeln zu einer Ermöglichung von Teilhabe, von Inklusion. Teilhabe bedeutet aber nicht, dass die Verteilungsgerechtigkeit nicht mehr nötig wäre, son-

---

[10] Vgl. Kirchenamt der Evangelischen Kirche in Deutschland/Sekretariat der Deutschen Bischofskonferenz (1997): Für eine Zukunft in Solidarität und Gerechtigkeit. Wort des Rates der Evangelischen Kirche in Deutschland und der Deutschen Bischofskonferenz zur wirtschaftlichen und sozialen Lage in Deutschland. Hannover, Bonn.

dern das gehört zusammen, Teilhabe und Verteilung sind aufeinander zu beziehen. Natürlich müssen die Instrumente des Sozialstaates immer neu bedacht werden. Das war ja unser Problem mit dem Text, den unsere Kommission für gesellschaftliche und soziale Fragen verantworten musste und wollte: »Das Soziale neu denken«[11]. Dazu gab es heftigen Widerstand, auch innerkirchlich. Man hat uns auch vorgeworfen, damit auf der neoliberalen Welle zu schwimmen. Das war aber nicht die Absicht, sondern der Impuls, dass der Sozialstaat nicht einfach nur irgendwo fest steht, sondern dass er sich auch ständig verändert und man deswegen auch die Instrumente immer wieder neu überprüfen muss, weil auch neue Herausforderungen da sind. Deswegen haben wir damals so etwas gefordert wie einen Sozialstaats-TÜV, um die Folgen der Gesetze, der Instrumente auch immer wieder zu überprüfen, ob sie überhaupt die Zielgruppen erreichen und wie sie erreicht werden. Das Ziel muss sein: nicht Versorgung, sondern Teilhabe. Das ist der Sinn.

3.2 Nachhaltigkeit

Nachhaltigkeit ist ein Wort geworden, das auch vielfältig verwendbar ist, aber es soll eben deutlich machen: Ökonomie, Ökologie und Soziales gehören zusammen. Und zwar auch wiederum nicht in drei Säulen, sondern miteinander verbunden. Wir hatten ja vor einigen Jahren die Agenda-Initiativen in vielen Kommunen. Da war schon einmal der Versuch da, das Soziale, das Ökonomische und das Ökologische miteinander auf einer kommunalen oder regionalen Ebene gemeinsam im Blick zu halten. Ich glaube, solche Dinge müssten wir wieder in Gang bringen. Die Konjunktur der Runden Tische, nicht nur in Stuttgart, ist ja ein Hinweis darauf, dass diese Nachhaltigkeit – das heißt das Denken in Generationenfolgen unter Einschluss der ökonomischen Perspektive, der ökologischen Perspektive und der sozialen Perspektive – nur geschehen kann, wenn wir so etwas wie Netzwerkarbeit betreiben. Wenn wir nachhaltig handeln wollen, dann ist das eben notwendig, in einer Vielfalt der Interessen und der Perspektiven miteinander Übereinkünfte zu treffen. Und da ist eben der Gedanke von Runden Tischen, Netzwerkarbeit, Verbindung ganz wichtig, und Sie alle wissen, wie schwierig und wie notwendig es gleichzeitig ist.

---

[11] Vgl. Die deutschen Bischöfe. Kommission für gesellschaftliche und soziale Fragen (2003): Das Soziale neu denken. Für eine langfristig angelegte Reformpolitik. Bonn.

3.3 Subsidiarität

Die Grundperspektive der Subsidiarität im Sozialen bleibt wichtig und richtig. Der deutsche Sozialstaat hat hier eine große Geschichte. Der politische und rechtliche Rahmen muss staatlich geklärt werden. Wir müssen dann als Träger versuchen, in diesem Rahmen subsidiär tätig zu sein. Subsidiarität kann aber nicht bedeuten, dass das, was staatlich nicht möglich ist, einfach abgeschoben wird auf andere. Sondern es ist eine originär von unten gewachsene, aber staatlich ermöglichte, mit Rahmenbedingungen versehene Arbeit, die insgesamt dem Sozialstaat gut tut, wenn er subsidiär aufgebaut ist und weiter aufgebaut bleiben soll.

4. Einige konkrete Denk- und Handlungsfelder

Ich komme zu ein paar konkreten Beispielen aus meiner Sicht, immer noch unter der Perspektive »Nachhaltig handeln, ökonomisch, ökologisch und sozial«.

4.1 Der Begriff der Sozialwirtschaft

Für mich ist das ganze Feld der Sozialwirtschaft nicht einfach ein Markt wie jeder andere. Und wenn wir das nicht im Blick behalten, könnten wir zu falschen Anreizen und zu falschen Strukturen und Rahmenbedingungen kommen. Ich sage Ja zu einer Mischform von staatlichen, privaterwerbswirtschaftlichen und gemeinnützigen Anbietern. Aber im Bereich der Lohnfindung, der Rahmenordnung, der Qualitätssicherung – etwa bei der Pflege – brauchen wir auch politische Vorgaben, die einen Wettbewerb erst ermöglichen. Deswegen, ich sage es ganz offen, war ich etwas zurückhaltend bei der Diskussion über Mindestlöhne im Bereich der Pflege. Die Diskussion im Hintergrund war sehr intensiv, und wir werden sie auch wahrscheinlich in Zukunft wieder führen. Es ist ja jetzt zunächst einmal auf drei Jahre etwas vereinbart. Aber wenn die Tendenz sein sollte, einen Mindestlohn zum Regellohn zu machen, wenn die Tendenz einfach ist zu sagen, wir machen einen Wettbewerb über die Löhne im Bereich des Sozialen, dann sehe ich doch eine Gefährdung auch der Qualität. Und da muss ich einfach darauf hinweisen, dass das eine Entwicklung ist, die den Zielen, die auch die Ministerin genannt hat, im Grunde entgegensteht. Deswegen müssten wir hier in dem Feld auch noch einmal genau schauen: Wenn wir diese erwerbswirtschaftlichen Anbieter haben, wenn wir die Sozialwirtschaft immer weiter stärker auch als eine Wirtschaft mit Wachstum sehen, auch ökonomischem Wachstum, wo einige eben auch wirklich richtig viel Geld verdienen können, dann möchte ich doch, dass die Rahmenbedingungen, die Wettbewerbsbedingungen, die Lohnfindung, die Qualifizierung der Mitarbeiter, die Qualitätssicherung, eben ein gewisses Niveau im Blick bleiben. Das gilt ja für andere Bereiche der Wirtschaft auch, aber in diesem Bereich der Sozialwirtschaft müsste es dann auch ganz besonders seinen Platz haben, weil es hier um Beziehungen von Menschen geht.

4.2 Integration und Inklusion

Als zweites Denk- und Handlungsfeld dienen die Begriffe Integration, Inklusion. Das ist ja in vielfältiger Weise ein wichtiger Punkt. Wenn wir auch hier das Ökonomische, das Soziale und das Ökologische zusammensehen, dann brauchen wir die Vorstellung von Teilhabe. Dann brauchen wir die Vorstellung, dass Menschen hineingenommen werden, sodass sie ihre Möglichkeiten entfalten können.

Ich möchte an dieser Stelle auch noch einmal das Thema Armutsüberwindung nennen. Manche meinen, das sei in unserer Gesellschaft ja irgendwie doch gelöst, aber Sie alle oder viele von Ihnen wissen, dass das nicht der Fall ist. Ich will auch auf die kommende Altersarmut hinweisen, die ja prognostiziert werden kann. Durch die Entwicklung der letzten Jahre, durch die prekären Arbeitsverhältnisse im Bereich der Wirtschaft sind viele Niedriglohnbereiche entstanden. Das, was im Alter dabei rauskommt, kann man sich ungefähr ausrechnen. Es wird also in dem Feld etwas auf uns zukommen, und wir werden wiederum die Altersarmut und die Armutsüberwindung als einen wichtigen Bereich der sozialen Arbeit sehen.

Integration und Inklusion geschieht im Wesentlichen durch Arbeit und Bildung. Und deswegen bin ich sehr dafür, dass wir weiter darüber nachdenken, wie wir, auch die Ministerin hat es angedeutet, einen sogenannten »dritten Arbeitsmarkt« in Gang bringen. Es ist einfach nicht richtig, dass wir meinen, wir könnten alle, auch gerade die Langzeitarbeitslosen, die ich im Blick habe, in den ersten Arbeitsmarkt hinein vermitteln. Das ist nicht möglich. Wir brauchen hier Kombinationen, immer mit dem Ziel: Es ist besser, Arbeit zu finanzieren als Arbeitslosigkeit. Das ist ein großes Leitwort des Sozialwortes der Kirchen gewesen und das muss auch hier gelten. Es geht bei Hartz IV weniger um 5 Euro oder 10 Euro. Auch das ist für die Betroffenen wichtig. Aber es geht doch noch mehr darum, dass es ermöglicht werden muss, dass Menschen nicht in diesem System bleiben dürfen. Wir haben als Kirchen damals – und ich habe mich oft gefragt, hätte man es anders machen müssen – irgendwie nicht so laut protestiert, als die sogenannten Hartz-Gesetze kamen.

Die Überlegung, dass die steuerlich finanzierten Leistungen zusammengeführt werden, war mir jedenfalls nicht ganz fremd. Ich habe das für eine Möglichkeit gehalten, vor allen Dingen mit der Perspektive, die ja in der Zielvorstellung formuliert war: Jeder soll nach einem Jahr wieder in Arbeit sein. Das ist aber nicht erfolgt. Niemals konnte ich mir vorstellen, dass dies dann sozusagen die Endstufe ist für jemanden, der vielleicht mit 53 Jahren arbeitslos wird. Das soll die Perspektive sein? Das kann eigentlich nicht richtig sein. Wir müssen also hier Wege finden und klären, was in punkto Bedürfnisse der Menschen heute wichtig ist. Da meine ich, muss man auch auf das hören, was unsere Wohlfahrtsverbände von der konkreten Arbeit berichten können. Dass alle durch Arbeit und Bildung teilhaben können, das ist der entscheidende Punkt, um Integration zu ermöglichen. Gerade bei der Bildung gilt: Wenn wir nachhaltig sein wollen, brauchen wir keine Diskussion über die verschiedenen möglichen Gliederungen des Schulsystems, sondern wir müssen unsere Bildungsansätze anders ausrichten und aus Schülerperspektive heraus denken. Wir brauchen eine Durchlässigkeit der verschiedenen Bereiche und müssen eben viel stärker anhand der Möglichkeiten des Einzelnen Schule und Bildung entwickeln und fördern, und nicht in einer pauschalen und schematischen Weise vorgehen. Jedenfalls wollen wir versuchen, auch gerade als Kirche, hier diesen ganzheitlichen Ansatz der Bildung vom Kindergarten bis zur Universität im Blick zu behalten.

4.3 Die Sorge um alte und pflegebedürftige Menschen

Auch hier finde ich es ganz gut, Frau Ministerin, dass Sie gesagt haben, lasst uns nicht nur von der Bedrohung ausgehen. So wie überhaupt diese Schreckensszenarien – Islamophobie, Überalterung, Deutschland schafft sich ab usw. – zwar manchmal das Denken mobilisieren, aber doch nicht so hilfreich sind. Die Situation, in der wir uns befinden, müssen wir als Herausforderung zur Gestaltung sehen und uns nicht ständig in Bedrohungsszenarien gegenseitig Angst machen. Und das gilt auch für diese demografische Frage, die ja auch ein beliebtes Bedrohungsszenario ist: Überalterung. Jeder, der graue Haare hat, hat mittlerweile schon ein schlechtes Gewissen. Das kann ja nicht sein. Also stellt sich die Frage, wie kann ich das als Chance sehen? In den nächsten 20, 30 Jahren werden wir die Situation nicht ändern, und jetzt geht es darum: Können wir im sozialen Bereich, mit Blick auf die auf uns zukommenden Tausenden von Menschen, die dement sein werden, die pflegebedürftig sein werden, eine unserer sozialen und christlichen Kultur entsprechende Antwort finden? Oder: Wie können diejenigen im Alter aktiv bleiben, die es noch können? All das ist genannt worden. Und deswegen meine ich, wäre das auch eine Herausforderung für uns. Es geht dann auch um Qualifizierung der Pflegekräfte. Sind wir bereit, einen bestimmten Standard auch dort einzuführen? Oder wollen wir sozusagen über die Lohnfindung eine Qualität »nach unten hin«? Nein, das wollen wir nicht. Dazu gehört aber, finanzielle Ressourcen auch insgesamt anzuschauen, natürlich auch bei dem, der finanzielle Ressourcen mobilisieren kann. Wir werden als Kirche und Caritas im nächsten Jahr ein Papier über die Pflege vorlegen, um die Diskussion anzuregen.

Bei all diesen Punkten – Integration, Inklusion, Bildung und Alte und Pflegebedürftige – ist das Thema Familie von außerordentlicher Bedeutung. Familien zu stärken, Familien zu unterstützen, Familiengründungen zu erleichtern, Familien auch zu begleiten gehört zu den ganz entscheidenden Voraussetzungen für eine Gesellschaft, die nachhaltig ist. Denn wo keine Kinder sind, das ist klar, da ist die Versuchung sehr groß, aus dem Augenblick heraus zu leben. Manche denken im Grunde genommen gar nicht mehr an die Perspektive in den nächsten 30, 40 Jahren, und das ist zu kurz. Wer Familie hat, der denkt anders, der denkt nachhaltiger. Da ist eine natürliche Nachhaltigkeit gegeben. Das finde ich eine so unmittelbar einsichtige Vorstellung, dass sie tatsächlich sehr wichtig und hilfreich ist.

5. Ja zur Erneuerung

Wir brauchen im Bereich der Sozialwirtschaft und auch des nachhaltigen Handelns immer wieder eine Erneuerung, auch eine Anpassung. Aber nicht, indem wir Schritt für Schritt das Niveau eines Sozialstaates, eines aktiven ermöglichenden Sozialstaates verändern hin auf einen Fürsorgestaat, der das Notwendigste tut und alles andere sozusagen den privaten Kräften und dem Wettbewerb überlässt. Das ist nicht möglich. Wir müssen die Rahmenbedingungen dafür schaffen, und das ist, ich sage es noch einmal, eine wichtige Standortfrage. Wir wollen uns nicht nur am wirtschaftlichen Erfolg messen lassen. Der ist sehr, sehr wichtig, und ohne diesen wirtschaftlichen Erfolg wird es auch das soziale Niveau nicht geben, das weiß ich schon. Aber den wirtschaftlichen Erfolg wird es auch nicht geben ohne das soziale Niveau, und ohne dass wir eine Gesellschaft der Teilhabe sind, der Befähigung, der Rücksichtnahme, des Respekts, gerade gegenüber dem Armen, dem Behinderten und denen, die zu uns kommen. Das ist eine Aufgabe an Staat und Gesellschaft.

Die Zivilisation des Westens ist besonders geprägt von der christlichen

Tradition. Nicht alles, was wir in unserem Sozialstaat haben, meine sehr verehrten Damen und Herren, kann man in Rechtsansprüchen auflösen. Mir sagte neulich jemand bei einer kirchlichen Diskussion in Brüssel über Armut: »Ich möchte nie wieder in einer Gesellschaft leben, wo ich danke sagen muss.« Da bin ich aufgestanden und habe gesagt: »Ich protestiere.« Das ist eine falsche Richtung. Natürlich werden wir auch in Zukunft in einer Gesellschaft leben, wo Menschen etwas tun, wozu sie nicht verpflichtet sind. Das ist ja geradezu eine notwendige weitere Ressource. Wir können nicht alles in Rechtsansprüche auflösen. Der Sozialstaat lebt nicht nur von Rechtsansprüchen. Er lebt auch davon, dass Menschen mehr tun, als sie zurückbekommen, dass sie etwas geben, wofür sie nichts zurückerwarten. Das ist ja das Wesen der Familie. Natürlich ist das auch eine Gemeinschaft, wo man sich gegenseitig etwas gibt, aber man kann das nicht verrechnen. Man tut mehr als man im Augenblick zurückbekommt. Das ist ein wichtiger Aspekt unseres gesellschaftlichen Miteinanders.

Und deswegen ist es wichtig, dass wir beides im Blick behalten: die Rechtsansprüche, den Sozialstaat wirklich auf Niveau zu halten mit professionellen, hauptamtlichen, durch die Solidargemeinschaft refinanzierten Kräften, aber auch durch das vielfältige Engagement der Ehrenamtlichen. Und dieses Miteinander von Ehrenamt und Hauptamt ist für das Zusammenleben der Menschen in den Kommunen und Gemeinden ein ganz, ganz wichtiger Faktor für eine niveauvolle, qualitätvolle Art des menschlichen Zusammenlebens, an der wir gemeinsam arbeiten wollen.

Ich danke Ihnen sehr herzlich für die Aufmerksamkeit für diese etwas längeren Ausführungen. Aber vor allen Dingen danke ich Ihnen auch sehr herzlich für das, was Sie in Ihren Einrichtungen und in all dem Bemühen, im Engagement, im Überlegen und in der Weiterentwicklung des sozialen Bereiches tun. Dankeschön.

Peter Masuch
Wer entscheidet, was sozial ist?
Die Bedeutung der Entscheidung des BVerfG vom 9. Februar 2010 für die Festlegung von Mindeststandards in der Eingliederung von behinderten Menschen

In der Bundesrepublik Deutschland, die in ihrem Staatsaufbau durch das Prinzip der Gewaltenteilung bestimmt wird, lautet die Antwort auf die Frage: »Wer entscheidet, was sozial ist?« vordergründig zunächst einmal: der Gesetzgeber. Er ist derjenige, der die Gesetze auch im Bereich der sozialen Sicherung schafft und dadurch Maßstäbe für »das Soziale« setzt. Das gilt aktuell besonders für die Berechnung der Regelbedarfe: Der Gesetzentwurf ist in der politischen Diskussion – mich daran zu beteiligen, verbietet mir die Neutralitätspflicht als betroffener Gerichtspräsident.

Bei näherem Hinsehen zeigt sich, dass die Sache mit der Zuständigkeit so einfach nicht ist. Die Vorstellung dessen, was in einem bestimmten Regelungsgebiet als »sozial« anzusehen ist, ist zunächst entscheidend durch unsere Verfassung vorgeprägt. Sie setzt unumgängliche Mindeststandards, an die sich der Gesetzgeber zu halten hat. Im Rahmen dieser Mindeststandards stehen dem Gesetzgeber dann zwar unter Umständen vielfältige Gestaltungsmöglichkeiten zur Verfügung. Auch im Rahmen dieser Gestaltungsmöglichkeiten trifft er aber seine Entscheidung über den sozialen Standard letzlich nicht »im luftleeren Raum«. Er hat in seine Überlegungen unter Umständen auch die gesellschaftlichen Anschauungen einzubeziehen, die inzwischen gefüttert werden nicht nur durch nationale, sondern auch durch internationale Standards. Insoweit entscheiden auch die Gesellschaft oder die internationale Gemeinschaft mit darüber, was sozial ist.

Besonders deutlich wird diese Vielschichtigkeit in der Entscheidung des BVerfG vom 9. Februar 2010 zur Verfassungsmäßigkeit der Regelsätze im Arbeitslosengeld II. Und das ist vielleicht auch das historische Verdienst dieser Entscheidung. In der öffentlichen Wahrnehmung macht sich die Stimmung breit, diese Entscheidung habe letzlich »zu nichts geführt« – faktisch werden nunmehr die Regelsätze kaum erhöht.

Ich möchte Sie aber an dieser Stelle ermuntern, eine mögliche Enttäuschung über das Ergebnis hintanzustellen und von einer anderen Seite aus auf diese Entscheidung zu blicken.

Das BVerfG macht dort nämlich zum einen ganz grundlegende Ausführungen dazu, welche unumgänglichen Mindeststandards sich aus unserer Verfassung zu der Frage ergeben, was »sozial« ist. Es greift dabei den in seiner Rechtsprechung seit jeher offenen Begriff auf und umschreibt näher, was »sozial« in diesem Sinne überhaupt ist. So hatte es z. B. im Urteil über die gesetzliche Pflegeversicherung vom 3. April 2001 umstandslos und ohne weitere Begründung als »soziale Aufgabe« die Verpflichtung der staatlichen Gemeinschaft zur Wahrung der Würde des Menschen in einer altersbedingten Hilfebedürftigkeit gezählt (BVerfGE 103, 197, 221).

Neben den Mindeststandards zeigt die Entscheidung vom 9. Februar 2010 zum anderen auf, dass der Gesetzgeber, soweit ihm ein Entscheidungsspielraum über die Sozialstandards verbleibt, seine Entscheidung nicht »im luftleeren Raum« treffen kann, sondern er vielmehr Gesetze in einem transparenten Verfahren unter Auslotung der tatsächlichen Gegebenheiten und unter Einbeziehung der gesellschaftlichen Anschauungen zu treffen hat.

Vor diesem Hintergrund gewinnt die Entscheidung des BVerfG vom 9. Februar letzten Jahres meines Erachtens nicht nur Bedeutung für die richtige Festlegung des Existenzminimums, sondern vielmehr auch in anderen grundrechtsrelevanten Lebensbereichen und hier vor allem auch in einem Bereich, der mir persönlich sehr am Herzen liegt, nämlich demjenigen der Bestimmung und Festlegung, d. h. der Sicherung von Mindeststandards in der Eingliederung von behinderten Menschen. Ich werde der Frage nachgehen, wie viel Teilhabe für Menschen mit Behinderung von Rechts wegen geboten ist.

Ich werde mich in meinem Vortrag daher mit beiden Themenbereichen befassen, zunächst mit dem relevanten Inhalt des Urteils vom 9. Februar 2010, anschließend mit der Frage »Was umfasst Teilhabe?«. Zunächst möchte ich Ihnen die wesentlichen Kernaussagen der Entscheidung des BVerfG vom 9. Februar 2010 nochmals vor Augen führen.

1. Urteil des BVerfG vom 9. Februar 2010

Kernaussagen

Das BVerfG hatte dort über die Verfassungsmäßigkeit der Regelleistungen nach dem SGB II zu entscheiden. Zu Beginn seiner Entscheidungsgründe gibt das BVerfG den Maßstab vor, anhand dessen es die Vorschriften über die Regelleistungen nach dem SGB II für erwerbsfähige Hilfebedürftige und deren Kinder überprüft: Es leitet aus Art. 1 Abs. 1 GG i.V.m. Art. 20 Abs. 1 GG ein Grundrecht auf Gewährleistung eines menschenwürdigen Existenzminimums ab. Dabei sei der Leistungsanspruch auf Gewährleistung dieses menschenwürdigen Existenzminimums *dem Grunde nach* von der Verfassung vorgegeben. *Seinem Umfang nach* könne dieser Anspruch jedoch im Hinblick auf die Arten des Bedarfs und die dafür erforderlichen Mittel nicht unmittelbar aus der Verfassung abgeleitet werden; er sei durch den Gesetzgeber selbst konkret zu bestimmen. Das BVerfG konkretisiert diese Kernaussagen im Einzelnen wie folgt:

Der dem Grunde nach unmittelbar aus der Verfassung herleitbare Leistungsanspruch auf Gewährleistung eines menschenwürdigen Existenzminimums erstrecke sich nur auf diejenigen Mittel, die zur Aufrechterhaltung eines menschenwürdigen Existenzminimums unbedingt erforderlich seien. Welche Lebensbereiche hier im Einzelnen unabdingbar zu berücksichtigen sind, benennt das BVerfG dann ganz konkret: Der Leistungsanspruch gewährleiste das gesamte Existenzminimum durch eine einheitliche grundrechtliche Garantie, die sowohl die *physische Existenz des Menschen*, also *Nahrung, Kleidung, Hausrat, Unterkunft, Heizung, Hygiene und Gesundheit,* als auch die Sicherung der Möglichkeit zur *Pflege zwischenmenschlicher Beziehungen* und zu *einem Mindestmaß an Teilhabe am gesellschaftlichen, kulturellen und politischen Leben* umfasst, denn der Mensch als Person existiert notwendig in sozialen Bezügen (Rn. 135 d.E.).

Im Zusammenhang mit der richtigen Bestimmung des Sozialgeldes für Kinder hat das BVerfG zudem ausgeführt, bei diesen gehörten auch die notwendigen Aufwendungen zur Erfüllung schulischer Pflichten zum existenziellen Bedarf. Ohne Deckung dieser Kosten drohe hilfebedürftigen Kindern der Ausschluss von Lebenschancen, weil sie ohne den Erwerb der notwendigen Schulmaterialien die Schule nicht erfolgreich besuchen könnten. Insoweit macht das BVerfG daher auch die Teilhabe an *Bildung* zum grundgesetzlich gewährten Mindeststandard.

Bezogen auf *den Umfang* der existenzsichernden Leistungen räumt das BVerfG dem Gesetzgeber einen Gestaltungsspielraum ein. Dem Gesetzgeber stehe eine Einschätzungsprärogative zu, die nur eine beschränkte gerichtliche Kontrolle des gefundenen Endergebnisses (also der festgelegten Höhe der Regelsätze) zulasse. Es könne insoweit nur überprüft werden, ob die Leistungen evident unzureichend seien. Der Gesetzgeber hat also die Beurteilung der tatsächlichen Verhältnisse ebenso wie die wertende Einschätzung des notwendigen Bedarfs vorzunehmen. Dabei teilt das BVerfG den Gestaltungsspielraum in zwei Bewertungsstufen ein: Soweit der Gesetzgeber das zur Sicherung der *physischen* Existenz eines Menschen Notwendige konkretisiere, sei der Gestaltungsspielraum enger als dort, wo es um Art und Umfang der Möglichkeit zur Teilhabe am gesellschaftlichen Leben gehe.

Die Einschätzungsprärogative führt das BVerfG darauf zurück, dass die Höhe zu gewährender Leistungen wesentlich von den gesellschaftlichen Anschauungen über das für ein menschenwürdiges Dasein Erforderliche, der konkreten Lebenssituation der hilfebedürftigen Person sowie den jeweiligen wirtschaftlichen und technischen Gegebenheiten abhänge. Daher sei der Gesetzgeber angehalten, die soziale Wirklichkeit zeit- und realitätsgerecht zu erfassen. Er habe zudem eine stetige Aktualisierung vorzunehmen, der die zu erbringenden Leistungen an dem jeweiligen Entwicklungsstand des Gemeinwesens und den bestehenden Lebensbedingungen auszurichten habe.

Der Spielraum des Gesetzgebers bei Ausgestaltung der Leistungshöhe wird aber durch das BVerfG an anderer Stelle wieder aufgefangen. Denn im Gegenzug erstreckt das BVerfG seine Kontrolle »auch auf das Verfahren zur Ermittlung des Existenzminimums«. Zur Konkretisierung des Anspruchs habe der Gesetzgeber alle existenznotwendigen Aufwendungen folgerichtig in einem transparenten und sachgerechten Verfahren nach dem tatsächlichen Bedarf, also realitätsgerecht, zu bemessen. Hierzu habe er zunächst die Bedarfsarten sowie die dafür aufzuwendenden Kosten zu ermitteln und auf dieser Basis die Höhe des Gesamtbedarfs zu bestimmen. Das Grundgesetz schreibe ihm dafür keine bestimmte Methode vor; er dürfe sie vielmehr im Rahmen der Tauglichkeit und Sachgerechtigkeit selbst auswählen. Abweichungen von der gewählten Methode bedürften allerdings der sachlichen Rechtfertigung.

Das BVerfG prüft deshalb,
- ob der Gesetzgeber das Ziel, ein menschenwürdiges Dasein zu sichern, in einer Art. 1 Abs. 1 GG i.V.m. Art. 20 Abs. 1 GG gerecht werdenden Weise erfasst und umschrieben,
- ob er im Rahmen seines Gestaltungsspielraums ein zur Bemessung des Existenzminimums im Grundsatz taugliches Berechnungsverfahren gewählt,
- ob er die erforderlichen Tatsachen im Wesentlichen vollständig und zutreffend ermittelt und schließlich,

- ob er sich in allen Berechnungsschritten mit einem nachvollziehbaren Zahlenwerk innerhalb dieses gewählten Verfahrens und dessen Strukturprinzipien im Rahmen des Vertretbaren bewegt hat.

Um eine verfassungsgerichtliche Kontrolle zu ermöglichen, stellt das BVerfG den Gesetzgeber vor die Obliegenheit, die zur Bestimmung des Existenzminimums im Gesetzgebungsverfahren eingesetzten Methoden und Berechnungsschritte nachvollziehbar offenzulegen.

Nach Auffassung des BVerfG haben diesen Prüfungsmaßstäben an die Einschätzungsprärogative des Gesetzgebers weder die Bemessung des Arbeitslosengeldes II noch des Sozialgeldes für Kinder genügt.

Daneben hat das BVerfG auch für mit dem Grundrecht auf ein menschenwürdiges Existenzminimum unvereinbar gehalten, dass in den Regelungen zum Arbeitslosengeld II keine Vorschrift enthalten war, die einen Anspruch auf Leistungen zur Sicherstellung eines zur Deckung des menschenwürdigen Existenzminimums unabweisbaren, laufenden, nicht nur einmaligen, besonderen Bedarf vorsah. Es hält daher für erforderlich, einen über den durch eine pauschale Regelleistung erfassten, hinausgehenden besonderen Bedarf aufgrund atypischer Bedarfslagen gerecht werden zu können. Unerlässlich ist daher die Einführung einer Härteklausel.

Kernaussagen zu: Wer entscheidet, was sozial ist?

So weit der aus meiner Sicht wesentliche Kern der Entscheidung des BVerfG vom 9. Februar 2010. Dabei ging es wohlgemerkt um die Einschätzungsprärogative des Gesetzgebers bei der Festlegung des Regelbedarfs von bedürftigen, weil arbeitsuchenden Menschen. Im Blick auf unsere Leitfrage »Wer entscheidet, was sozial ist?« kann man der Entscheidung des BVerfG vom 9. Februar 2010 nun die folgenden relevanten Aussagen entnehmen:

Art. 1 Abs. 1 i. V. m. Art. 20 Abs. 1 GG gibt ein Grundrecht auf Gewährleistung eines menschenwürdigen Existenzminimums. Dabei benennt das BVerfG ganz konkret, welche Lebensbereiche aus seiner Sicht unabdingbar bei der Leistungsbestimmung zu berücksichtigen sind.

Insoweit wird der zu gewährende Mindeststandard unmittelbar durch die Verfassung vorgegeben. Die Ausgestaltung und Errechnung im Einzelnen obliegt jedoch allein dem Gesetzgeber. Insoweit entscheidet also er, was sozial ist. Es ist in seine Hände gelegt, die konkrete Leistungshöhe zu errechnen. Jedoch ist der Gesetzgeber damit nicht aus der Verantwortung entlassen. Denn die Freiheit auf der inhaltlichen Seite wird aufgefangen durch feste Vorgaben auf der Verfahrensseite: Freiheit im Inhalt gibt es nur, wenn und soweit nachvollziehbar ist, wie es zu dem Inhalt gekommen ist. Dort, wo also der Gesetzgeber entscheidet, was sozial ist, hat er ein transparentes Verfahren für seine Maßstäbe einzuhalten.

Und hier kommen gleichsam als weitere Vorgabe die gesellschaftlichen Anschauungen ins Spiel: Der Gesetzgeber hat bei der Konkretisierung der Leistungshöhe die soziale Wirklichkeit zeit- und realitätsgerecht unter Berücksichtigung der gesellschaftlichen Anschauungen über das für ein menschenwürdiges Dasein Erforderliche zu erfassen. Wir haben gesehen, wie etwa die Medien und Verbände, Sachverständige in Anhörungen und in der Literatur usw. sich eingebracht haben in den Diskurs um die Verfassungsmäßigkeit der Regelleistungen. Das gilt bei der laufenden Diskussion um den Gesetzentwurf von Frau von der Leyen aktuell nicht minder. Insoweit entscheidet mit dem Willen des BVerfG auch der gesellschaftliche Konsens mit darüber, was sozial ist.

Dem gestuften Gestaltungsspielraum des Gesetzgebers entspricht die Kontrolle durch das BVerfG. Es prüft, ob der Gesetzgeber das Ziel der menschenwürdigen Daseinssicherung verfolgt hat (s. Rn. 143 f.). Mit der Frage nach der gerichtlichen Prüfdichte musste sich schon der 1. Senat des BSG im Urteil vom 22. April 2008 im Blick auf die Ausgestaltung der Zuzahlungsregelungen für Bezieher von SGB II-Leistungen auseinandersetzen. Er hat dort gleichsam im Vorgriff auf die Entscheidung des BVerfG vom 9. Februar 2010 ausgeführt, die unterschiedlichen Spielräume für den Gesetzgeber, das sozialrechtlich gesicherte Existenzminimum verfassungskonform auszugestalten, bedingten auch unterschiedliche verfassungsrechtliche Anforderungen an die gerichtliche Prüftiefe, soweit es um die tatsächlichen Ermittlungen des Gesetzgebers im Rahmen des Gesetzgebungsverfahrens geht: Je stärker der Gesetzgeber mit einer Regelung darauf abzielt, sich der verfassungsrechtlichen Untergrenze des sozialrechtlich gesicherten Existenzminimums zu nähern, desto zuverlässiger müssen seine Ermittlungsergebnisse sein, um ein Unterschreiten dieser Grenze zu vermeiden. Sie müssen dann auf sorgfältigen Tatsachenermittlungen und vertretbaren Einschätzungen beruhen (vgl. entsprechend zum Untermaßverbot BVerfG 88, 203, LS 6 und 262).

Stellt der Gesetzgeber dagegen zur Sicherung des Existenzminimums Sozialleistungen zur Verfügung, die die verfassungsrechtlich gezogene unterste Grenze des physischen Existenzminimums eher überschreiten sollen, sind die Anforderungen an die verfassungsrechtlich gebotene

Überprüfung der Tatsachengrundlagen der Entscheidung des Gesetzgebers wesentlich geringer: Wie auch in anderen Fällen, in denen die Erfüllung grundrechtlicher Pflichten des Gesetzgebers von der Beurteilung tatsächlicher Verhältnisse abhängt (vgl. etwa BVerfG 44, 249, 267; 77, 170, 214 f; 77, 381, 405), ist die gesetzliche Regelung verfassungsrechtlich nur zu beanstanden, wenn der Gesetzgeber die maßgeblichen Pflichten entweder überhaupt außer Acht gelassen oder ihnen offensichtlich nicht genügt hat (vgl. entsprechend etwa BVerfG 82, 60, 98 = SozR 3-5870 § 10 Nr. 1). Die Zuzahlungspflicht für Leistungsbezieher nach dem SGB II bei Abdeckung nicht von der GKV zu erbringender Leistungen für die Gesundheit durch die Regelleistung nach § 20 Abs. 2 SGB II unterfällt diesem großzügigeren Prüfprogramm.

Spezifische Bedarfe behinderter Menschen

Die dem BVerfG aufgegebene Prüfung betraf wie gezeigt die Regelleistungen für Arbeitsuchende. Da die Regelleistungen von SGB II und SGB XII in einem engen systematischen Zusammenhang stehen, geht auch das BMAS bei der Neuordnung davon aus, dass die Regelbedarfe in einem für beide Gesetze geltenden Verfahren zu ermitteln sind.

Das SGB XII umfasst nun aber nicht nur die Regelbedarfe, sondern auch andere spezifische Bedarfe von behinderten Menschen, für die die sogenannte Eingliederungshilfe für behinderte Menschen steht. Lässt sich nun aus der Entscheidung des BVerfG mit seinen aufgezeigten Vorgaben für die Gesetzgebung im Regelungsbereich der Teilhabeleistungen für behinderte Menschen etwas ableiten? Schauen wir auf die Entscheidung des BVerfG also einmal mit den Augen eines behinderten Menschen, bei dem es nicht in erster Linie um den Schutz wegen Mittellosigkeit, sondern um spezifische Bedarfe geht, die entstehen, weil die Gesellschaft Barrieren aufrichtet, die er wegen seiner Beeinträchtigungen nicht ohne Hilfe überwinden kann.

Die eingangs dargestellte Zusammenfassung der Entscheidung des BVerfG hat bereits aufgezeigt: Art. 1 Abs. 1 GG i. V. m. Art. 20 Abs. 1 GG gewährleisten das Grundrecht auf ein menschenwürdiges Existenzminimum einschließlich eines Mindestmaßes an Teilhabe am gesellschaftlichen, kulturellen und politischen Leben, jedoch: Ein Anspruch auf ein garantiertes Minimum an Teilhabeleistungen für behinderte Menschen *in konkreten Zahlen* lässt sich aus der Verfassung nicht herleiten. Die Entscheidung macht vielmehr deutlich, dass grundsätzlich keine unmittelbaren Ansprüche aus der Verfassung ableitbar sind, dass vielmehr der Gesetzgeber hier einen großen Gestaltungsspielraum hat. Dann kann sich auch kein Anspruch auf bestimmte Leistungen oder ein bestimmtes Leistungsniveau im die gesellschaftliche Teilhabe betreffenden Bereich der Eingliederungshilfe ableiten.

Aber dennoch wird die Entscheidung des BVerfG vom 9. Februar 2010 auch im Bereich der Teilhaberechte von Menschen mit Behinderung relevant. Dazu möchte ich die Schutzbereiche und die Verfahrensregeln ansprechen und erste Schlussfolgerungen ziehen:

Lebensfelder bzw. Schutzbereiche

Das BVerfG benennt ganz konkret diejenigen Lebensbereiche, die für die Berechnung des Existenzminimums unerlässlich zu berücksichtigen sind. Der Schutzumfang des Grundrechts auf Gewährleistung eines menschenwürdigen Existenzminimums erstreckt sich nicht nur auf die Mindestbedingungen körperlichen Überlebens. Vielmehr hat das BVerfG klargestellt, dass ebenso die Möglichkeit zur Pflege zwischenmenschlicher Beziehungen und soziokultureller Teilhabe sicherzustellen sind. Das ist neu in eben dieser Entscheidung vom 9. Februar 2010, das BVerfG hatte zuvor noch keine Gelegenheit, diese Frage abschließend zu beantworten. Darin, dass das BVerfG die jedem Menschen unabdingbar zuzubilligenden Bestandteile eines menschlichen Lebens benennt, liegt die erste Besonderheit dieses Urteils.

Dass das BVerfG nicht nur das »blanke Überleben«, sondern vielmehr auch den Bereich von Teilhabemöglichkeiten als einer menschenwürdigen Existenz zugehörig erachtet, setzt einen Maßstab, der besonders auch im Bereich der Teilhabeleistungen für behinderte Menschen Bedeutung erlangen kann. Wenn es nämlich um die Gewährleistung von Mindeststandards für Menschen mit Behinderung geht, ist das Mindestmaß an soziokultureller Teilhabe unter Berücksichtigung der konkreten Behinderung des betreffenden Menschen sicherzustellen.

Es sind dann entsprechend höhere oder zusätzliche Leistungen zu gewähren.

Das gilt umso mehr, als das BVerfG an anderer Stelle schon deutlich gemacht hat, es sehe die Teilhabemöglichkeiten behinderter Menschen ebenfalls als Bestandteil der Menschenwürde an. So nämlich die Entscheidung der 2. Kammer des 1. Senats vom 25. Fberuar2009 – 1 BvR 120/09 – zum Stichwort »Spezialrollstuhl«, in welcher das BVerfG ausführt:

Zwar lassen sich aus den Grundrechten im Allgemeinen keine konkreten Leistungsrechte auf Bereitstellung bestimmter und insbesondere spezieller Gesundheitsleistungen entnehmen (vgl. BVerfG 115,

25 <44>). Jedoch folgt aus Art. 1 Abs. 1 GG in Verbindung mit dem Sozialstaatsprinzip ein Anspruch auf die Mindestvoraussetzungen für ein menschenwürdiges Dasein (vgl. BVerfG 82, 60 <80>). In Bezug auf die gesetzliche Pflegeversicherung hat das Bundesverfassungsgericht ausgeführt, die Fürsorge für Menschen, die vor allem im Alter zu den gewöhnlichen Verrichtungen im Ablauf des täglichen Lebens aufgrund von Krankheit und Behinderung nicht in der Lage seien, gehöre im Geltungsbereich des Grundgesetzes zu den sozialen Aufgaben der staatlichen Gemeinschaft; dem Staat sei die Würde des Menschen in einer solchen Situation der Hilfebedürftigkeit besonders anvertraut (vgl. BVerfG 103, 197 <221> unter Hinweis auf Art. 1 Abs. 1 GG).

Aus Art. 1 Abs. 1 GG in Verbindung mit dem Sozialstaatsprinzip folgt die Pflicht auch der Rechtsprechung, diese Grundsätze bei der Anwendung des einfachen Rechts zu berücksichtigen (vgl. bereits BVerfG 1, 97 <105>).

Nach § 33 Abs. 1 Satz 1 SGB V haben Versicherte der gesetzlichen Krankenversicherung Anspruch auf Versorgung mit Hilfsmitteln, die erforderlich sind, um den Erfolg der Krankenbehandlung zu sichern, einer drohenden Behinderung vorzubeugen oder eine Behinderung auszugleichen, soweit die Hilfsmittel nicht als allgemeine Gebrauchsgegenstände des täglichen Lebens anzusehen sind. Nach der ständigen Rechtsprechung des Bundessozialgerichts ist ein Hilfsmittel erforderlich, wenn sein Einsatz zur Lebensbewältigung im Rahmen der Grundbedürfnisse des täglichen Lebens benötigt wird. Zu diesen Grundbedürfnissen gehören insbesondere die körperlichen Grundfunktionen wie Gehen, Stehen, Treppensteigen, Sitzen, Liegen, Greifen, Sehen usw. Maßstab ist dabei der gesunde Mensch, zu dessen Grundbedürfnissen der kranke und behinderte Mensch durch die medizinische Rehabilitation und mit Hilfe der von der Krankenkasse gelieferten Hilfsmittel wieder aufschließen soll.

Für die Herstellung einer ausreichenden Bewegungsfreiheit sind dabei solche Hilfsmittel erforderlich, die dem behinderten Menschen einen Bewegungsradius verschaffen, wie ihn ein nicht behinderter Mensch üblicherweise noch zu Fuß erreicht. Hierzu gehört im gegebenen Fall auch ein Elektrorollstuhl.

Im Übrigen folgt eine entsprechende Übertragbarkeit auch aus den Ausführungen des BVerfG vom 9. Februar 2010 zu dem Erfordernis einer Härteklausel. Das BVerfG nimmt in seiner Entscheidung zwar die

Bedürfnisse behinderter Menschen an keiner Stelle konkret in Bezug, erkennt aber schon für *nicht* behinderte Menschen an, dass bestimmte Einzelfallkonstellationen Härtefälle darstellen, die eine Gewährung von »Mehrbedarfen« erfordern. Sie werden mir darin zustimmen, dass dann erst Recht dem aus einer Behinderung erwachsenden Mehrbedarf Rechnung getragen werden muss.

Verfahrensregeln

Zweiter und noch wesentlicherer Punkt ist aber, dass der Gesetzgeber im Bereich der Sozialgesetzgebung zukünftig gewisse Verfahrensregeln einzuhalten hat. Und darin liegt die zweite Besonderheit der Entscheidung des BVerfG vom 9. Februar 2010.

Die Vorgaben, die das BVerfG dem Gesetzgeber für die Bestimmung eines menschenwürdigen Existenzminimums gemacht hat, entfalten Bedeutung auch für den uns hier interessierenden Bereich. Auch bei Ausgestaltung eines Gesetzes zur Definition unerlässlicher Teilhaberechte ist dem Gesetzgeber nämlich ein Gestaltungsspielraum zuzubilligen. Insoweit entscheidet er, was sozial ist, wenn Menschen mit Behinderungen spezifische soziale Leistungen reklamieren. Aber: Diese Freiheit auf der inhaltlichen Seite wird aufgefangen durch feste Vorgaben auf der verfahrensrechtlichen Seite. Freiheit im Inhalt besteht nur, wenn nachvollziehbar ist, wie es zu dem Inhalt gekommen ist. Dort, wo der Gesetzgeber entscheidet, was sozial ist, hat er ein transparentes Verfahren für seine Maßstäbe einzuhalten. Dies gilt insbesondere für die soziokulturellen Teilhaberechte, weil das BVerfG dort den Gestaltungsspielraum des Gesetzgebers höher einschätzt als dort, wo es um die Gewährleistung des blanken Überlebens geht.

Wendet man die vom BVerfG für die Gewährleistung des Existenzminimum geschaffenen Maßstäbe im Bereich der Leistungen zur Teilhabe von behinderten Menschen an, dann gilt auch hier Folgendes:

Der Gesetzgeber hat bei der Festlegung und Bemessung von Leistungen die soziale Wirklichkeit zeit- und realitätsgerecht unter Berücksichtigung der gesellschaftlichen Anschauungen über das für ein menschenwürdiges Dasein Erforderliche zu erfassen. Maßgeblich sind insoweit der Entwicklungsstand des Gemeinwesens und die bestehenden Lebensbedingungen. Die hierbei erforderlichen Wertungen kommen dem parlamentarischen Gesetzgeber zu. Ihm obliegt es, den Leistungsanspruch in Tatbestand und Rechtsfolge zu konkretisieren. Ob er das Existenzminimum durch Geld-, Sach- oder Dienstleistungen sichert, bleibt grundsätzlich ihm überlassen. Ihm kommt zudem ein

Gestaltungsspielraum bei der Bestimmung des Umfangs der Leistungen zur Sicherung des Existenzminimums zu. Wie beim eingangs beschriebenen Verfahren zur Bedarfsermittlung gilt aber auch hier: Die Gestaltung der existenzsichernden Leistungen der sozialen Teilhabe müssen in einem transparenten, folgerichtigen Verfahren ermittelt werden. Auch wenn die gerichtliche Prüfung von geringerer Dichte ist – die Rationalitätsanforderungen verlangen mindestens, dass der Gesetzgeber nicht willkürlich vorgeht.

Erste rechtliche Schlussfolgerungen

Bei einem beispielhaften Durchforsten der Lebensfelder bzw. Schutzbereiche ist bereits zu erkennen, dass sich rechtliche Probleme stellen, wenn wir die verfassungsrechtlichen Anforderungen auf konkrete Fragen der Existenzsicherung behinderter Menschen anwenden. Das betrifft z. B. die Begrenzung des Schwerbehindertenrechts in Teil 2 des SGB IX; der Sonderkündigungsschutz betrifft das Recht auf Teilhabe am Arbeitsleben als Teil der Existenzsicherung. Der Ausschluss der nicht schwerbehinderten oder diesen gleichgestellten behinderten Menschen wird sich der Prüfung stellen müssen, ob die Ungleichbehandlung sachlich begründet ist. Regelungen des Schwerbehindertenrechts, die den Kernbereich der sozialen Teilhabe betreffen, d. h. innerhalb des von der Menschenwürde gewährleisteten Existenzminimums liegen, sind allen behinderten Menschen zu sichern.

Das Bundesverfassungsgericht hat mit seinem Urteil vom 9. Februar die Bedeutung des Parlamentsgesetzes für die Konkretisierung des wesentlichen Inhalts sozialer Rechte zur Sicherung des Existenzminimums herausgestellt. Dieser sogenannte Wesentlichkeitsgrundsatz wird in der zukünftigen Weiterentwicklung der Eingliederungshilfe stärker zu berücksichtigen sein.

In der Praxis der Frühförderung (§ 30 SGB IX), die ja gerade im Blick auf die Vermeidung von Behinderung eine so große Rolle spielt, kommt es immer wieder zu erheblichen Umsetzungsschwierigkeiten, wenn etwa wegen mangelhafter Eingangsdiagnostik Förderbedarfe nicht erkannt werden.

Der Katalog sozialer Leistungen selbst ist vom Gesetzgeber vorzugeben und auf untergesetzlicher Ebene nur zu konkretisieren, nicht aber etwa einzuschränken. Wenn es in der Diskussion der ASMK um die Bedeutung der Landesrahmenverträge geht, muss klar sein, dass hier vielleicht über die Qualitätssicherung verhandelt werden kann, nicht aber über die materielle Ausgestaltung dessen, was soziales Recht in einem Kernbereich des Existenzminimums sein soll. Eine abstrakte Regelung etwa des Inhalts, behinderte Menschen haben Anspruch auf notwendige Hilfen, ist zu unbestimmt, um dem Wesentlichkeitsgrundsatz im vorliegenden Zusammenhang genügen zu können. Bei der Ausgestaltung der Regelungen über die die Einrichtungen betreffenden Vereinbarungen in §§ 75 ff. SGB XII in Richtung auf eine personenzentrierte Leistungserbringung – wie sie die ASMK in die Diskussion gebracht hat – ist der Bundesgesetzgeber u. a. für Vergütungsregelungen verantwortlich, die die Wahlrechte der behinderten Menschen für qualitätvolle Angebote und Alternativen sicherstellen. Auch das Wohnen gehört zum physischen Existenzminimum!

2. Was umfasst Teilhabe?

Soweit die Analyse des Urteils vom 9. Februar 2010 auch im Blick auf die vom Existenzminimum umfassten sozialen Rechte behinderter Menschen. Wenn wir uns von diesem Kernbereich entfernen, haben wir es umso mehr mit der Gestaltungsfreiheit des Gesetzgebers zu tun und damit mit der Frage, wer außer ihm berufen ist, die Gestaltung mit zu prägen.

Ausgangspunkt der weiteren Vertiefung ist daher die Frage danach, wie weit unsere Gesellschaft im Bereich der Leistung von soziokultureller Teilhabe behinderter Menschen gediehen ist, welche Standards hier also existieren. Aus meiner Sicht kommt man in Beantwortung dieser Frage an den maßgeblichen internationalen Standards nicht mehr vorbei. Neben die zu berücksichtigenden gesellschaftlichen Anschauungen über ein menschenwürdiges Leben treten insbesondere auch die Standards, die von der UN-Behindertenrechtskonvention festgelegt werden. Für die Zukunft steht daher an, überhaupt erst einmal Maßstäbe zu finden, anhand derer aus der UN-Konvention Mindeststandards soziokultureller Teilhabe für behinderte Menschen entwickelt werden können.

Begriff

Die Frage danach, was Teilhabe in Art und Umfang ausmacht, ist nicht leicht zu beantworten. Es beginnt schon mit dem Problem, welchen Begriff von »Teilhabe« sie zugrunde legen. Im Sinne der Verfassungsrechtsprechung umschreibt die Teilhabe jene Dimension von Grundrechten, die über die Freiheitssicherung hinausreicht. Hier ist nämlich zu berücksichtigen, dass die Grundrechte in erster Linie als Abwehrrechte konzipiert sind. In einer mit der Entscheidung zum »Numerus clausus« (BVerfG 33,

303, 333) einsetzenden Rechtsentwicklung hat das BVerfG indes auch einen leistungsrechtlichen Charakter der Grundrechte ausgeformt (Stichwort: »derivative Teilhabe«). Der Gesetzgeber hat allerdings bei der Ausgestaltung dessen, was er für sozial hält, weit darüber hinausgegriffen: Soziale Rechte insbesondere für Menschen mit Behinderung sind nicht auf den Kernbereich der Ausfüllung des Existenzminimums beschränkt.

Das einfachgesetzliche Programm

Gehen wir hier deshalb vom Katalog der Teilhabeleistungen im Sinne des SGB, insbesondere der Bücher IX und XII, aus. Damit wird die Sache jedoch nicht leichter, schauen wir nur auf die Verschränkung der Teilhabeleistungen in den Sozialgesetzbüchern.

Ich greife den rechtssystematisch interessanten § 21 Abs. 4 SGB II heraus, er berücksichtigt Mehrbedarf wegen einer Behinderung:

Erwerbsfähige behinderte Hilfebedürftige, denen Leistungen zur Teilhabe am Arbeitsleben nach § 33 des Neunten Buches sowie sonstige Hilfen zur Erlangung eines geeigneten Platzes im Arbeitsleben oder Eingliederungshilfen nach § 54 Abs. 1 Satz 1 Nr. 1 bis 3 des Zwölften Buches erbracht werden, erhalten einen Mehrbedarf von 35 vom Hundert der nach § 20 maßgebenden Regelleistung. Die genannte Regelung in § 54 SGB XII betrifft Leistungen für Schulbildung und Ausbildung. Eine § 21 SGB II vergleichbare Regelung enthält § 54 Abs. 4 SGB XII. Gesetzestechnisch stehen hier die Regelleistungen der Grundsicherung neben Mehrbedarfszuschlägen und Teilhabe- bzw. Eingliederungshilfeleistungen.

Hier zeigt sich die Vorstellung des Gesetzgebers in einem normativen Nebeneinander von Regel- und Mehrbedarf sowie den individuell bedarfsgerechten Eingliederungshilfen. Dieses verschränkte einfachgesetzliche Programm steht immer wieder zur Prüfung – und wie ich meine jetzt unter Beachtung neuer Prüfungsmaßstäbe!

Die UN-Behindertenrechtskonvention

Seit dem 26. März 2009 gilt in Deutschland die UN-Behindertenrechtskonvention als Bundesgesetz. Sie umschreibt nicht nur die für die behinderten Menschen maßgeblichen Lebensfelder – oder besser gesagt: Schutzbereiche –, sondern formuliert auch Standards mit differenzierter Verbindlichkeit. Die UN-Behindertenrechtskonvention konkretisiert die teilhaberechtliche Dimension der Grundrechte. Und ich möchte hinzufügen: Wir stehen noch ganz am Anfang, uns die historische Dimension dieser Konvention bewusst zu machen. Sie fußt auf den zentralen Menschenrechtsabkommen der Vereinten Nationen und konkretisiert die dort verankerten Menschenrechte für die Lebenssituation von Menschen mit Behinderung. Dazu gehören die allgemeine Erklärung der Menschenrechte, der internationale Pakt über wirtschaftliche, soziale und kulturelle Rechte sowie der internationale Pakt über bürgerliche und politische Rechte, ebenso die UN-Konvention gegen Rassismus, für Frauen- und für Kinderrechte. Insoweit verschafft die Behindertenrechtskonvention keine neuen oder Sonderrechte, sondern konkretisiert und spezifiziert die universellen Menschenrechte aus der Perspektive der Menschen mit Behinderung.

Zu nennen sind in Bezug auf unser Thema die Art. 19 (unabhängige Lebensführung und Einbeziehung in die Gemeinschaft), Art. 20 (persönliche Mobilität), Art. 24 (Bildung), Art. 25 (Gesundheit), Art. 26 (Habilitation und Rehabilitation), Art. 27 (Arbeit und Beschäftigung), Art. 28 (angemessener Lebensstandard und sozialer Schutz).

Art. 19 vermittelt ein einklagbares Recht auf die freie Wahl der Wohnmöglichkeit und verbietet es, behinderte Menschen auf das Wohnen in besonderen Wohnformen zu verpflichten. Art. 24 anerkennt das einklagbare Recht auf Zugang zu einer integrativen Grundschule und weiterführenden Schule. Art. 27 verpflichtet die Vertragsstaaten, behinderten Menschen Zugang zum allgemeinen Arbeitsmarkt zu verschaffen.

Jeder meiner Aussagen zu den Ansprüchen bei Wohnen, Bildung und Arbeit birgt Sprengstoff. Um es nicht bei bloßen Verheißungen zu belassen, gehe ich exemplarisch in einzelne Bereiche hinein, in denen die Durchsetzung der Rechte von behinderten Menschen besondere Probleme bereitet.

Wohnen

Nach den Zahlen der BAGüS nahmen im Jahr 2008 rund 193.000 Menschen mit Behinderung oder psychischer Erkrankung eine stationäre Wohneinrichtung in Anspruch; die Zahlen steigen weiter, trotz Ambulantisierung, offensichtlich fehlen alternative Versorgungsstrukturen. Art. 4 Abs. 2 Behindertenrechtskonvention stellt u. a. die sozialen Rechte grundsätzlich unter den sogenannten Progressionsvorbehalt, womit die Vertragsstaaten zur Umsetzung und zur Einleitung der notwendigen Schritte verpflichtet sind, aber die Verwirklichung der Rechte darf schrittweise unter Ausschöpfung der verfügbaren Mittel erfolgen. Soweit die Regel. Die Beseitigung einer Diskriminierung duldet indessen keinen Aufschub, für die Vorgaben des Art. 19 Behindertenrechtskonvention folgt daraus, dass ein behinderter Mensch die Zuweisung einer bestimmten Wohnform gegen seinen Willen abwehren und seine Wohnform wählen darf. Die Diskussion in der ASMK unter der Überschrift »Personenzentrierte Leistungserbringung« will der Behindertenrechtskonvention erklärtermaßen Rechnung tragen und auf die derzeitige Differenzierung von Leistungen der Eingliederungshilfe in ambulante, teilstationäre und stationäre Maßnahmen verzichten. Dies hat erhebliche Folgen, Übergangslösungen werden unverzichtbar sein, und zwar auch, um das Heimatrecht von behinderten Menschen zu gewährleisten.

Es werden aber auch immer »Einrichtungen« zur Verfügung stehen müssen, die von den behinderten Menschen gewählte bedarfsgerechte Leistungen anbieten.

Das Bundesverfassungsgericht hat es dem Gesetzgeber ausdrücklich überlassen, ob er soziale Leistungen als Geld-, Sach- oder Dienstleistungen gestaltet. Rechtlich betrachtet stellt sich nicht nur die Frage, ob die Verweisung auf Sachleistungen statt Geldleistungen im Alltag diskriminierend wirken kann (z. B. das Bezahlen mit Lebensmittelgutscheinen). Meine These lautet: Der Staat schuldet mindestens eine qualitätsgesicherte Sachleistung wie etwa das betreute Wohnen oder den Werkstattarbeitsplatz, aber ebenso die Dienstleistung in Frühförderstunden oder durch den Schulassistenten. Wenn auf Antrag gemäß § 17 SGB IX anstelle der Sach- oder Dienstleistungen ein persönliches Budget beantragt werden kann, bestätigt dies die höhere Wertigkeit der Geldleistung im Blick auf mehr Selbstbestimmung. Wir sollten allerdings nicht vergessen, dass die Gewährleistung einer qualitätvollen Gesundheitsversorgung durch das Sachleistungsprinzip in der gesetzlichen Krankenversicherung, verbunden mit dem Sicherstellungsauftrag erreicht wurde. Solange ein differenziertes Leistungsangebot im Bereich der Eingliederungshilfe noch nicht erreicht ist, stellt sich die Frage, ob soziale Geldleistungen eine ausreichende Angebotsvielfalt zu erzeugen vermögen.

Bildung

Das für behinderte Schüler dominierende Förderschulwesen in Deutschland steht ebenfalls vor dem Umbruch. Art. 24 Behindertenrechtskonvention bezeichnet den Ausschluss von Menschen mit Behinderungen aufgrund von Behinderung vom allgemeinen Bildungssystem als Diskriminierung. Deutet der Umstand, dass der größte Teil von Förderschülern keinen Schulabschluss erwirbt, nicht ebenfalls auf eine Diskriminierung wegen Behinderung hin? Es stellt sich die Frage, ob behinderte Menschen keinen Schulabschluss brauchen, weil für sie nichts anderes gelten kann als für die bildungsferne Armutsbevölkerung.

Gesundheit

Die Gesundheitsversorgung behinderter Menschen wird durch die Einbeziehung in das Leistungssystem der gesetzlichen Krankenversicherung gewährleistet. Damit sind aber nicht alle Probleme gelöst. Die Begleitung eines behinderten Menschen mit Assistenten im Arbeitgebermodell im Krankenhaus ist gesichert, nicht jedoch die darüber hinausgehende Begleitung von behinderten Menschen insbesondere im Bereich der stationären Versorgung. Versorgungsdefizite gibt es auch, soweit behinderte Menschen etwa nicht verordnungsfähige Arzneimittel benötigen, die weder aus dem Regelsatz noch von der Krankenkasse getragen werden können.

Pflege

Die Behindertenrechtskonvention behandelt die Pflege nicht in einem eigenen Artikel, diese ist aber zweifellos im Bereich von Gesundheit und Rehabilitation mit zu betrachten. Fraglich ist hier, ob der Pflegebedarf der Menschen in Einrichtungen der Behindertenhilfe durch die gesetzliche Pflegeversicherung ausreichend abgedeckt wird. Der Betrag von 256 Euro gemäß § 43a SGB XI trägt dem Pflegebedarf in höheren Pflegestufen nicht Rechnung.

Arbeit

Auch in diesem Bereich diskutiert die ASMK Alternativen, nämlich die Möglichkeit von Arbeit und Beschäftigung auf dem allgemeinen Arbeitsmarkt für behinderte Menschen rechtlich zu erleichtern. Zu fragen ist hier nach dem zugrunde gelegten Behinderungsbegriff. Die Behindertenrechtskonvention unterscheidet nicht nach dem Maß der Behinderung bzw. Umfang des Unterstützungsbedarfs. Gemäß § 136 Abs. 2 SGB IX steht die WfBM behinderten Menschen unabhängig von Art oder Schwere der Behinderung offen, sofern erwartet werden kann, dass sie ein Mindestmaß wirtschaftlich verwertbarer Arbeitsleistungen erbringen werden. Ist das eine zulässige Benachteiligung angesichts von Art. 27 Behindertenrechtskonvention, der das gleiche Recht von Menschen mit Behinderungen auf Arbeit gewährleistet?

Angemessener Lebensstandard und sozialer Schutz

Gemäß Art. 28 der Behindertenrechtskonvention anerkennen die Vertragsstaaten das Recht von Menschen mit Behinderungen auf einen angemessenen Lebensstandard für sich selbst und ihre Familien, einschließlich angemessener Ernährung, Bekleidung und Wohnung sowie auf eine stetige Verbesserung der Lebensbedingungen und unternehmen geeignete Schritte zum Schutz und zur Förderung der Verwirklichung dieses Rechts ohne Diskriminierung aufgrund von Behinderung (Art. 28 Abs. 1 BRK). Vor dem Hintergrund dieses Versprechens von angemessenem Lebensstandard stellt sich mir die Frage, wie die Heranziehung mit dem eigenen Einkommen und Vermögen bzw. von Unterhaltsverpflichteten nach dem deutschen Recht zu beurteilen ist. Die Eingliederungshilfe ist nach unserem bisherigen deutschen Verständnis nachrangig im Sinne des klassischen Fürsorgeprinzips, wenngleich gerade im Bereich der Eingliederungshilfe dieser Grundsatz bereits mehrfach überwunden worden ist. So gilt gemäß § 92 Abs. 2 SGB XII, dass alle in dieser Vorschrift aufgelisteten Maßnahmen, Hilfen und Leistungen der Eingliederungshilfe – wie im Bereich Frühförderung, Schulbildung, Berufsausbildung, medizinische Rehabilitation, Arbeitsleben, WfBM – ohne Einkommens und Vermögensprüfungen erbracht werden und dabei die Aufbringung der Mittel nur für die Kosten des Lebensunterhalts erwartet wird (vgl. § 92 Abs. 2 Nr. 7 SGB XII), im Falle der WfBM auch noch beschränkt in Höhe des zweifachen Eckregelsatzes (§ 92 Abs. 2 Satz 4 SGB XII). Der Bundesgesetzgeber ist nach meiner Überzeugung auf der Grundlage von Art. 74 Abs. 1 Nr. 7 Grundgesetz (konkurrierende Bundesgesetzgebung) zur Neugestaltung der Eingliederungshilfe befugt, die die Vorgaben der Behindertenrechtskonvention berücksichtigt. Zu den wichtigsten Zielen der Konvention ist die Herstellung von Barrierefreiheit (Art. 9) zu zählen. Menschen mit Beeinträchtigungen sind danach behindert, wenn sie auf einstellungs- und umweltbedingte Barrieren (Präambel Buchst. e) stoßen. Solange diese Barrieren fortbestehen, werden Menschen mit Beeinträchtigungen im Vergleich zu anderen Bürgerinnen und Bürger benachteiligt und an einer gleichberechtigten Teilhabe am Leben der Gesellschaft gehindert. Es ist deshalb eine originäre Aufgabe der Eingliederungshilfe, Leistungen für behinderte Menschen zu gewähren, die diese Nachteile beseitigen oder ausgleichen. Eingliederungshilfe ist demnach auf den Ausgleich eines gesellschaftlich bedingten Nachteils gerichtet. Dieser Verpflichtung nur nach Maßgabe der Bedürftigkeit nachzukommen, bedingt seinerseits eine Diskriminierung.

Die gesellschaftlichen Anschauungen

Soweit die sozialen Rechte noch nicht jedem behinderten Menschen verfügbar gemacht werden können und unter Progressionsvorbehalt stehen, der Vertragsstaat sie also unter Ausschöpfung seiner verfügbaren Mittel zu verwirklichen hat, stellt sich die Frage nach Zeit und Maß der Verwirklichung. Dies wird im weiteren gesellschaftlichen Diskurs für jedes Lebensfeld konkret zu prüfen sein. Soweit eine Klausel wie in § 20 Abs. 1 SGB II-Entwurf für die Teilnahme am sozialen und kulturellen Leben in der Gemeinschaft auf den Maßstab »in vertretbarem Umfang« abstellt, wird der Maßstab der UN-Konvention zu berücksichtigen sein. Eine der reichsten Gesellschaften der Welt kann die sozialen Rechte ihrer behinderten Mitbürger nicht unter Finanzierungsvorbehalt stellen.

Es ist nunmehr bei der Weiterentwicklung der Teilhaberechte von behinderten Menschen entsprechend den verfassungsgerichtlichen Grundsätzen ein Verfahren zu entwickeln, diese Standards möglichst transparent umzusetzen. Dies stellt sich freilich schwieriger dar, als dies im gleichsam klassischen Bereich des menschenwürdigen Existenzminimums ist. Es geht nicht um die Pauschalierung üblicher Bedarfe, sondern um die Formulierung von Standards für ganz einzelfallbezogene Schicksale. Auch die erforderlichen Leistungen sind daher stets sehr einzelfallbezogene. Diese lassen sich nur schwer »standardisieren«.

Vor diesem Hintergrund ist es sicherlich fragwürdig, Teilhaberechte pauschal – wie in § 21 Abs. 4 SGB II formuliert – in Geld zu erfassen, was übrigens auch im Entwurf eines »Gesetzes zur Ermittlung von Regelbedarfen und zur Änderung des Zweiten und Zwölften Buches Sozialgesetzbuch« weiterhin zu finden ist. Diese Sicht auf die Dinge geht letztlich davon aus, dass es eine festlegbare »Durchschnittsbehinderung« gibt, die mit durchschnittlich messbaren Mehrkosten einhergeht. Wird diese Schätzung den Anforderungen an eine realitätsgerechte Erfassung von Lebenssachverhalten gerecht?

Dem gesellschaftlichen Diskurs kommt vor diesem Hintergrund ganz besondere Bedeutung zu, wenn etwa kein Geld für den weiteren Ausbau von Sondereinrichtungen trotz Steigerung der Nachfrage zur Verfügung gestellt wird. Wir müssen immer wieder darauf hinweisen, dass die Kosten der Eingliederungshilfe nicht wegen gestiegener Ansprüche behinderter Menschen steigen, sondern weil wir es, infolge einer besseren gesundheitlichen Versorgung, mit immer mehr älteren behinderten Menschen zu tun haben. Angesichts dieser Verhältnisse kann staatlicher Schuldenabbau nicht zu Lasten behinderter Menschen gehen, jedoch ist die Suche nach alternativen Instrumenten ein legitimes Anliegen des Gesetzgebers.

Hier sind also gerade die Verbände insbesondere der behinderten Menschen und der Selbstvertreter gefragt. Sie können als Sachverständige in eigener Sache aufzeigen, welches die gesellschaftlichen Standards sind, welches »Grundlevel« an Leistungen unerlässlich ist, inwieweit diese bereits in unserem geltenden Recht Eingang gefunden haben und wo aber deutlicher Nachbesserungsbedarf besteht. Im Recht der Teilhabeleistungen für behinderte Menschen bildet die hier auf der ConSozial versammelte Fachwelt maßgeblich den heutigen gesellschaftlichen Konsens ab. Sie können die reelle Situation aufzeigen und Forderungen formulieren. Dort wo der Gesetzgeber verpflichtet ist, Tatsachen zu ermitteln, also die gegenwärtige Situation abzubilden, sind auch Chancen für eine Einmischung im positiven Sinne eröffnet.

Ich möchte heute an Sie appellieren, diese Einmischungsmöglichkeit positiv zu nutzen. Je mehr es Ihnen gelingt, die Standards aus der UN-Konvention in konkrete Leistungen umzuformulieren, desto mehr Zugriffsmaterial hat der Gesetzgeber bei gesetzlicher Umformung dieser Standards. In dem Sinne können auch Sie darüber mitentscheiden, was sozial ist.

Fazit

Wir sind der Frage nachgegangen, wer sagt, was sozial ist. Für die Ausgestaltung des Sozialstaats ist der Bundesgesetzgeber verantwortlich, er gestaltet unter Beachtung des nationalen wie des internationalen Rechts die sozialen Leistungsansprüche aus. Im von Art. 1 Abs. 1 iVm Art. 20 Abs. 1 Grundgesetz gewährleisteten Bereich des Existenzminimums für ein menschenwürdiges Leben gilt das auch. Die Verfassung gibt nicht vor, wo genau in Euro und Cent die Untergrenze liegt. Bei der Ausgestaltung hat der Gesetzgeber jedoch die wesentlichen Regelungen durch Parlamentsgesetz selber zu treffen und ein transparentes, folgerichtiges Verfahren der Bedarfsermittlung sicherzustellen.

Was konkret und in welchem Umfang für die Ausgestaltung der sozialen Rechte behinderter Menschen Not tut, ist seit 2009 am Maßstab der Behindertenrechtskonvention der UN zu bewerten. Deutschland hat sich mit Ratifizierung der Konvention verpflichtet, unter Ausschöpfung seiner verfügbaren Mittel die erforderlichen Maßnahmen zu treffen, um die volle Verwirklichung der in der Konvention versprochenen Rechte zu erreichen. Die Gewährleistung der Menschenwürde durch die sozialen Rechte, die das physische und soziokulturelle Existenzminimum sichern, stellt die Grundsätze aus dem Urteil vom 9. Februar 2010 und der Behindertenrechtskonvention in einen engen Zusammenhang. Das Bundesverfassungsgericht verpflichtet zum gesellschaftlichen Diskurs über die weitere Ausgestaltung des Sozialstaats. Die UN-Konvention

bietet den Betroffenen und ihren Verbänden eine hervorragende Plattform.
Ich schließe mit dem Hinweis auf Art. 8 der UN-Konvention. Er verpflichtet in Deutschland, sofortige, wirksame und geeignete Maßnahmen zur Bewusstseinsbildung zu ergreifen, zu denen Maßnahmen gehören, die eine positive Wahrnehmung von Menschen mit Behinderungen und ein größeres gesellschaftliches Bewusstsein ihnen gegenüber fördern. Dies werden wir bitter brauchen, wenn wir die sozialen Rechte im Verteilungskampf in der Gesellschaft sichern wollen.

Erny Gillen
Organisation des Sozialen in Europa – Orientierungswissen für Führungskräfte

1. Einführung

Soziale Arbeit ist Teil der Gesellschaft. Als solche kann sie weder die Ziele noch die Aufgaben dieser ersetzen; sie setzt gerade umgekehrt Ziele und Aufgaben voraus, die ihr von dieser Gesellschaft übertragen werden. Diese einfache Aussage gibt den Ton dieses Vortrags an. Ich wurde gebeten, zum Orientierungswissen für Führungskräfte zu sprechen. Darüber hinaus soll mein Vortrag vor dem Hintergrund europäischer Entwicklungen entfaltet werden. Diese komplexe Aufgabenstellung führt mich zu folgender Gliederung:

Generell und aus ethischer Perspektive möchte ich mich zuerst der Frage nach Sinn und Bedeutung Sozialer Arbeit in heutiger Gesellschaft widmen. Anschließend soll kurz untersucht werden, wie dieses Verständnis Sozialer Arbeit sich in die europäische Landschaft einfügt. Dann erst kann nach den Führungskräften gefragt werden, die notwendig sind, Soziale Arbeit zu begründen und zu orientieren. Ich gehe die mir gestellte Aufgabe also bewusst politisch und nicht aus der Binnenperspektive Sozialer Arbeit an.

Die vorgeschlagene Perspektive geht davon aus, dass Soziale Arbeit Dienstcharakter in einer gegebenen Gesellschaft hat. Sie übernimmt Aufgaben und Funktionen, die von der Gesellschaft zum Leben und Überleben einzelner Mitglieder oder ganzer Gemeinschaften als notwendig angesehen und anerkannt werden. Als bezahlte Dienstleistung schafft sie Berufe und ganze Wirtschaftszweige mit Arbeitsplätzen und Angeboten für bürgerschaftliches und ehrenamtliches Engagement.

2. Zur systemischen Verortung Sozialer Arbeit in der Gesellschaft

Der Begriff Soziale Arbeit wird in diesem Beitrag weit gefasst. Dienstleistungen aus dem Pflege- und Gesundheitsbereich werden bewusst mit unter diesem weiten Begriff verstanden. Während im Bereich der Pflege die Aufgaben der Pflegenden sich aus der Bedarfslage aufzudrängen scheint, ist dies bei den heutigen Gesundheitsdiensten schon nicht mehr im selben Sinn der Fall. Auf den ersten Blick scheint sich der Auftrag des Pflegenden aus den natürlichen Bedürfnissen des zu Pflegenden zu ergeben. Wir hätten es also mit einer Art *naturalen Begründung der Pflege* zu tun. Sie ersetzt lebens- und überlebensnotwendige Funktionen und Gesten. Mutter Natur ist sozusagen ihr Vorbild. Die Verfeinerung und Berechenbarkeit ihrer Interventionen verdankt sie dem technisch-rationalen Verstand der Menschen sowie seiner geschichtlichen Entwicklung.

Viele medizinische Eingriffe unterscheiden sich von der Pflege lediglich durch einen höheren Grad an Komplexität und tieferes Eindringen in das innere Funktionieren des menschlichen Organismus. Letztlich geht es darum, vorgesehene Funktionen zu erhalten oder zu ersetzen. Spätestens bei schwierigen Situationen und Eingriffen wird in der Medizin deutlich, dass miteinander konkurrierende Entscheidungen getroffen werden müssen, um dem Patienten aus seiner misslichen Lage herauszuhelfen. In den letzten Jahrzehnten konnte sich ein Verständnis durchsetzen, das die Beantwortung dieser Entscheidungsfragen dem Patienten überantwortet, da die Vorgaben der Natur und der sich an ihr orientierenden Medizin undeutlicher waren. Eine menschliche Entscheidung wurde notwendig, um die Natur zu übersteuern und zu orientieren. Die immensen Fortschritte der Medizin und biomedizinischen Wissenschaften weiten täglich den Raum für solche das Naturhaus des Menschen verlängernde Lebensräume. Der Mensch erhebt sich aus seiner Natur heraus in seine von ihm gestaltete Zukunft. *Das Vorbild für diese Zukunft liegt nicht mehr in der ihn prägenden Natur, sondern in seiner Zukunftsvorstellung.* Das Ideal, auf das hin Gesundheit für die Zukunft entworfen wird, entspricht Wünschen und Träumen, die die Menschen zuerst entwickeln müssen.

Manche Teile Sozialer Arbeit orientieren sich am basalen Pflegeverständnis und leihen somit ihre Legitimation autoritativ bei den Vorgaben der Natur aus. In vielen Bereichen der Erziehung und der sozialpädagogischen Interventionen jedoch überlässt die Natur dem Menschen die Entscheidung. Was in einer einheitlich funktionierenden Gesellschaft nicht immer sichtbar war, wurde in einer pluralen Gesellschaft offensichtlich. Die Normen des einzelnen Erziehers oder der Einrichtung wurden zum Diktat für die Betreuten. In der Gegensätzlichkeit der Überzeugungen und Konzepte wurde deutlich, dass Erziehungs- und soziale Einrichtungen eine bewusste Orientierung brauchen. Und dass diese nicht einfach den einzelnen Professionellen überlassen werden konnte. Ich gehe hier nun nicht auf die unterschiedlichen Richtungskämpfe in den Ausbildungs- und Berufszweigen sowie zwischen unterschiedlichen Weltanschauungen ein. In der heutigen Sozialen Arbeit jedenfalls kommt man nicht mehr um das Bewusstsein herum, dass diese Orientierung braucht. Dabei wird deutlich, dass die Orientierung nicht einfach inhärent in der Sozialen Arbeit selber schon geborgen ist.

Damit stellt sich die *Frage nach der Orientierung und dem Orientierungswissen für Soziale Arbeit als eine politisch-ethische Frage* dar. Wem aber steht es in einer pluralistischen Gesellschaft zu, über den Zukunftsentwurf anderer Menschen zu entscheiden? Da die Politik ihre Aufgabe immer weniger so versteht, dass sie für ein bestimmtes Gesellschaftsmodell zuständig sei, wird sie auch kaum in der Lage sein, die Zukunftsvorstellungen für Soziale Arbeit zu liefern. Das politische Credo lautet: Es sollen Freiräume für die freiheitliche Entscheidung Einzelner und ganzer Gruppen geschaffen werden. Die unterschiedlichen Lebensentwürfe werden nicht als konkurrierend, sondern im Sinne der Kohabitation verstanden. Jede Art des Zusammenlebens kann und soll sich so weit entfalten, als sie andere Arten nicht zerstört und verdrängt. Der vom Menschen betriebenen monokulturellen Landwirtschaft z. B. steht hier ein romantisches Verständnis der Selbstregulierung und Artenvielfalt gegenüber. Man setzt in der Gesellschaft auf Toleranz und hütet sich vor Eingriffen in die individuelle Freiheit.

In diesem gesellschaftlichen Kontext konnte die Antwort nach Orientierungswissen für die Soziale Arbeit nur analog beantwortet werden. Es wurde auf die Autonomie des Subjektes gesetzt. Und die Erziehung und Soziale Arbeit sollte der Autonomie des Betreuten dienen. Er musste ja schließlich wissen, was er wollte und wozu er lebte. Ihn auf seinem Weg zu begleiten, wurde zum Schlagwort vieler Schulen und Einrichtungen. Dass die Autonomie ein interaktives Zusammenwirken verschiedener Menschen ist, wurde bewusst oder unbewusst aus diesen Konzepten ausgeblendet. Der Einzelne wurde resolut als Individuum angesprochen und in seinem Streben unterstützt. Die Grenzen dieses Wachstums werden heute deutlich bei den Gewaltausbrüchen junger und älterer Generationen in den Vorstädten von Paris oder bei den Manifestationen im Zusammenhang mit den Lösungsvorschlägen verschiedener Regierungen zur Bekämpfung der Wirtschaftskrise. Warum soll Soziale Arbeit nicht helfen, Gewalt systematisch und zielorientiert zu organisieren, damit die jungen Menschen oder die Unzufriedenen ihren jeweiligen Lebensentwurf besser verwirklichen können? Schließlich setzen auch Polizei und Armee gezielt Gewalt ein, um bestimmte Ziele für die Gesellschaft zu erreichen. Spätestens hier dürfte nun deutlich werden, dass Soziale Arbeit ihre Ziele nicht einfach von den Klienten und deren Recht auf Selbstbestimmung übernehmen kann. Wir haben aber auch bereits festgestellt, dass die Politik sich selbst recht schwer tut, Vorgaben zu erarbeiten und durchzuführen. Die sich andeutende Aporie dürfte der aktuelle Ausdruck des gesellschaftlichen Unbehagens sein, das sich ebenfalls in der Sozialen Arbeit kundtut und wohl auch zur Anfrage nach diesem Vortrag geführt hat.

Kommen wir über die Feststellung des Unbehagens hinaus? Und erklärt dieses Unbehagen nicht auch den Verzicht, auf europäischer Ebene Sozialpolitik in den Kanon der Zuständigkeiten aufzunehmen? Wenn bereits in den einzelnen nationalen Staaten keine Vorgaben für Soziale Arbeit gemacht werden, dürfte es umso schwieriger sein, ein gemeinsames europäisches Modell sozialen und gesellschaftlichen Zusammenlebens zu entwerfen. Der europäische Verfassungsvertrag, als Lissabonner Vertrag bekannt, lässt denn auch dieses Verständnis in das aktuelle Vertragswerk einfließen. Gemeinsame Werte werden allgemein und abstrakt formuliert, damit sie einer größtmöglichen Zahl von unterschiedlichen Entwürfen als Leitlinien dienen können. Ist dieser Zustand europäischer Politik nun beklagenswert oder spiegelt er letztlich nur die »condition humaine et politique« wider?

3. Eine europäische Antwort?

Ohne auf die Details des europäischen Einigungsprozesses im Rahmen der Europäischen Union eingehen zu können, darf jedoch festgehalten werden, dass die Frage nach dem politischen Selbstverständnis der Europäischen Union eine Antwort im Zuge des Verfassungsprozesses gefunden hat: Die Europäische Union ist eine Wertegemeinschaft. Über diesen Begriff Europas als Wertegemeinschaft hat Christof Mandry[1] eine theologisch-ethische Studie zum politischen Selbstverständnis der Europäischen Union vorgelegt.

Als Ergebnis hält Mandry fest: »*In ethischer Perspektive beschreibt das Selbstverständnis als »Wertegemeinschaft« gewissermaßen das »Ethos« der Europäischen Union.*«

---

[1] Vgl. *Mandry, Ch.* (2009): Europa als Wertegemeinschaft. Eine theologisch-ethische Studie zum politischen Selbstverständnis der Europäischen Union. Baden-Baden: Nomos Verlagsgesellschaft.

Er kommt zu seiner Schlussfolgerung und formuliert: »*Das Bewusstsein, dass der Grund des Zusammenhalts letztlich unerforschlich ist, dass sich der Grund des Willens, warum ›wir‹ uns als verbunden verstehen sollen, sich zunehmend entzieht, je mehr man nach ihm forscht, ist eine Leerstelle inmitten des Politischen, die die politische Macht zu etwas Innerweltlichem depotenziert. Für den christlichen Glauben ist diese Leerstelle nicht leer, sondern verweist auf das Reich Gottes, das nicht vom Handeln der Christen abhängt, nach dem sie sterben, aber das sie nicht realisieren können und das bereits wirksam, aber noch im Wachsen befindlich ist. Dieses Verwiesensein der sozialen Realität auf ein anderes Geschehen bedeutet im christlichen Glauben eine Hoffnung auf und eine Motivation zu mehr Gerechtigkeit, vollerer Solidarität und Anerkennung. Insofern es darum geht, im Eigenen empfänglich zu sein für ein Anderes, bedeutet dieses Offenhalten des Zusammenhaltsgrundes eine Haltung der Gastlichkeit, die einem unbekannten Sinn den Platz frei hält, von dem man sich aber, obzwar er die Gestalt des Fremden hat, viel erwartet.*«

Der Streifzug durch Mandrys Werk zeigt, welches das aktuelle Paradigma europäischer Politik ist. Der offene Raum und das undefinierbare menschliche Zusammenleben werden am Ende wohl aus christlicher Hoffnung heraus positiv gewertet und dargestellt. Der Blick geht fort von Grundsätzen und naturalen Verankerungen, ohne sich in der Weite des Raumes zu verlieren. Die *Orientierungssterne Europas* sind Werte und man setzt auf deren Attraktion. Bewegung und Wachstum sind kein Selbstzweck, sondern Entwicklungsschritte auf dem Weg zu gemeinsamen, noch fernen Zielen. Die Offenheit wird als Garant der Zukunft verstanden und nicht als Bedrohung. Die Ziele gehören niemandem und sind deshalb immer wieder im Diskurs zu konkretisieren und politisch umzusetzen.

Übernimmt man dieses europäische Paradigma als Gestaltungsmoment für die Soziale Arbeit, dann wird schlagartig deutlich, dass die politische Autorität im System Sozialer Arbeit oftmals fehlt oder zumindest unsichtbar ist. Wo findet die Aushandlung der aktuellen und konkreten Ziele Sozialer Arbeit statt? Ginge man davon aus, dass es sich um eine Art Familienarbeit handele, so könnte die Verhandlung der konkretpraktischen Ziele außerhalb der Öffentlichkeit in der familiären Intimsphäre stattfinden. Dort, wo Soziale Arbeit jedoch öffentlich finanziert und gesellschaftlich mandatiert ist, sind politisch-moralische Instanzen erforderlich, um die aktuellen Verwirklichungen großer Ziele zu legitimieren und zu kontrollieren. Diese Aufgabe ist in vielen Ländern den

Trägern Sozialer Arbeit überlassen. Sie verhandeln die finanziellen Mittel gegen konkrete Leistungen und Ergebnisse. Die Konzipierung Sozialer Arbeit als Wirtschaftszweig hat die Aufgabe der Träger erschwert. Der Erhalt der wirtschaftlichen Macht steht der Entwicklung Sozialer Arbeit an den sich verändernden Bedürfnissen und Ansprüchen Not leidender Menschen entgegen. Priorisierung, Umbau, Ausbau und Abbau in den eigenen Unternehmen sind ähnlichen Zwängen ausgeliefert, wie sie jeder wirtschaftliche Zweig kennt. Die Entwicklung und Weiterentwicklung sozialer Berufe steht unter demselben Druck.

Bevor ich noch einmal auf die Träger und die Berufe Sozialer Arbeit zurückkomme, möchte ich mich der Ethik und der Moral als politischer Wissenschaft zuwenden.

4. Ethik und Moral als politische Wissenschaft

4.1 Soziale Arbeit als Feld moralischer Arbeit und ethischer Reflexion

Greift man die Definition der »International Federation of Social Workers« über berufliche Soziale Arbeit auf, so wird bereits in der Wortwahl deutlich, dass Soziale Arbeit sich selber in moralischen Kategorien darstellt und versteht: »The social work profession promotes social change, problem solving in human relationships and the empowerment and liberation of people to enhance well-being. Utilising theories of human behaviour and social systems, social work intervenes at the points where people interact with their environments. Principles of human rights and social justice are fundamental to social work.«[2]

Geht man von diesem sehr breiten Verständnis Sozialer Arbeit aus, ergeben sich eine ganze Reihe von Interaktionen zwischen Moral und Ethik einerseits und Sozialer Arbeit andererseits.

Wenn es zutrifft, dass Soziale Arbeit in der Tat eine Art moralische Profession (vgl. Lob-Hüdepohl 2007) ist, dann liegt es nahe, dass die Fächer Moral und Ethik in das Studium zu integrieren sind.

---

[2] Andreas Lob-Hüdepohl übersetzt die Definition »http://www.ifsw.org/eng/p38000html« vom 24.7.2006 wie folgt in: *Lob-Hüdepohl, A.* (2007), S. 114: »Berufliche soziale Arbeit unterstützt sozialen Wandel, Problemlösungen in zwischenmenschlichen Beziehungen sowie die Befähigung (empowerment) und Befreiung der Menschen zur Steigerung ihres Wohlbefindens. (...) Soziale Arbeit interveniert an den Schnittstellen, wo Menschen mit ihrer Umwelt interagieren. Die Prinzipien der Menschenrechte und der sozialen Gerechtigkeit sind für Soziale Arbeit fundamental.«

4.2 Moral und Ethik in der Sozialen Arbeit mit den Klienten

Für diese Lebensgestaltung in einer Einrichtung bedarf es einer bestimmten »Haus-Moral«, wenn man die Klienten nicht der individuellen Moral des einzelnen Sozialen Arbeiters ausliefern möchte. Oft werden sich Hausregeln als Medium anbieten, eine eigene »Haus-Moral« zu formulieren. Auch hier wäre darauf zu achten, nicht nur Grenzsituationen zu regeln, sondern auch die Dinge des alltäglichen Lebens. Selbstverständlich gehören normative Aussagen (»Hier wird nicht geraucht!«) in solche »Haus-Moralen« hinein. Doch sollte man nicht auf Werthaltungen verzichten (»Wir begegnen einander offen und kritisch«). Mit solchen offenen Werthaltungen leistet man dem moralischen Lernen einen größeren Dienst als mit regulierenden Normen. Werthaltungen müssen immer wieder besprochen und ausgelegt werden. So steht nicht von vornhinein fest, was man unter »offen« beziehungsweise »kritisch« versteht. Mit solchen Werthaltungen in »Haus-Moralen« werden u. a. Themen identifiziert, über die es zu reden gilt.

In Krisen- oder Dilemmasituationen wird der Soziale Arbeiter einem einzelnen Klienten gegenüber zum Berater. Um einen Menschen in einer aussichtslosen Situation weiter zu orientieren, ihn in seiner Autonomie zu stärken, reicht es nicht, ihn auf seine eigene Situation zurückzuwerfen und ihm diese zu spiegeln. Der Klient darf im Sozialen Arbeiter ein professionelles Gegenüber erwarten, das ihm verschiedene Handlungsalternativen beschreiben und erklären kann. Erst vor diesen verschiedenen Alternativen wird sich seine Freiheit entfalten können. Der beratende Soziale Arbeiter braucht in einer ersten Phase nicht für seinen Klienten zu entscheiden, solange dieser fähig ist, sich zwischen verschiedenen Alternativen zu entscheiden.

Dort, wo der Klient keine Handlungsmöglichkeit sieht, ja ohnmächtig bleibt, wird der Soziale Arbeiter in seiner fürsorgenden Rolle angesprochen. Dort, wo die Handlungsohnmacht den Klienten in seiner Dynamik und in seiner Entwicklung lahm legen würde, darf er für ihn eine Entscheidung treffen und den Menschen dann auf diesem Weg ein Stück begleiten. Der fürsorgliche Ansatz sollte immer auch ein Teil der sozialarbeiterischen Tätigkeit sein. Ihn ganz aus der Sozialen Arbeit herauszunehmen, wird dem Klienten in Not nicht gerecht. Umgekehrt wird die alleinige Fürsorge dem Klienten als Person auch nicht gerecht. Wie viel Anteil Fürsorge in der Ausübung Sozialer Arbeit haben kann, sollte kein Sozialer Arbeiter für sich allein entscheiden müssen. Solche Entscheidungen, die in die Autonomie des Klienten eingreifen, sollen vielmehr im Rahmen von Teambesprechung gemeinsam entschieden werden. Da

Fürsorge – so gut sie auch immer gemeint ist – immer auch ein Eingriff in die Autonomie und Selbstbestimmung des Klienten ist, bedarf sie besonderer Legitimation und Rahmenbedingungen.

Auch das anwaltschaftliche Handeln gehört in den Aufgabenbereich Sozialer Arbeit. Dort, wo strukturelle Bedingungen die Not hervorbringen, reicht es nicht, im Einzelfall zu intervenieren und Wunden zu heilen. Wenn viele Menschen wohnungslos werden wegen einer fehlenden oder defizitären Wohnungsbaupolitik, dann gehört es ebenfalls zur Pflicht Sozialer Arbeiter, sich für gesetzliche Veränderungen einzusetzen. Dies tun sie im Sinne einer Lobby für Menschen, die selber nicht in der Lage sind, das System der Not zu erkennen und zu verändern. Eine anwaltschaftliche Moral setzt ein bestimmtes Gerechtigkeitsverständnis voraus. Häufig werden Soziale Arbeiter in diesem Zusammenhang in schwierige Loyalitätskonflikte geraten. Oft wird ihre Arbeit direkt oder indirekt durch die öffentliche Hand bezahlt. Gleichzeitig haben Soziale Arbeiter ein eigenes und erstes Mandat von denen, für die sie arbeiten. In diesen Konfliktsituationen steht das Selbstverständnis des Sozialen Arbeiters als Beruf mit zur Diskussion. Gehört die Anwaltschaftlichkeit zu seinem Beruf dazu, dann hat die öffentliche und zahlende Hand diesen Aspekt Sozialer Arbeit nicht nur zu tolerieren, sondern auch zu entgelten. Denn die anwaltschaftliche Arbeit nutzt eben gerade nicht nur dem Klienten, sondern auch dem Staat selbst, der eines seiner Gerechtigkeitsprobleme noch nicht bewältigt hat. Oft wird die Art und Weise anwaltschaftlicher Sozialer Arbeit mehr Probleme aufwerfen als die inhaltlichen Aussagen selber. Die Präsenz Sozialer Arbeit als Anwalt der Armen in den Medien und über Kampagnen muss ein Gleichgewicht finden zwischen den legitimen Interessen der Menschen in Not und den legitimen Interessen der Menschen, die die Soziale Arbeit über ihre Steuern und Verwaltungen regeln.

4.3 Schlussbetrachtung

Nachdenklich stimmt, was offen und nicht abgeschlossen ist. Die Fragen in diesem Kapitel lauteten: Was ist Moral? Was ist Ethik? Und wie hängen diese mit Sozialer Arbeit zusammen? Es konnte geklärt werden, dass es keine Soziale Arbeit ohne eigene »Haus-Moral« gibt. Auch die Menschen, die auf soziale Dienstleistungen zurückgreifen (müssen), treten mit ihren moralischen Ansprüchen und Vorstellungen an. »Moral« als Konstrukt der eigenen und fremden Wertigkeit zu verstehen und zu erkennen, setzt nicht nur Kenntnis der eigenen moralischen Überzeugungen voraus, sondern auch ethische Kompetenz. Ethik wird dabei als

Theorie der Moralen verstanden. Sie hält die verschiedenen moralischen Systeme definitorisch und systemisch zusammen; so leistet sie einen Beitrag zum Verstehen und Vermitteln in moralischen Belangen.

Soziale Arbeit ist selbst Ausdruck einer sich entwickelnden Profession. Sie ist dabei, sich zu einem Wirtschafts- und Dienstleistungszweig zu mausern. Will sie als solcher Bestand haben, braucht sie gemeinsame explizite Überzeugungen, Normen und Einstellungen. Hier gilt es anzusetzen und vorzudenken für die Zukunft.

5. Orientierungswissen und Führungskräfte

Wir haben gesehen, dass das Orientierungswissen sich in der Sozialen Arbeit ebenso wie in der offenen Gesellschaft als Wissen um Werte versteht. Die Werte liegen in der Zukunft und sollen angestrebt werden. Versteht man Soziale Arbeit nicht im Paradigma wirtschaftlichen Handelns, sondern im Paradigma politischen Handelns, kommt man hinsichtlich der Führungskräfte zu unterschiedlichen Aussagen. Wirtschaftliche Betriebe brauchen strategische Führung, die sich an den Bedürfnissen der Konsumenten orientiert und über diese hinausgeht, indem sie neue Bedürfnisse schafft. Marketing und Werbung gehören zu den Tools heutiger Wirtschaftsunternehmen. Die Führungskräfte werden von den Aktionären nach Effizienz und Wirtschaftlichkeit eingestellt und gefeuert. Entsprechend hoch bezahlt sind diese risikoreichen Führungsjobs. Und die bezahlte Risikobereitschaft heutiger Manager hat ihre Wirksamkeit anschaulich in der Finanz- und Wirtschaftskrise gezeigt.

Versteht man Soziale Arbeit als politische Arbeit mit anderen Mitteln, so werden andere Führungskräfte und Systeme gebraucht. Vielfach ist die Soziale Arbeit wertvollen Trägern aus religiöser und humanistischer Tradition anvertraut. Diese Wertgebundenheit wird als Garant auch für künftige Wertschöpfung verstanden. Es darf hier als entscheidende Zukunftsaufgabe für die Träger Sozialer Arbeit festgehalten werden: Ihre politisch-moralisch-ethische Arbeit an den konkret-praktischen Zielen und Umsetzungen großer Werte muss weiterhin sichtbar gemacht werden. Sonst riskiert die Selbstverständlichkeit heutiger Sozialer Arbeit unter dem wirtschaftlichen Druck einzubrechen. Soziale Arbeit als Arbeit an der Gesellschaft braucht Öffentlichkeit und Anwaltschaft. Sie braucht Gesichter und Marken, die sich dem Diskurs um die Sinnhaftigkeit Sozialer Arbeit öffentlich aussetzen. Marketing und Werbekampagnen mögen ein nützliches Medium in der allgemeinen Kommunikation sein, sie bedürfen aber der inhaltlichen, grundlegenden und zielorientierten Unterfütterung.

Heiner Bielefeldt
Inklusion als Menschenrechtsprinzip: Perspektiven der UN-Behindertenrechtskonvention

Die neue Konvention

Am 13. Dezember 2006 verabschiedete die UN-Generalversammlung die Konvention über die Rechte von Personen mit Behinderungen. Die UN-Behindertenrechtskonvention (kurz: BRK) trat im Mai 2008 international in Kraft und ist seit März 2009 auch in Deutschland rechtsverbindlich. Schon der Titel der Konvention macht deutlich, dass darin zwei Themenfelder von hoher ethischer, rechtlicher und gesellschaftspolitischer Relevanz systematisch miteinander verbunden werden: Behinderung und Menschenrechte. Die BRK ist das Ergebnis einer Bewegung von beiden Seiten her und es steht zu erwarten, dass sie in beiden von nun an miteinander verwobenen Praxisfeldern auch weiterhin Reformimpulse geben und Veränderungen auslösen wird.

Innerhalb der Behindertenbewegung knüpfen sich weitreichende Hoffnungen an die Konvention. Auch wenn ihre umfassende Umsetzung noch aussteht und nicht ohne politische Konflikte vonstatten gehen wird, kann man hier und jetzt schon praktische Auswirkungen feststellen. Wie keine internationale Menschenrechtskonvention zuvor hat die BRK öffentliche Aufmerksamkeit erlangt und die Standards der politischen Debatte verändert. Sie steht für einen Paradigmenwechsel, der sich seit den Siebzigerjahren abgezeichnet hat, aber bis heute noch keineswegs konsequent vollzogen worden ist, nämlich hin zu einer *emanzipatorischen Behindertenpolitik*, die um der Menschenwürde aller willen auf Autonomie, Barrierefreiheit und gesellschaftliche Inklusion setzt.[1]

Nicht weniger bedeutsam ist die Konvention für die Praxis und Theorie der Menschenrechte. Sie enthält eine Reihe von innovativen Elementen

---

[1] Vgl. *Degener, Th.* (2006): Menschenrechtsschutz für behinderte Menschen. In: Vereinte Nationen 3/2006, S. 104–110.

inhaltlicher wie institutioneller Natur, die keineswegs nur für den Kontext der Behinderung relevant sind, sondern fortan auf das Verständnis und die Infrastruktur der Menschenrechte im Ganzen ausstrahlen dürften. Die Perspektivenerweiterung auf die Erfahrungen von Menschen mit Behinderung hin macht es erforderlich, menschenrechtliche Zentralbegriffe – Autonomie, Diskriminierungsfreiheit, Partizipation – zu überdenken und präziser zu bestimmen; dafür finden sich in der BRK wichtige Ansatzpunkte. Darüber hinaus repräsentiert die Konvention auch hinsichtlich der Durchsetzungsinstrumente den aktuellen Stand der internationalen Menschenrechtsdiskussion.

Neugewinnung des menschenrechtlichen Universalismus

Die BRK wird gelegentlich als menschenrechtliche Spezialkonvention bezeichnet. Zusammen mit anderen sogenannten Spezialkonventionen – etwa der Antirassismuskonvention (1965), der Antifolterkonvention (1984), dem Übereinkommen zur Abschaffung aller Formen der Diskriminierung der Frau (1979) und der Kinderrechtskonvention (1989)[2] – habe sie die Funktion, den Menschenrechtsanspruch kontextspezifisch näher zu konkretisieren. Als eine Spezialkonvention unterscheide sie sich wesentlich von den beiden umfassenden internationalen Menschenrechtspakten von 1966 – dem Internationalen Pakt über wirtschaftliche, soziale und kulturelle Rechte sowie dem Internationalen Pakt über bürgerliche und politische Rechte –, die ihrerseits die Gehalte der Allgemeinen Erklärung der Menschenrechte von 1948 rechtsverbindlich ausgestalten. Die Allgemeine Erklärung der Menschenrechte und die beiden Pakte von 1966 werden gelegentlich unter dem Titel *International Bill of Rights* zusammengezogen.

Dieser übliche Sprachgebrauch gibt Anlass zu möglichen Fehldeutungen. Denn er legt eine Hierarchisierung gemäß der Rangfolge von (primärer) Grundlegung und (sekundärer) Ergänzung nahe, als sei mit der *International Bill of Rights* die allgemeine Grundlage bereits gegeben, die es im Folgenden lediglich bereichsspezifisch weiter zu konkretisieren gelte. Von einer solchen Abstufung des Allgemeinen und des Besonderen ist der Schritt dann nicht mehr weit zu dem Missverständnis, es gehe in der Behindertenrechtskonvention um »Sonderrechte« für Behinderte,

---

[2] Die Aufzählung ist nicht abschließend, sondern bleibt exemplarisch. Die genannten Daten beziehen sich jeweils auf das Jahr der Verabschiedung durch die Generalversammlung, nicht das Jahr des rechtlichen Inkrafttretens.

was nach Klientelismus, Privilegienwirtschaft und Pflege von Partikularinteressen klingt. Nichts könnte falscher sein! Die BRK ist durch und durch dem menschenrechtlichen Universalismus verpflichtet. Sie schafft kein Sonderrecht, sondern bekräftigt und konkretisiert die allgemeinen Menschenrechte, die auf diese Weise insgesamt einen Entwicklungsschub nach vorne erfahren. Deshalb sollte man den missverständlichen Begriff der Spezialkonvention lieber vermeiden.[3] Wenn es etwas »Spezielles« an der BRK gibt, dann sind dies die Erfahrungsperspektiven von Menschen mit Behinderungen. Das *ganze Spektrum der Menschenrechte* wird von dorther noch einmal neu durchgestaltet und weiterentwickelt.

Genau dadurch stärkt die BRK den Universalismus der Menschenrechte,[4] der überhaupt nur dann glaubwürdig vertreten werden kann, wenn die unterschiedlichen Lebenslagen von Menschen systematische Berücksichtigung finden. Wie man im historischen Rückblick deutlich erkennt, sind bei der Ausgestaltung der Menschenrechtsidee stets gewisse Erfahrungshintergründe privilegiert und andere weniger beachtet oder sogar völlig ausgeblendet worden. Dass beispielsweise die Lebenslagen von Frauen in der Menschenrechtsdiskussion lange Zeit marginalisiert worden sind, zeigte sich anfangs sogar in der Semantik der »rights of man« bzw. der »droits de l'homme et du citoyen«, in der das Subjekt der Menschenrechte mit ungebrochener Selbstverständlichkeit als Mann imaginiert wurde.[5] Der für die Menschenrechte per definitionem konstitutive Universalismus ist damit nicht nur in der Praxis, sondern schon auf der *Ebene der gedanklichen Vorstellung und sprachlichen Artikulation* faktisch verfehlt worden. Nur durch die Aufnahme der feministischen Kritik an der androzentrischen Verkürzung der Menschenrechte konnte der menschenrechtliche Universalismus gewahrt – genauer: neu gewonnen – werden.

Neben dem Androzentrismus sind bekanntlich auch eurozentrische Implikationen oder die Privilegierung der Lebenslage von Mittelstandsbürgern schon vor längerer Zeit aufgedeckt worden. Daraus haben sich neue Akzentsetzungen in der Gesamtanlage der Menschenrechte erge-

[3] Dies gilt analog mehr oder weniger auch für die anderen so bezeichneten internationalen Menschenrechtskonventionen.
[4] Zum Begriff des menschenrechtlichen Universalismus vgl. *Bielefeldt, H.* (1998): Philosophie der Menschenrechte. Grundlagen eines weltweiten Freiheitsethos, Darmstadt: Primus Verlag.
[5] Vgl. *Gerhard, U. / Jansen, M. / Maihofer, A. / Schulze, I.* (1990): Differenz und Gleichheit. Menschenrechte haben (k)ein Geschlecht, Frankfurt a. M: Ulrike Helmer Verlag.

ben – etwa eine klare antirassistische und antikolonialistische Stoßrichtung sowie die Einarbeitung wirtschaftlicher und sozialer Rechte. Grundsätzlich gesagt: Ohne die Bereitschaft, die Menschenrechte aus der Erfahrungsperspektive marginalisierter Gruppen immer wieder kritisch zu überdenken und gegebenenfalls zu revidieren, kann von menschenrechtlichem Universalismus keine Rede sein. Die Menschenrechte drohen andernfalls zu Instrumenten faktischer Exklusion zu degenerieren.[6]

Die Behindertenrechtskonvention ist genau aus diesem Grund eben keine bloße *Spezialkonvention*. In ihr geht es um nichts weniger als den *Kern des menschenrechtlichen Universalismus*, der nie als schlicht gegeben verstanden werden darf, sondern in Antwort auf öffentlich artikulierte Unrechtserfahrungen immer wieder neu zu gewinnen ist. Dass das Subjekt der Menschenrechte bis vor kurzem fast durchgängig als ein nicht behinderter Mensch gedacht wurde, zeigt sich exemplarisch in der nach wie vor beliebten Rede vom »aufrechten Gang«[7], die wie keine andere Metapher den menschenrechtlichen Empowerment-Ansatz repräsentiert. Dass eine Rollstuhlfahrerin sich durch dieses Bild kaum angesprochen fühlen kann, sondern dies eher als (sicherlich nicht intendierte) Ausgrenzung erfahren dürfte,[8] war in der Menschenrechtsdebatte bis vor wenigen Jahrzehnten kaum präsent. Es fehlte schlicht an entsprechendem Problembewusstsein.

In der Allgemeinen Erklärung der Menschenrechte (AEMR) von 1948 und in den internationalen Menschenrechtskonventionen der Sechziger- und Siebzigerjahre kommt das Thema Behinderung mit keinem Wort vor. Der Antidiskriminierungsartikel der AEMR führt zwar eine Reihe von Anknüpfungsmerkmalen verbotener Ungleichbehandlung auf, unter denen das Merkmal Behinderung aber bezeichnenderweise fehlt.[9]

[6] Ein aktuelles Beispiel stellt auch die Diskussion um die Rechte sexueller Minderheiten dar. Vgl. dazu *Lohrenscheit, C.* (2009): Sexuelle Selbstbestimmung als Menschenrecht. Baden-Baden: Nomos Verlagsgesellschaft.
[7] Bekannt geworden ist diese Metapher vor allem durch Ernst Bloch. Vgl. *Münster, A.* (1977): Tagträume vom aufrechten Gang. Sechs Interviews mit Ernst Bloch, Frankfurt a. M.: Suhrkamp.
[8] Vgl. *Rommelspacher, B.* (1999): Behindernde und Behinderte – politische, kulturelle und psychologische Aspekte der Behindertenfeindlichkeit. In: dies. (Hg.): Behindertenfeindlichkeit, Göttingen: Lamuv.
[9] Vgl. Art. 2 Abs. 1 AEMR: »Jeder hat Anspruch auf die in dieser Erklärung verkündeten Rechte und Freiheiten ohne irgendeinen Unterschied, etwa nach Rasse, Hautfarbe, Geschlecht, Sprache, Religion, politischer oder sonstiger Überzeugung, nationaler oder sozialer Herkunft, Vermögen, Geburt oder sonstigem Stand.«

Dies ist umso erstaunlicher, als die öffentliche Botschafterin der UN-Erklärung, Eleanor Roosevelt, Witwe eines US-Präsidenten war, der in den letzten Jahren seines Lebens einen Rollstuhl benutzen musste. An einschlägigen Erfahrungen konnte es ihr also nicht gefehlt haben. Der gesellschaftliche Umgang mit dem Thema Behinderung wurde damals aber offenbar generell noch nicht als eine Menschenrechtsfrage gesehen. Auch die Kenntnisse über die gezielten Krankenmorde der Nazis, bei denen der Einsatz von Giftgas zur Massenvernichtung erstmals erprobt und praktiziert wurde,[10] änderte daran zunächst nichts.[11]

Menschenrechte, die sich faktisch am Leitbild einer gesellschaftlichen »Normalität« orientieren, in der die Lebenslagen von behinderten Menschen nicht vorkommen, verfehlen den Universalismus, d.h. sie sind streng genommen noch gar keine wirklichen Menschenrechte. Mit der BRK ist dieses Defizit im Menschenrechtsverständnis jedenfalls im Prinzip vorerst behoben. Die Konvention leistet dies, indem sie Forderungen der »Independent Living«-Bewegung[12] aufnimmt und einarbeitet. Neben den zu erwartenden konkreten politisch-rechtlichen Effekten für den gesellschaftlichen Umgang mit dem Thema Behinderung besteht die historische und systematische Bedeutung der BRK genau in dieser Neubestimmung und Neugewinnung des menschenrechtlichen Universalismus. Sie ist deshalb nicht nur ein Element der Ergänzung des bis dato erreichten Stands im Menschenrechtsschutz, sondern *verändert die Gesamtperspektive* der Menschenrechtstheorie und -praxis. Insofern ist die BRK für das Ganze der Menschenrechte nicht weniger »grundlegend« als beispielsweise die beiden umfassenden UN-Menschenrechtspakte von 1966.

Die Menschenwürde als Axiom und Anspruch

Der für das Verständnis der Menschenrechte wichtigste Begriff ist der der Menschenwürde. Er ist für den Menschenrechtsansatz schlechthin

---

[10] Vgl. *Klee, E.* (1992): » ... nicht mehr Bewusstsein als ein Salatkopf.« Euthanasie – neue Diskussion, alte Thesen. In: *Stein, A.-D.* (Hg.): Lebensqualität statt Qualitätskontrolle des Lebens, Berlin: Spiess Volker GmbH.

[11] Auch dies ist erstaunlich, wenn man bedenkt, dass die AEMR vor allem in Reaktion auf die Menschheitsverbrechen des Nationalsozialismus entstanden ist. Vgl. *Morsink, J.* (1999): The Universal Declaration of Human Rights: Origins, Drafting and Intent, Philadelphia: University of Pennsylvania Press.

[12] Zur Independent-Living-Bewegung vgl. *Fleischer, D.* (2001): The Disability Right Movement, Philadelphia: Temple University Press.

tragend.¹³ Dies zeigt sich auch in der Präambel der Allgemeinen Erklärung von 1948, die mit der »Anerkennung der allen Mitgliedern der menschlichen Familie inhärenten Würde und ihrer gleichen und unveräußerlichen Rechte« einsetzt. Dieser erste Erwägungsgrund im ersten Satz der Präambel des ersten internationalen Menschenrechtsdokuments ist mit gelegentlichen Varianten in die meisten UN-Menschenrechtskonventionen übernommen worden und symbolisiert somit deren innere Zusammengehörigkeit. Er steht auch am Anfang der Behindertenrechtskonvention.¹⁴

Die Achtung der Menschenwürde hat axiomatische Bedeutung für das gesamte Feld normativer Interaktion – für Moral, Ethik und Recht. Sie bildet die zumindest implizite Voraussetzung zwischenmenschlicher Verbindlichkeiten überhaupt; denn ohne Respekt vor der Würde des Menschen können Verbindlichkeiten weder entstehen noch aufrechterhalten werden. Die spezifische Verbindung zwischen Menschenwürde und Menschenrechten besteht darin, dass diese *implizite Prämisse* normativer Verbindlichkeiten in den Menschenrechten *explizite Anerkennung* und institutionelle Rückendeckung erfährt.¹⁵ Die gebotene Achtung der Würde des Menschen gewinnt daher in den Menschenrechten ihre historisch-konkrete institutionelle Gestalt.

Die Behindertenrechtskonvention steht in dieser Hinsicht ganz in der Kontinuität des Menschenrechtsansatzes. Prägnanter als in anderen Menschenrechtskonventionen wird in ihr zugleich herausgestellt, dass die Menschenwürde nicht nur Axiom ist – und als solches den Menschenrechtsansatz insgesamt trägt –, sondern darüber hinaus auch *konkret erfahrbar* werden soll. Die Menschenrechte sollen dazu beitragen, dass die Menschen ein »Bewusstsein ihrer Würde« entwickeln und aufrechterhalten können. Dieser Anspruch, einen »sense of dignity« zu ermöglichen, findet sich in der BRK konkret im Kontext des Rechts auf Bildung¹⁶, kann darauf aber nicht beschränkt werden.

Die Möglichkeit, ein Bewusstsein eigener Würde zu entwickeln, wird

---

[13] Vgl. *Gewirth, A.* (1992): Human Dignity as the Basis of Rights. In: *Meyer, M./Parent, W.* (Hg.): The Constitution of Rights. Human Dignity and American Values, Ithaca/London: Cornell University Press.

[14] Dabei findet sich zugleich insofern ein Zusatz, als mit der »Würde« des Menschen auch dessen »Wert« angesprochen wird – möglicherweise in Reaktion auf Ideologien des »unwerten Lebens«.

[15] Vgl. *Bielefeldt, H.* (2008): Menschenwürde. Der Grund der Menschenrechte. Studie des Deutschen Instituts für Menschenrechte, Berlin.

[16] Vgl. Art. 24 Abs. 1 BRK.

von gesellschaftlichen Einstellungen und Strukturen unterminiert, die bei den Betroffenen das Gefühl verursachen, dass man sie nicht brauche, ja dass man sich ihrer vielleicht sogar schäme.[17] U-Bahnschächte ohne Fahrstühle, Bücherregale, die von einem Rollstuhl aus unerreichbar sind, Witze über geistig Behinderte, das fast totale Fehlen von Gebärdendolmetschern in der Universität und zahlreiche andere Barrieren vermitteln Behinderten alltäglich die Botschaft, dass sie nicht dazugehören und dass man ihr kreatives Potenzial nicht wahrnimmt. Am schlimmsten ist die Erfahrung mancher Menschen mit Behinderungen, dass sie selbst im Intimbereich der Familie nicht wirklich angenommen werden, weil sogar bei den eigenen Eltern und nahen Verwandten das Gefühl herrscht, dass man sich mit ihnen nicht öffentlich »sehen lassen« könne. Faktisch sind auch heute noch behinderte Menschen vielfach »invisible minorities«, unsichtbare – genauer: *unsichtbar gemachte* – Minderheiten, die vom gesellschaftlichen Leben ferngehalten werden.

Der Begriff der Menschenwürde kommt in der Behindertenrechtskonvention deutlich in seiner doppelten Stoßrichtung zum Tragen: als axiomatischer Grund der Menschenrechte und zugleich in der praktischen Aufgabenstellung, den Betroffenen zu ermöglichen, ein *Bewusstsein der eigenen Würde* aufzubauen und zu behaupten. Dies geschieht durch die Statuierung von Rechtsansprüchen auf assistierte Autonomie, Barrierefreiheit und gesellschaftliche Inklusion. Die einzelnen Gewährleistungen der BRK sind zwar in concreto so verschiedenen wie die Lebensbereiche, auf die sie sich beziehen – Ehe und Familie, Respekt der Privatsphäre, Schule und Bildung, Arbeits- und Wirtschaftsleben, Staatsangehörigkeit, Meinungsfreiheit und politische Partizipation, Religionsfreiheit, Gesundheitswesen, Justiz, kulturelles Leben, internationale Zusammenarbeit usw. – sie sind aber insgesamt getragen von der Idee der Menschenwürde und den grundlegenden menschenrechtlichen Prinzipien, die sich aus ihr herleiten lassen.

Neuinterpretation der menschenrechtlichen Grundprinzipien: Assistierte Autonomie, Barrierefreiheit, gesellschaftliche Inklusion

Artikel 1 der Allgemeinen Erklärung der Menschenrechte lautet: »Alle Menschen sind frei und an Würde und Rechten gleich geboren. Sie

---

[17] Vgl. *Arnade, S.*: Zwischen Anerkennung und Abwertung. Behinderte Frauen und Männer im biopolitischen Zeitalter. In: Aus Politik und Zeitgeschichte, 6/2003, S. 3–6.

sind mit Vernunft und Gewissen begabt und sollen einander im Geist der Brüderlichkeit begegnen.« In dieser Formulierung finden sich die Kernbegriffe der Französischen Revolution – Freiheit, Gleichheit, Brüderlichkeit –, denen man für das Verständnis der Menschenrechte seit jeher zentrale Bedeutung zuerkennt.[18] Zugleich stehen sie unmittelbar im Kontext der Idee der Menschenwürde, die auf diese Weise eine erste Stufe der Konkretisierung in Gestalt der grundlegenden menschenrechtlichen Prinzipien erfährt.

Zunächst zum Prinzip der Freiheit: Die Würde des Menschen, die immer auch als »Selbstzweck« behandelt werden soll,[19] findet Rückendeckung in *Rechten freier Selbstbestimmung*; alle Menschenrechte – die bürgerlichen und politischen Rechte genauso wie die wirtschaftlichen, sozialen und kulturellen Rechte – haben insofern eine freiheitliche Orientierung. Die Freiheit verbindet sich in den Menschenrechten mit der Gleichheit: Wie die Menschen in ihrer Würde gleich zu achten sind, sollen auch die elementaren Rechte einem jeden gleichermaßen zukommen. Daher rührt die *egalitäre Komponente*, die für die Menschenrechte insgesamt charakteristisch ist und sich vor allem im Diskriminierungsverbot manifestiert. Schließlich zum Begriff der Brüderlichkeit. Mit ihm tut man sich heute schon aufgrund der androzentrischen Formulierung etwas schwerer. Er ist aber der Sache nach unverzichtbar. Denn er steht für die Einsicht, dass die Menschenrechte nicht etwa Ansprüche eines isolierten Individuums sind, sondern nur *durch gesellschaftliche Zugehörigkeit* gelebt werden können und im Gegenzug die unterschiedliche sozialen Kontexte liberalisierend und egalisierend durchwirken.

Durch die Behindertenrechtskonvention erfährt diese Trias von Freiheit, Gleichheit und Brüderlichkeit eine Neuinterpretation, die für Theorie und Praxis der Menschenrechte fortan maßgebend ist. Aus der Freiheit leitet sich der Anspruch auf assistierte Autonomie ab, die Gleichheit wird konkretisiert auch in Richtung von Barrierefreiheit, und an die Stelle der Brüderlichkeit tritt das Prinzip der gesellschaftlichen Inklusion.

---

[18] Vgl. *Schwartländer, J.* (1978): Menschenrechte. Aspekte ihrer Begründung und Verwirklichung, Tübingen.
[19] Vgl. Kants Formulierung des kategorischen Imperativs: »Handle so, dass du die Menschheit sowohl in deiner Person, als in der Person eines jeden anderen jederzeit zugleich als Zweck, niemals bloß als Mittel brauchst.«

Assistierte Autonomie

Was die freiheitliche Grundorientierung der Menschenrechte angeht, nimmt die BRK nichts zurück. Im Gegenteil: Unter den allgemeinen Prinzipien der Konvention postuliert sie die »Achtung der dem Menschen innewohnenden Würde, seiner individuellen Autonomie, einschließlich der Freiheit, eigene Entscheidungen zu treffen, sowie seiner Selbstbestimmung.«[20] Dass die BRK den Begriff der individuellen Autonomie aufgreift, ist zunächst alles andere als selbstverständlich. Denn gerade dieser wesentlich von Kant und der kantischen Tradition geprägte Begriff wurde oftmals mit einem engen »rationalistischen« Menschenbild in Verbindung gebracht, von dem man ausgrenzende Wirkungen insbesondere für Menschen mit geistigen Behinderungen fürchtete.[21] An das Konzept der Autonomie heften sich bis heute Vorwürfe von Neoliberalismus, wenn nicht gar Sozialdarwinismus. Nicht selten wird der Verdacht geäußert, es gehe bei der Autonomie letztlich um die Propagierung individuellen Durchsetzungsvermögens, notfalls unter Einsatz der Ellenbogen.

Dagegen leistet die BRK wichtige Klarstellungen. Autonomie kann, dies ist die grundlegende Einsicht, nur gelebt werden durch gesellschaftliche Unterstützungsleistungen. Sie zielt nicht auf die »Autarkie« eines selbstgenügsamen, ganz in sich ruhenden Individuums, wie es dem heroischen Ideal der Stoiker entsprochen haben mag, sondern auf *selbstbestimmte Lebensführung*, die ohne fördernde und unterstützende soziale Strukturen nie gelingen kann.[22] Dies gilt nicht nur für Menschen mit Behinderungen, sondern im Grunde für jeden Menschen, also auch für Nichtbehinderte.

---

[20] Vgl. Art 3 (a): BRK. Zitiert wird hier und im Folgenden nach der Schattenübersetzung des NETZWERK ARTIKEL 3 e. V. Es handelt sich dabei um eine korrigierte Fassung der zwischen Deutschland, Liechtenstein, Österreich und der Schweiz abgestimmten offiziellen Übersetzung. Im Internet abrufbar ist diese alternative Übersetzung unter www.netzwerk-artikel-3.de, zuletzt abgerufen am 14.1.2011.

[21] Zur »Schattenseite der liberalen Gerechtigkeitstradition« vgl. *Eurich, J.* (2008): Gerechtigkeit für Menschen mit Behinderung. Ethische Reflexionen und sozialpolitische Perspektiven, Frankfurt a.M: Campus. Eurich setzt sich kritisch insbesondere mit der Gerechtigkeitstheorie von John Rawls auseinander, der sich selbst darin bekanntlich in die Tradition Kants stellt.

[22] Dies entspricht letztlich auch dem Verständnis der kantischen Autonomie, das im Horizont der praktischen Vernunft gerade nicht Ausdruck eines einseitigen Rationalismus oder Intellektualismus ist. Vgl. dazu *Bielefeldt, H.* (2003): Symbolic Representation in Kant's Practical Philosophy, Cambridge.

Das Freiheitsprinzip erfährt somit eine Neubestimmung in Richtung »assistierter Autonomie« – eine Formulierung, die sich in der Konvention zwar nicht expressiv verbis findet, der Sache nach aber, wie Sigrid Graumann gezeigt hat, als Grundkonzept darin zum Tragen kommt.[23] Nur durch diese Klarstellung lässt sich der Begriff der Autonomie überhaupt für den Menschenrechtskontext retten. Denn als Manifestation eines einseitig durchsetzungsstarken Individuums – frei nach Wilhelm Tell: »der Starke ist am mächtigsten allein« – hätte der Autonomiebegriff bei den Menschenrechten nichts verloren.

Wie der Autonomiebegriff stets im Lichte gesellschaftlicher Unterstützungsleistungen zu verstehen ist, so gilt im Gegenzug, dass die Autonomie den Maßstab angemessener Assistenz bildet. Sie stellt nicht nur ein fernes Ziel dar, sondern repräsentiert vor allem den hier und jetzt gebotenen Respekt vor den Willensentscheidungen des betroffenen Menschen auf dem Weg hin zu einem solchen Ziel. Eine Förderung (künftiger) Autonomie durch Ignorierung aktueller Willensäußerungen der betroffenen Person kann niemals legitim sein.

Innerhalb des Prinzips der assistierten Autonomie gehören deshalb beide Komponenten zueinander und beleuchten einander wechselseitig: Im Blick auf die Notwendigkeit gesellschaftlicher Unterstützungsleistungen für lebbare Freiheit verliert der Autonomiebegriff den harten, »metallenen« Klang, der ihm in manchen neoliberalen Debattenkontexten anhaftet. Und durch die Klarstellung, dass die Selbstbestimmung der Person nicht nur das generelle Ziel bildet, sondern hic et nunc als Maßstab sinnvoller Unterstützungsmaßnahmen zur Geltung kommen muss, können paternalistische oder maternalistische Übergriffe zurückgewiesen werden. Selbst gut gemeinte Zwecke rechtfertigen keine bevormundenden, entmündigenden Mittel.

Diskriminierungsverbot und Barrierefreiheit

Wie erwähnt, manifestiert sich das Gleichheitsprinzip – das für den Menschenrechtsansatz nicht weniger tragend ist als das Freiheitsprinzip – insbesondere im allgemeinen Diskriminierungsverbot. Bei den Menschenrechten handelt es sich um jene elementaren Freiheitsrechte, die allen Menschen um ihrer Menschenwürde willen *gleichermaßen* – al-

---

[23] Vgl. *Graumann, S.* (2009): Assistierte Autonomie. Von einer Behindertenpolitik der Wohltätigkeit zu einer Politik der Menschenrechte. Publications of the Department of Philosophy Utrecht University. Vol LVIII, Utrecht.

so *ohne Diskriminierungen* – zukommen. Das Diskriminierungsverbot wiederum erfährt seine Konkretisierung in Gestalt einer prinzipiell unabgeschlossenen Liste ausdrücklich verbotener Diskriminierungsmerkmale. Dass darunter auch das Merkmal Behinderung gehört, hat sich mittlerweile durchgesetzt. So wurde das Diskriminierungsverbot des Grundgesetzes im Jahr 1994 diesbezüglich ergänzt,[24] und auch die Europäische Grundrechtscharta aus dem Jahr 2000 (in Kraft seit Dezember 2009) enthält in ihrem Antidiskriminierungsartikel selbstverständlich das Merkmal Behinderung.[25]

Unter Diskriminierungen sind nicht nur intentionale Akte bewusster oder gar böswilliger Ungleichbehandlung zu verstehen, sondern auch mentale und strukturelle Manifestationen der Gleichheitsverweigerung. Die jüngere Menschenrechtsdebatte hat das Bewusstsein dafür geschärft, dass es Formen von Diskriminierung gibt, hinter denen kein unmittelbar greifbares »Tätersubjekt« steht und die womöglich nicht einmal sofort in ihren diskriminierenden Auswirkungen erkannt werden: kollektive Gewohnheiten, unreflektierte Vorannahmen, stereotype sprachliche Wendungen, etablierte Selektionsstrukturen im Bildungssystem, Funktionsweisen des öffentlichen Verkehrs, Strukturen des Arbeitsmarkts oder die Gestaltung von Gebäuden. Das Erkennen und der Nachweis der manchmal offensichtlichen, manchmal aber auch eher versteckten Formen struktureller Diskriminierungen geschehen in einem Prozess gesellschaftlicher Selbstaufklärung, der vermutlich nie ganz abgeschlossen sein wird.

Die vielfältigen Barrieren, die die Präsenz behinderter Menschen im öffentlichen Leben erschweren, stellen strukturelle Diskriminierungen dar, die es zu erkennen und zu überwinden gilt. Mit der Verpflichtung zur sukzessiven Gewährleistung von Barrierefreiheit steht die BRK somit in der Kontinuität der jüngeren Menschenrechtsentwicklung, deren zunehmende Sensibilisierung für strukturelle Formen von Diskriminierungen

---

[24] Vgl. Art. 3 Abs. 3 GG: »Niemand darf wegen seines Geschlechtes, seiner Abstammung, seiner Rasse, seiner Sprache, seiner Heimat und Herkunft, seines Glaubens, seiner religiösen oder politischen Anschauungen benachteiligt oder bevorzugt werden. Niemand darf wegen seiner Behinderung benachteiligt werden.

[25] Vgl. Art. 21 Abs. 1 der EU-Grundrechtecharta: »Diskriminierung insbesondere wegen des Geschlechts, der Rasse, der Hautfarbe, der ethnischen oder sozialen Herkunft, der genetischen Merkmale, der Sprache, der Religion oder der Weltanschauung, der politischen oder sonstigen Anschauung, der Zugehörigkeit zu einer nationalen Minderheit, des Vermögens, der Geburt, einer Behinderung, des Alters oder der sexuellen Ausrichtung sind verboten.«

sie zugleich weiter vorantreibt. Das Prinzip der Barrierefreiheit gewinnt damit wiederum leitbildhafte Bedeutungen auch über den unmittelbaren Anwendungskontext des Themas Behinderung hinaus.

Gesellschaftliche Inklusion

Während die Begriffe Freiheit und Gleichheit in der Menschenrechtstheorie ihren festen Ort haben, besteht hinsichtlich des dritten Prinzips – traditionell als »Brüderlichkeit« formuliert – eine gewisse Verlegenheit. Schon aufgrund der antiquierten Formulierung wird dieser Begriff in der Regel entweder ersatzlos gestrichen oder durch Surrogate wie »Solidarität« oder »Partizipation« ersetzt.[26] In der BRK findet sich als neuer Leitbegriff das Prinzip der »Inklusion«, das den Konventionstext insgesamt prägt. Es bietet sich an, darin eine zeitgenössische Fassung dessen zu sehen, was früher mit »Brüderlichkeit« gemeint war.

Die Behindertenverbände und die Fachwelt haben sich mit guten Gründen dagegen verwahrt, dass der Begriff der Inklusion (einschließlich seiner adjektivischen Variante), der die Konvention als roter Faden durchzieht, in der offiziellen deutschen Übersetzung durchgängig mit »Integration« bzw. »integrativ« wiedergegeben wird. Sie sehen darin eine Tendenz, das kritische Veränderungspotenzial der Konvention zu verwässern. Nicht zuletzt deshalb haben sie eine korrigierende »Schattenübersetzung« erstellt (der übrigens auch die direkten BRK-Zitate im vorliegenden Text entnommen sind).[27]

Nun mag man darüber streiten, was genau der Unterschied zwischen Inklusion und Integration sein soll. Die Differenz ist schon deshalb nicht ganz leicht zu greifen, weil sich bekanntlich auch unter dem seit Langem etablierten Begriff der Integration ganz unterschiedliche – enge oder weite – Verständnisse verbergen können. Sicher ist jedenfalls, dass die Konvention mit dem Leitbegriff der Inklusion weit über die herkömmliche Integrationspolitik in den verschiedenen gesellschaftlichen Feldern hinausweist. Bildhaft gesprochen geht es nicht mehr lediglich darum, innerhalb der bestehenden gesellschaftlichen Strukturen – zum Beispiel innerhalb des

[26] Vgl. *Bielefeldt, H.* (2008): »In a Spirit of Brotherhood«. Die kommunitäre Dimension in den Menschenrechten. In: *Bielefeldt, H. / Hutter, F.-J. / Kurtenbach, S. / Tessmer, C.* (Hg.): MenschenrechtsFragen. Volkmar Deile zum 65. Geburtstag, Karlsruhe: von Loeper Literaturverlag.

[27] Das Netzwerk Artikel 3 hat die offizielle deutsche Übersetzung kritisch modifiziert und die Veränderungen dabei markiert. Diese »Schattenübersetzung« ist abrufbar unter www.netzwerk-artikel-3.de, zuletzt aufgerufen am 14.1.2011.

bestehenden Bildungssystems – die Türen zu öffnen, um nach Maßgabe des Möglichen auch für Behinderte etwas Platz zu schaffen. Vielmehr soll die Architektur der Gesellschaft im Ganzen auf den Prüfstand gestellt werden. Alle gesellschaftlichen Subsysteme sollen so verstanden und gestaltet werden, dass Behinderte *selbstverständlich* dabei sind. Es geht darum, dass die Betroffenen dauerhaft ein verstärktes Zugehörigkeitsgefühl (»enhanced sense of belonging«) ausbilden können, wie es in der Präambel heißt.[28]

In den Begriffen Inklusion und Zugehörigkeitsbewusstsein zeigt sich ein Paradigmenwechsel weg von einer primär institutionell-systemischen Logik hin zu einem Denken, das die Würde und Selbstbestimmungsrechte der betroffenen Menschen zum Ausgangspunkt nimmt. Es geht demnach nicht mehr nur um das Öffnen von Türen und Fenstern, sondern langfristig um die Gestaltung einer Gesellschaft, in der sich alle als selbstverständlich dazugehörig erleben können. Diese »selbstverständliche Zugehörigkeit« (die faktisch natürlich alles andere als selbstverständlich ist!) macht den Kern der Inklusion aus. Die Aktion Mensch hat dafür die treffende Formel geprägt »Dabei sein! Von Anfang an«.[29] Für dieses Ziel müssen, um im Bild zu bleiben, Wände verstellt und womöglich manche Mauern eingerissen werden. In allen gesellschaftlichen Bereichen soll Behinderung als Bestandteil normalen menschlichen Zusammenlebens verstanden und akzeptiert werden. Dies gilt für den Arbeitsmarkt, das Wohnungswesen, Ehe und Familie, Kultur, Politik, das Gesundheitssystem, die Systeme der sozialen Sicherung und das Bildungssystem vom Kindergarten über die Schule bis zur Universität.

Besonders intensiv wird der Inklusionsanspruch der BRK hierzulande derzeit hinsichtlich des Rechts auf Bildung diskutiert, das in Artikel 24 ausdrücklich als Rechtsanspruch auf inklusive Bildung ausgestaltet ist.[30] Was daraus institutionell folgt, lässt sich vermutlich nicht auf eine schlichte Formel bringen. Das Recht auf inklusive Bildung ist nicht gleichbedeutend mit der pauschalen Abschaffung des Förderschulwesens, und es wäre nachgerade absurd, den Begriff der Inklusion zum Vorwand für den Abbau sonderpädagogischer Fachkompetenz zu nehmen. Eine Billiglösung inklusiver Bildung darf es nicht geben. Da der Menschenrechtsansatz die Würde und die Selbstbestimmungsrechte des Individuums ins Zentrum stellt, müssen die *von den Betroffenen selbst vorgebrachten*

---

[28] Präambel Lit. m. BRK.
[29] Vgl. www.Aktion-Mensch.de, zuletzt aufgerufen am 14.1.2011.
[30] Vgl. *Degener, T.*: Die UN-Behindertenrechtskonvention als Inklusionsmotor. In: Recht der Jugend und des Bildungswesens 2009/2.

unterschiedlichen Interessen und Förderbedarfe Ausgangspunkt aller Reformüberlegungen bilden. So ist es etwa denkbar, dass manche Gehörlose durchaus Wert darauf legen könnten, die Gebärdensprache in eigens dafür spezialisierten Einrichtungen in der angemessenen Intensität zu erlernen.[31] Ob das wirklich der Fall ist, bleibt indessen abzuwarten. Vor allem die Förderschulen für Lernbehinderte, die oft ein Getto der Kinder und Jugendlichen aus bildungsfernen Familien bilden, dürften hingegen zweifellos erheblich unter Druck geraten. Strukturen faktischer Separierung gehören nicht in eine freiheitliche, barrierefreie Gesellschaft.[32]

Ein immer wieder zu hörender Einwand gegen das Leitbild inklusiver Bildung besagt, dass es für viele Kinder und Jugendliche mit Behinderungen sinnvoll sei, einen »Schonraum« zu haben, in dem sie sich frei von falschem Konkurrenzdruck entwickeln können. Gewiss: Schonräume muss es geben. Die inklusive Gesellschaft, auf die die Konvention zielt, muss eine Gesellschaft sein, in der, bildhaft gesprochen, auch Nischen, Sofaecken und Ruhezonen existieren. Eine Gesellschaft ohne Schonräume wäre eine Horrorvision. Es ist aber nicht einzusehen, dass man einen Teil der Bevölkerung – nämlich Behinderte – pauschal in die Schonräume einweist und den Rest der Bevölkerung davon fernhält. Eine solche Separation wäre mit den Prinzipien von Gleichberechtigung und Inklusion völlig unvereinbar.

Zum menschenrechtlichen Verständnis von Behinderung

Die BRK ist nicht etwa eine Sonderkonvention für einen vorab definierten Kreis behinderter Menschen, sondern sie entwickelt die universalen menschenrechtlichen Standards so weiter, dass diese einen angemessenen gesellschaftlichen Umgang mit dem Thema Behinderung anleiten können. Dies zeigt sich auch im Verständnis der Behinderung.[33] Der BRK liegt ein Begriff von Behinderung zugrunde, in dem diese keineswegs von vornherein negativ gesehen, sondern als normaler

---

[31] Dafür warb leidenschaftlich ein Vertreter aus dem Kreis der gehörlosen Menschen auf dem Visionenkongress (»Teilhabe braucht Visionen«) des Bundesministeriums für Arbeit und Soziales, am 23. Juni 2010 in Berlin.

[32] Vgl. *Motakef, M.* (2006): Das Menschenrecht auf Bildung und der Schutz vor Diskriminierung. Exklusionsrisiken und Inklusionschancen. Studie des Deutschen Instituts für Menschenrechte, Berlin: W. Bertelsmann.

[33] Zur internationalen Diskussion über den Begriff der Behinderung vgl. *Hirschberg, M.* (2009): Behinderung im internationalen Diskurs. Die flexible Klassifizierung der Weltgesundheitsorganisation, Frankfurt a. M.: Campus.

Bestandteil menschlichen Lebens und menschlicher Gesellschaft ausdrücklich bejaht wird. Die Akzeptanz von Behinderung als Bestandteil menschlicher Normalität ist nicht zuletzt deshalb von eminenter aktueller Bedeutung, weil angesichts der wachsenden biotechnischen Möglichkeiten zur »Optimierung« des menschlichen Erbguts die Gefahr besteht, dass Behinderte in neuer Weise – als Produkte angeblicher elterlicher Fehlplanung – stigmatisiert und womöglich sogar in ihrem Daseinsrecht in Frage gestellt werden. Jürgen Habermas hat in seinem Essay »Die Zukunft der menschlichen Natur« eindrucksvoll aufgezeigt, welch gravierende Auswirkungen eine sich im Zuge technischer Entwicklungen immer mehr durchsetzende »liberale Eugenik« auf das Verständnis personaler Autonomie und gesellschaftlicher Gleichheit haben kann.[34] Dass Menschen mit Behinderungen von gesundheitspolitischen Machbarkeitsphantasien, wie sie durch hochgeschraubte biopolitische Erwartungen genährt werden, existenziell betroffen sind, liegt auf der Hand. Dagegen stellt die Konvention das Leitbild einer Menschenwelt, in der behinderte Menschen selbstverständlich leben und sich zugehörig fühlen können.

Die Konvention beschränkt sich indessen nicht darauf, Behinderung als Bestandteil der Normalität menschlichen Lebens zu begreifen. Sie geht einen Schritt weiter, indem sie das Leben mit Behinderungen als Manifestation gesellschaftlicher Vielfalt positiv würdigt. Dieser *diversity-Ansatz* führt konsequent dazu, dass manche Formulierungen der Konvention eine Nähe zu den Dokumenten des kulturellen Minderheitenschutzes aufweisen. Wenn beispielsweise die Staaten dazu verpflichtet werden, die »sprachliche Identität gehörloser Menschen« anzuerkennen und zu fördern,[35] erinnert dies im Wortlaut an die im Rahmen des Europarats entwickelten Standards zur Anerkennung der kulturellen Identität von nationalen Minderheiten. Dahinter steht die Einsicht, dass die eigenen Kommunikationsformen, die Menschen mit spezifischen Behinderungen – etwa gehörlose Menschen – ausgebildet haben, nicht nur ein Notbehelf sind, mit dem kommunikative »Defizite« kompensiert werden, sondern genuine *Kulturerrungenschaften* darstellen, die gesellschaftliche Wertschätzung und staatliche Förderung verdienen.[36]

[34] Vgl. *Habermas, J.* (2005): Die Zukunft der menschlichen Natur. Auf dem Weg zu einer liberalen Eugenik? Erweiterte Fassung, Frankfurt a. M.: Suhrkamp.
[35] Art. 24 Abs. 3 b BRK.
[36] Vgl. *Timmermans, N.* (2005) (in cooperation with the Comittee on the Rehabilitation and Integration of People with Disabilities): The Status of Sign Languages in Europe. Council of Europe Publications, Straßburg.

Daran zeigt sich der Paradigmenwechsel, den die Behindertenkonvention darstellt, besonders signifikant.

Das Verständnis von Behinderung, wie es der Konvention zugrunde liegt, geht allerdings nicht vollständig im *diversity*-Ansatz auf. Komplementär dazu wird Behinderung auch durch die *sozialen Problemlagen* definiert, unter denen Behinderte leiden. Ohne diese gleichzeitige Problemorientierung stünde die *diversity*-Semantik in Gefahr, zu verharmlosenden Sprachregelungen zu verflachen, in denen die Unrechtserfahrungen Behinderter keinen Ort mehr hätten.

Deshalb ist der Behinderungsbegriff der BRK auch problemorientiert. Das Problem – oder, wenn man so will: das »Defizit« – wird dabei allerdings nicht in den betroffenen Menschen verortet, sondern im *ausgrenzenden und diskriminierenden gesellschaftlichen Umgang* gesehen, den diese Menschen vielfach erleben. In der Präambel heißt es, dass »Behinderung aus der Wechselwirkung zwischen Menschen mit Beeinträchtigungen und einstellungs- und umweltbedingten Barrieren entsteht, die sie an der vollen und wirksamen Teilhabe auf der Grundlage der Gleichberechtigung mit anderen an der Gesellschaft hindern«.[37]

Behinderung wird in dieser Definition, um es in der Sprache der Sozialwissenschaften auszudrücken, als eine *gesellschaftliche Konstruktion* verstanden. Zwar knüpft sie an bestimmte physische, psychische, mentale oder sensorische Beeinträchtigungen (»impairments«) an. Die im weitesten Sinne des Wortes »medizinische« Seite des Themas wird also nicht einfach ausgeblendet und schlicht durch Gesellschaftskritik ersetzt. Die Relevanz, die bestimmten Beeinträchtigungen zugeschrieben wird – einschließlich insbesondere der stigmatisierenden und diskriminierenden Konsequenzen für die Betroffenen –, ist aber gerade kein natürliches Faktum, sondern Resultat gesellschaftlichen Handelns. In diesem Sinne wird Behinderung gesellschaftlich »konstruiert«.

Die in der Definition enthaltene Unterscheidung zwischen »impairment« und »disability« erinnert an die in der Geschlechterforschung etablierte begriffliche Differenzierung zwischen »sex« und »gender«.[38] Gleichsam das Analogon zum Begriff des biologischen Geschlechts (»sex«) bildet in der Definition der Begriff der Beeinträchtigung (»impairment«); sie stellt das biologisch-natürliche Element dar, das in der Behinderung in der Regel mit präsent ist. Die Behinderung als

---

[37] Präambel Lit. e BRK.
[38] Zu dieser Analogie und ihren Grenzen vgl. *Schildmann, U.*: Geschlecht und Behinderung. In: Aus Politik und Zeitgeschichte, B 8 / 2003.

solche wird indessen nicht in dieser natürlichen (physischen, mentalen, sensorischen usw.) Beeinträchtigung des Individuums gesehen, sondern (analog zu »gender«) als eine *gesellschaftliche Praxis* bestimmt, die solche Beeinträchtigungen zum Anlass für Zuschreibungen aller Art nimmt.

Behinderung in diesem Sinne als gesellschaftlich konstruiert zu begreifen, bildet die Voraussetzung dafür, dass man sie als strukturelles Unrecht adressieren kann. Aus der Sicht der Betroffenen bedeutet dies den Übergang vom passiven Erleiden eines vermeintlich natürlichen Schicksals hin zur aktiven Kritik an stigmatisierenden, diskriminierenden und ausgrenzenden gesellschaftlichen Einstellungen und Strukturen. Knapp und prägnant findet diese Grundeinsicht in einer viel zitierten Formel der Aktion Mensch ihren Ausdruck: »Man ist nicht behindert, man wird behindert.«

Zwischen den beiden Aspekten im Verständnis der Behinderung, wie es in der Konvention formuliert ist – der positiv konnotierten *diversity*-Komponente und der kritischen Aufdeckung gesellschaftlicher Konstruktionen von Behinderung – besteht eine gewisse Spannung. Für das menschenrechtliche Empowerment der Betroffenen sind jedoch beide Aspekte unverzichtbar. Das Vorgehen gegen strukturelles Unrecht, durch das Menschen daran gehindert werden, ihr Leben selbstbestimmt und gleichberechtigt mit anderen zu führen und ihre kreativen Möglichkeiten zu entfalten, gewinnt seine positive Zielperspektive in der selbstbewussten Forderung nach Anerkennung alternativer Lebens- und Kommunikationsformen, die den Pluralismus einer modernen, freiheitlichen Gesellschaft auch öffentlich mit prägen.

Rechtliche Geltung und Anwendbarkeit

Wie nun steht es um die praktische Umsetzung der Konvention? Handelt es sich bei der Behindertenrechtskonvention um eine allenfalls langfristig zu realisierende Idealvorstellung, vielleicht sogar um eine bloße Utopie, oder formuliert sie anwendbare Rechtsnormen, die hier und jetzt gegebenenfalls auch gerichtlich durchgesetzt werden können?[39]

Zunächst gibt es kein Deuteln daran, dass die Konvention für die Bundesrepublik Deutschland völkerrechtlich verbindlich ist. Nach der mittlerweile erfolgten Ratifikation sind alle staatlichen Organe an sie

---

[39] Zum Folgenden vgl. *Aichele, V.* (2008): Die UN-Behindertenrechtskonvention und ihr Fakultativprotokoll. Ein Betrag zur Ratifikationsdebatte. Policy Paper des Deutschen Instituts für Menschenrechte, Berlin.

gebunden. Menschenrechtskonventionen gelten nicht nur für die Bundesebene, sondern binden den Staat insgesamt, also auch die Länder.[40] Artikel 4 Absatz 5 lautet: »Die Bestimmungen dieses Übereinkommens gelten ohne Einschränkung oder Ausnahme für alle Teile eines Bundesstaats.« Genau deshalb war ja die Zustimmung auch des Bundesrats für die Ratifikation der Behindertenrechtskonvention erforderlich.

Von der Frage der rechtlichen Geltung zu unterscheiden ist die Frage der rechtlichen Anwendbarkeit. Vollumfänglich anwendbar wird die Konvention erst dann sein, wenn Bund und Länder Gesetze erlassen, durch die der mit der Konvention gesetzte neue Standard in konkrete innerstaatliche Rechtsnormen hinein übersetzt wird. Was etwa bezüglich des Rechts auf inklusive Bildung im Konventionstext selbst in wenigen Abschnitten festgelegt ist, bedarf einer sehr viel ausführlicheren innerstaatlichen Ausgestaltung in den Schulgesetzen, um in Administration und Rechtsprechung zur vollen Wirksamkeit zu kommen. Solche gesetzlichen Reformen durchzuführen, ist für die Bundesrepublik Deutschland – also für Bund und Länder – eine völkerrechtliche Verpflichtung.[41] Nichts hindert indessen die Gerichte daran, die Konvention auch hier und jetzt schon zu Rate zu ziehen. Denn manche ihrer Normen (die insgesamt ja rechtsverbindlich gelten!) sind hinreichend präzise formuliert, sodass Gerichte sich in ihrer Entscheidungsfindung daran unmittelbar orientieren können.

Unabhängig von der Frage gerichtlicher Durchsetzung kann die Konvention als gesellschaftspolitische Berufungsgrundlage dienen. Eine entsprechende Wirkung lässt sich denn auch schon in der Praxis beobachten. Die BRK verhilft gleichsam dazu, die Argumentationspflichten grundlegend neu zu verteilen. Zwar versteht es sich von selbst, dass der hohe Anspruch einer barrierefreien, inklusiven Gesellschaft nicht mit einem Schlag verwirklicht werden kann, sondern einen gesellschaftlichen Lern- und Veränderungsprozess voraussetzt, der niemals ganz abgeschlossen sein dürfte. Manches wird auch davon abhängen, welche Ressourcen ein Staat zur Verfügung hat. Die Konvention sorgt allerdings dafür, dass die Karten neu gemischt und die Argumentationslasten – zugunsten von Barrierefreiheit und Inklusion Behinderter – generell

---

[40] Vgl. *Riedel, E.* (2005): Gutachten zur Wirkung der internationalen Konvention über die Rechte von Menschen mit Behinderungen und ihre Fakultativprotokolls auf das deutsche Schulsystem, Mannheim.

[41] Vgl. Art. 4 Abs. 1a BRK. Um den Umsetzungsbedarf im Einzelnen zu bestimmen, hat die Bundesregierung einen Nationalen Aktionsplan beschlossen.

neu verteilt werden. Wie die BRK spezifisch im Blick auf die wirtschaftlichen, sozialen und kulturellen Rechte der Konvention herausstellt, ist der Staat verpflichtet, »unter Ausschöpfung seiner verfügbaren Mittel und erforderlichenfalls im Rahmen der internationalen Zusammenarbeit Maßnahmen zu treffen, um nach und nach die volle Verwirklichung dieser Rechte zu erreichen«.[42] Dessen ungeachtet gilt, dass Kernbereiche der BRK die Staaten hier und jetzt unmittelbar in die Pflicht nehmen und umgesetzt werden müssen. Dazu zählt insbesondere das Diskriminierungsverbot. Die soeben zitierte Formulierung zur schrittweisen Verwirklichung bestimmter Rechte unter Ausschöpfung der verfügbaren Mittel wird daher durch den Hinweis ergänzt, dass dies nur gelten kann »unbeschadet derjenigen Verpflichtungen aus diesem Übereinkommen, die nach dem Völkerrecht unmittelbar anwendbar sind«.[43]

Umsetzung und Monitoring

Wie alle Menschenrechtskonventionen richtet sich auch die Behindertenkonvention in erster Linie an den Staat als den Garanten des Rechts, den sie in mehrfacher Weise in die Pflicht nimmt. Der Staat ist gehalten, die Menschenrechte zunächst als *Vorgabe* staatlichen Handels zu achten; darüber hinaus hat er die betroffenen Menschen vor drohenden Rechtsverletzungen durch Dritte aktiv zu *schützen*; schließlich soll er außerdem *Infrastrukturmaßnahmen* ergreifen, damit die Menschen von ihren Rechten auch tatsächlich Gebrauch machen können.[44] Diese Infrastrukturkomponente ist in der Behindertenkonvention aus naheliegenden Gründen stark ausgeprägt. Denn viele der Inklusionshindernisse, unter denen Menschen mit Behinderungen leiden, hängen mit physischen oder mentalen Barrieren zusammen, deren Überwindung breit angelegte staatliche und gesellschaftliche Anstrengungen einschließlich der Bereitschaft zur Übernahme von Kosten verlangt.

In prozeduraler Hinsicht verpflichten sich die Staaten dazu, mindestens alle vier Jahre einen Bericht über die Umsetzung der Konventionsverpflichtungen zu verfassen und einem unabhängigen Sachverständigenausschuss der Vereinten Nationen (»Committee on the

---

[42] Art. 4 Abs. 2 BRK.
[43] Ebd.
[44] Zu dieser sogenannten Trias der Staatenpflichten (»obligations to respect, protect, fulfil«) vgl. *Koch, I. E.* (2005): Dichotomies, Trichotomies or Waves of Duties. In: Human Rights Law Review 5.

Rights of Persons with Disabilities«) zur Prüfung vorzulegen.[45] Mit diesem Staatenberichtsverfahren knüpft die Behindertenkonvention an einen Monitoringmechanismus an, der im Rahmen anderer Menschenrechtskonventionen zum Teil schon seit Jahrzehnten existiert. Neu sind demgegenüber die Verpflichtungen, die darauf abzielen, eine systematische Überwachung der Umsetzung vor Ort – also in den einzelnen Staaten selbst – zu gewährleisten. Die Konvention folgt hier der jüngeren Tendenz, menschenrechtliche Schutzmechanismen dadurch effektiver auszugestalten, dass man die *Implementierung auf nationaler Ebene* stärkt.

Diese Verankerung nationaler Umsetzungsstrukturen geschieht, wie in dem einschlägigen Artikel 33 deutlich wird, in dreifacher Hinsicht: Die Regierungen sollen die Zuständigkeiten für die Umsetzung der Konvention in einem oder mehreren »focal points« konzentrieren, um auf diese Weise die generelle staatliche Verpflichtung möglichst transparent und wirksam auszugestalten (Abs. 1). Außerdem sollen sie eine unabhängige Monitoringstelle einrichten, die den Umsetzungsprozess kritisch durch Expertise begleitet (Abs. 2). In Deutschland ist diese Aufgabe dem Deutschen Institut für Menschenrechte übertragen worden.[46] Schließlich werden auch zivilgesellschaftliche Organisationen, darunter die Selbsthilfeorganisationen Betroffener, ausdrücklich in ihrer kritischen und antreibenden Rolle angesprochen (Abs. 3). Das Motto der Behindertenbewegung »Nichts über uns – ohne uns!«[47] findet somit im Text der BRK seinen unmittelbaren Niederschlag. Auch hier erweist sich die Konvention als innovativ.

Ein Zusatzprotokoll zur BRK, das gleichzeitig mit der Konvention verabschiedet wurde und das auch von Deutschland ratifiziert worden ist, eröffnet die Möglichkeit einer Individualbeschwerde, für die indessen relativ hohe Hürden bestehen. So müssen Betroffene in der Regel zunächst den innerstaatlichen Rechtsweg ausgeschöpft haben, ehe sie sich mit Aussicht auf Erfolg an den genannten zuständigen UN-Ausschuss wenden können. Es ist daher nicht zu erwarten, dass in naher Zukunft Individualbeschwerden aus Deutschland vom zuständigen UN-Ausschuss angenommen und bearbeitet werden.

[45] Vgl. Art. 35 BRK.
[46] Informationen darüber sind abrufbar auf der Website des Instituts: www.institut-fuer-menschenrechte.de, zuletzt aufgerufen am 14.1.2011.
[47] Vgl. *Hermes, G./Rohrmann, E.* (2006): Nichts über uns – ohne uns! Disability Studies als neuer Ansatz emanzipatorischer und interdisziplinärer Forschung über Behinderung, Neu-Ulm: AG SPAK.

Anders sieht es beim Staatenberichtsverfahren aus. Bereits im Jahr 2011 muss Deutschland seinen ersten Bericht über die Umsetzung der Konventionspflichten in Genf vorlegen (die dann auch in Zukunft periodisch fällig sein werden). Bei der kritischen Prüfung dieses Berichtes ist der UN-Ausschuss für die Rechte Behinderter frei, auch Informationen aus nicht staatlichen Quellen zu berücksichtigen – zum Beispiel von den Behindertenverbänden und anderen zivilgesellschaftlichen Organisationen.[48] Durch eine eigenständige Alternativberichterstattung (»Schattenberichterstattung«) an den UN-Ausschuss können zivilgesellschaftliche Organisationen dazu beitragen, den Reformdruck, der von der Behindertenrechtskonvention auf die Politik ausgeht, aufrechtzuerhalten und sukzessive zu präzisieren. Sie können dabei mit Unterstützung aus dem Deutschen Institut für Menschenrechte rechnen, das bei der fachlichen Begleitung zivilgesellschaftlicher Parallelberichte seit Jahren Erfahrungen sammeln konnte.

Fazit

Die historische und systematische Bedeutung der Behindertenkonvention kann schwerlich überschätzt werden. Einerseits weitet sie den menschenrechtlichen Empowerment-Ansatz auf das Thema Behinderung aus und andererseits aktualisiert sie den internationalen Menschenrechtsschutz aus den Erfahrungsperspektiven von Menschen mit Behinderungen. Die in der Menschenwürde gründenden menschenrechtlichen Leitprinzipien (traditionell: »Freiheit, Gleichheit, Brüderlichkeit«) werden in Richtung auf assistierte Autonomie, Barrierefreiheit und gesellschaftliche Inklusion in zeitgemäßer Weise neu interpretiert. Auch hinsichtlich des Monitoring setzt die BRK innovative Standards, insofern sie die Staaten zur Einrichtung einer nationalen Infrastruktur für die Umsetzung der Konvention verpflichtet. Die Behindertenrechtskonvention ist deshalb nicht etwa eine bloße »Spezialkonvention«, sondern steht für eine Weiterentwicklung des Menschenrechtsanspruchs insgesamt, dessen universalistische Normstruktur durch beständige Revisionsbereitschaft immer wieder neu erarbeitet werden muss.

---

[48] Vgl. Art. 36 BRK.

Ronald Richter
Wege aus dem Vorgaben-Dschungel

Was ist zu erfüllen und wogegen können sich Pflegeeinrichtungen wehren?

Bereits dem römischen Geschichtsschreiber und Philosophen Titus Livius[1] aus Padua wird die (leicht abgewandelte Klage) zugewiesen, die noch heute unverändert gilt: *Von der Wiege bis zur Barre, Formulare, Formulare!* Für die Betreiber von Pflegeeinrichtungen gilt die »Mutter aller Bürokratieklagen« noch in verschärfter Form. Wären es doch nur die Formulare und nicht Gesetze, Verordnungen, Rahmenverträge, Richtlinien und anderen Vorgaben, die sich teilweise widersprechen und trotz ihrer Vielzahl unscharf bleiben und am Ende die unternehmerische Freiheit beschränken und vor allem Zeit, Nerven und Geld kosten. Ausgerechnet wurde, dass über 80 Gesetze, Verordnungen, Richtlinien und Normen in der stationären Altenpflege beachtet und umgesetzt werden müssen.[2] Vermutlich sind es sogar noch mehr.

Auch ein anderes berühmtes Beispiel beschreibt den Vorgaben-Dschungel: In einer Einrichtung findet eine Prüfung statt, in der bemängelt wird, dass an den Waschbecken der Einrichtung jeweils eine Nagel- oder Ärztebürste zur richtigen Reinigung der Hände fehle. Der Einrichtungsträger schafft daraufhin 60 dieser Bürsten an. Wenige Wochen später kommt das Gesundheitsamt ins Haus und ist erschüttert, ob der Keimherde, die diese Bürsten darstellen würden. Sie erteilt die gegenteilige Anweisung, wonach die soeben erworbenen Bürsten sofort wieder vernichtet werden müssen. Was soll der Einrichtungsträger tun? Welche Anordnung, welche Vorgabe hat Vorrang?

Um einen Weg aus dem Vorgaben-Dschungel zu finden, sind folgende Aspekte zu beachten:

---

[1] *Titus Livius* (59 v. Chr. bis 17 n. Chr.), Ab urbe condita 4.36, 5.
[2] Vgl. *Wittmann* in: Altenheim Heft 2 / 2004, S. 62.

Unübersichtliches Sozialrecht

Die objektive Unübersichtlichkeit des Sozialrechts hat vor allem zwei Aspekte: Die Unübersichtlichkeit wegen der Vielzahl der Rechtsquellen und Rechtsnormen und die Unübersichtlichkeit mangels systematischer Ordnung des Rechtsgebietes. Die Vielzahl der Rechtsquellen und Rechtsnormen beruht vor allem im Sozialrecht auf der gesellschaftspolitischen Entwicklung und dem ständigen Versuch der Politik und der Gesellschaft im Rechtsstaat soziale Gerechtigkeit, Gleichbehandlung und den Schutz der Menschenwürde mit immer stärker ausdifferenzierten und detaillierten Normen zu erstreben. Diese Normenflut schafft für sich bereits erhebliche Orientierungsprobleme für den rechtsuchenden Bürger, der es im Sozialrecht doch besonders einfach haben soll. Die Unübersichtlichkeit wegen einer nicht hinreichend systematischen Ordnung der rechtlichen Ansprüche resultiert im Sozialrecht schon daraus, dass das Rechtsgebiet relativ jung ist. Das SGB V trat zum 1. Januar 1989, das SGB XI zum 1. Januar 1995 in Kraft. Den Eindruck der mangelhaften systematischen Ordnung verstärkt die Tatsache, dass das Leistungs- und das Leistungserbringerrecht im SGB V und SGB XI mittlerweile stark vom untergesetzlichen Recht geprägt ist. Damit ist das Sozialrecht im Hinblick auf die Rechtsquellenlehre unter verfassungsrechtlichen Aspekten besonders interessant geworden.[3]

Wie bereits in der Eingangsfrage formuliert wurde, gelten im Bereich der Pflegeeinrichtungen verschiedenartige und mithin verschieden*wertige* Normen, also Artikel des Grundgesetzes, formelle Gesetze, die der Bundestag verabschiedet hat, untergesetzliche Rechtsnormen in Form der Richtlinien des Gemeinsamen Bundesausschusses nach § 92 SGB V, Rahmenempfehlungen, Richtlinien der Spitzenverbände, Satzungen,

Notwendige Vertragsregelungen aus Sicht der Leistungserbringer

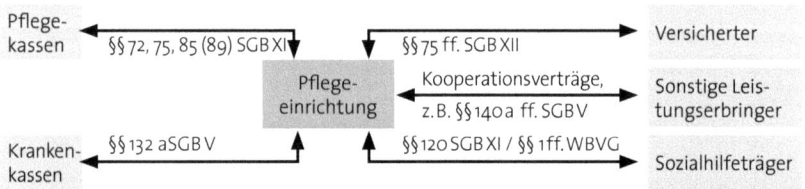

[3] Vgl. dazu: *Axer, P.* (2000): Normsetzung der Exekutive im Sozialleistungsrecht. Tübingen: Mohr Siebeck; *Hänlein, A.* (2001): Rechtsquellen im Sozialversicherungsrecht: System und Legitimation untergesetzlicher Rechtsquellen des deutschen Sozialversicherungsrechts. Berlin: Springer.

Vereinbarungen auf Bundes- und Landesebene, Schiedsstellen- und Schiedspersonenentscheidungen und vieles mehr. Allein die notwendigerweise von einer ambulanten oder stationären Pflegeeinrichtung abzuschließenden Verträge füllen ganze Ordner.

Herstellung einer Normhierarchie

Zum Eindruck eines zumindest undurchsichtigen (wenn schon nicht undurchdringlichen) Dschungels trägt bei, dass neben den Gesetzgebern die sogenannte gemeinsame Selbstverwaltung insbesondere von Krankenkassen, Ärzten und Krankenhäusern eine überragend wichtige Rolle spielt.

Regelmäßig wird also der Gesetzgeber selbst nicht tätig, sondern eröffnet lediglich den Rahmen und kontrolliert hinterher die Ergebnisse der Selbstverwaltungsorgane mittels eines gesetzlich geregelten Genehmigungsvorbehalts. Unter Selbstverwaltung versteht man die Übertragung von Verwaltungsaufgaben des Staates an rechtlich selbstständige Organisationen (meist juristische Personen), um den Betroffenen die eigenverantwortliche Gestaltung der Lebenssachverhalte zu ermöglichen. Dabei ist die Vornahme der Selbstverwaltung etwa durch die Sozialversicherungsträger Teil der staatlichen Verwaltung im weiteren Sinne und wird als sogenannte mittelbare Staatsverwaltung bezeichnet. Typische Organisationsform der Selbstverwaltung ist die Körperschaft des öffentlichen Rechts, ein gutes Beispiel sind die Kranken- und Pflegekassen. Diese stehen damit aber nicht außerhalb der öffentlichen Gewalt. Auch die Pflege- und Krankenkassen sind an die Grundrechte der Bürger gebunden. Für sie gilt ebenfalls die Bindung an Recht und Gesetz (Art. 1 Abs. 3 GG) – indem der Staat der Selbstverwaltung die Regelung überlässt, muss er andererseits diese Prinzipien gewährleisten. Dies geschieht durch die Rechtsaufsicht.

Hierarchie der Rechtsnormen

Nach § 92 Abs. 1 Satz 1 1. Halbsatz SGB V beschließt der Gemeinsame Bundesausschuss die zur Sicherung der ärztlichen Versorgung erforderlichen Richtlinien über die Gewähr für eine ausreichende, zweckmäßige und wirtschaftliche Versorgung der Versicherten. Dabei beschränken die Richtlinien des Gemeinsamen Bundesausschusses den gesetzlichen Leistungsanspruch des Versicherten nicht, sondern konkretisieren ihn auf den Behandlungseinzelfall. Da sich unmittelbar aus dem SGB V kein konkreter Leistungsanspruch ergibt, gestalten die Richtlinien des Gemeinsamen Bundesausschuss das Leistungsrecht des Versicherten und damit mittelbar auch die Tätigkeit der Ärzte und Einrichtungen.

Das Bundessozialgericht[4] qualifiziert die Richtlinien des Gemeinsamen Bundesausschusses als untergesetzliche Rechtsnorm, mit der Konsequenz, dass sich sowohl die Krankenkassen als auch der MDK an die im Bundesanzeiger veröffentlichten Richtlinien halten müssen. »Untergesetzlich« steht in diesem Fall dafür, dass eben nicht der Gesetzgeber (der Deutsche Bundestag!) ein Gesetz erlassen, sondern die Konkretisierung des Gesetzes an eine andere Stelle der Selbstverwaltung delegiert hat. Daher ist auch jede Richtlinie des Gemeinsamen Bundesausschusses und damit auch die HKP-Richtlinie vor der Veröffentlichung im Bundesanzeiger dem zuständigen Bundesministerium für Gesundheit vorzulegen.

Den rechtlichen Stellenwert der Richtlinien (»untergesetzlich, daher darf die gesetzliche Grundlage nicht durch die Richtlinie eingeschränkt werden«) nimmt beispielsweise § 1 Abs. 4 Satz 3 Satz HKP-Richtlinie[5] auf:

Nicht im Leistungsverzeichnis aufgeführte Maßnahmen der häuslichen Krankenpflege im Sinne von § 37 SGB V sind in medizinisch zu begründenden Ausnahmefällen verordnungs- und genehmigungsfähig, wenn sie Bestandteil des ärztlichen Behandlungsplans sind, im Einzelfall erforderlich und wirtschaftlich sind und von geeigneten Pflegekräften erbracht werden sollen.

»Übersetzt« bedeutet dies: In der Anlage zur Richtlinie nicht aufgeführte Maßnahmen sind nach der nach § 37 SGB V notwendigen Öffnungsklausel verordnungsfähig, wenn sie Bestandteil des ärztlichen Behand-

[4] Urteil vom 20.3.1996, 6 RKa 62/94 = BSGE 78, 70 (»Methadon-Urteil«).
[5] Richtlinie des Gemeinsamen Bundesausschusses über die Verordnung von häuslicher Krankenpflege (kurz: HKP-Richtlinie), in der Neufassung vom 17.9.2009, im Bundesanzeiger am 9.2.2010 veröffentlicht und am 10.2.2010 in Kraft getreten.

lungsplanes sind, im Einzelfall erforderlich und wirtschaftlich sind und schließlich von geeigneten Pflegekräften erbracht werden sollen. Für die Verordnung nicht im Verzeichnis aufgeführter Maßnahmen ist daher eine medizinische Begründung des behandelnden Arztes erforderlich.

Das Bundesverfassungsgericht[6] hat es bisher vermieden, sich zum Rechtscharakter der Richtlinien des Gemeinsamen Bundesausschusses einzulassen. Gleichwohl sind die Richtlinien dem Gemeinschafts- und Verfassungsrecht sowie dem formellen Gesetz SGB V nachgeordnet.

Rechtsnormen

Voraussetzungen zur Geltung:
1. Gesetzlich geregelte Kompetenzzuweisung
2. Genehmigung des zuständigen BM
3. ... dürfen Gesetze nicht einschränken, sondern nur näher ausfüllen (auslegen)

Richtlinien des gemeinsamen Bundesausschusses

Richtlinien der Spitzenverbände

Rahmenempfehlungen

Anders als die Richtlinien des Gemeinsamen Bundesausschusses sind die Rahmenempfehlungen der Spitzenverbände der Kranken- und Pflegekassen für die Leistungen der Versicherten lediglich sogenanntes Verwaltungsbinnenrecht. Rahmenempfehlungen besitzen als solche keine rechtlich verbindliche Außenwirkung und sind im sozialgerichtlichen Verfahren auf ihre Rechtmäßigkeit voll überprüfbar.[7] Rahmenempfehlungen sollen damit lediglich ein einheitliches Verwaltungshandeln ermöglichen und haben empfehlenden Charakter.

Ähnliches gilt für die Richtlinien der Spitzenverbände der Pflegekassen, etwa in Form der Begutachtungsrichtlinie. Auch diese Richtlinien sind trotz der Genehmigung durch das zuständige Bundesministerium für Gesundheit für die Gerichte nicht bindend, aber als Gesetzeskonkretisierung zur Vermeidung von Ungleichbehandlungen ähnlich gelagerter

---

[6] Beschluss vom 06.12.2005, 1 BVR 347/1998 = BVerfG 115, 25 (Nikolaus-Beschluss); dazu: *Kingreen* NJW 2006, 877.
[7] BSG, Urteil vom 1.9.2005, B 3 KR 3/04 R.

Fälle beachtlich.[8] Die Richtlinien können daraufhin überprüft werden, ob sie mit dem Gesetz vereinbart und – gemessen an allgemeinen Erfahrungssätzen und generellen Tatsachen – sachlich vertretbar sind.[9]

Innere systematische Ordnung des Sozialrechts

Das Bürgerliche Gesetzbuch (BGB) sollte Vorbild sein für die wichtigste Rechtsquelle im Sozialrecht: das Sozialgesetzbuch (SGB). Auch rund 34 Jahre nach Inkrafttreten des allgemeinen Teils (SGB I) zum 1. Januar 1976 ist die Kodifikation noch immer nicht vollendet. Für den hier interessierenden Bereich ist neben den speziellen Regelungen des SGB V und des SGB XI auch der allgemeine Teil (SGB I), die gemeinsamen Vorschriften für die Sozialversicherung (SGB IV), das Verwaltungsverfahren (SGB X) sowie am Rande auch das SGB XII und des SGB IX relevant. Die Aufteilung auf die verschiedenen Bücher und vor allem die gegenseitigen Ausnahmen tragen zur Lesbarkeit nicht wirklich bei. Ein gutes Beispiel ist der Datenschutz: Gelten die speziellen Regelungen in SGB V und SGB XI? Oder § 35 SGB I (Sozialgeheimnis), die §§ 67 bis 85a SGB X oder das Bundesdatenschutzgesetz (BDSG)? Mit dieser Abgrenzung haben auch Rechtsberater Schwierigkeiten.

Die Sozialgesetzbücher sollen nach § 1 Abs. 1 SGB I zur Verwirklichung sozialer Gerechtigkeit und sozialer Sicherheit Sozialleistungen einschließlich sozialer und erzieherischer Hilfen gestalten. Das Recht des Sozialgesetzbuches soll dazu beitragen,

- ein menschenwürdiges Dasein zu sichern,
- gleiche Voraussetzungen für die freie Entfaltung der Persönlichkeit, insbesondere auch für junge Menschen zu schaffen,
- die Familie zu schützen und zu fördern,
- den Erwerb des Lebensunterhaltes durch eine frei gewählte Tätigkeit zu ermöglichen und
- besondere Belastungen des Lebens, auch durch Hilfe zur Selbsthilfe, abwenden oder ausgleichen.

In den folgenden Bestimmungen konkretisieren dann die Sozialgesetzbücher den Sozialstaatsauftrag:

---

[8] LSG Berlin-Brandenburg, Urteil vom 28. September 2005, L 17 P 40/04.
[9] BSG, Urteil vom 30.9.1993, 4 RK 1/92.

Vier Stufen der Konkretisierung des Sozialstaats-Auftrags

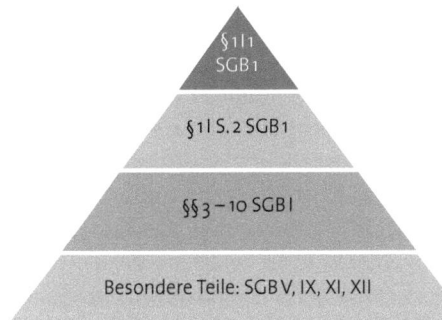

Die allgemeinen Vorschriften des SGB I sind stets mit in den konkreten Fall hineinzulesen, insbesondere, wenn es um Fragen der Antragstellung, Beratung, Verzinsung oder Mitwirkung geht.

Dschungel der Publizität und Transparenz

Bei den untergesetzlichen Rechtsnormen ist die frühere Schwierigkeit der Erreichbarkeit, Einsicht- und Kenntnisnahme in Zeiten des Internets nahezu gelöst. Wir haben in den vergangenen Jahren zumindest an dieser Stelle das »Unterholz« entscheidend gelichtet. Insbesondere der Gemeinsame Bundesausschuss hat eine vorbildlich informative Homepage[10] für alle aktuellen Richtlinien und weitergehenden Informationen. Gleiches gilt für die gängigsten Verträge. Diese sind regelmäßig über die Auskunftsseiten der Krankenkassenverbände zu beziehen. In neuen Vorschriften hat der Bundesgesetzgeber darüber hinaus – beispielsweise bei den Maßstäben und Grundsätzen zur Sicherung und Weiterentwicklung der Qualität (§ 113 Abs. 1 SGB XI) sowie Expertenstandards (§ 113a SGB XI) – die Veröffentlichung im Bundesanzeiger angeordnet. So sind auch diese untergesetzlichen Regelungen regelmäßig für jeden erreichbar.

Verschiedenheit der Leistungsträger

Die gesetzlich vorgesehenen Sozialleistungen (zum Begriff vgl. § 11 SGB I) werden nicht von einem einheitlichen Träger erbracht, sondern von einer

[10] Vgl. www.g-ba.de, zuletzt aufgerufen am 14.1.2011.

Vielzahl von Stellen der mittelbaren oder unmittelbaren Bundes- oder Landesverwaltung mit unterschiedlicher Rechtsform und innerer Organisation. Die Hinweise in den Paragrafen 18–29 SGB I (dort jeweils der letzte Absatz) ermöglicht die Herstellung einer Verbindung zwischen den einzelnen Sozialleistungen und den zuständigen Leistungsträgern. Leistungsträger sind immer öffentlich-rechtlich organisiert.[11] Wenig Leistungsträger sind grundsätzlich Verbände von Leistungsträgern.[12]

Begrifflich ist vom Leistungsträger der Kostenträger zu unterscheiden, obwohl die Praxis beide Begriffe synonym verwendet. Leistungsträger ist der zuständige Erbringer der Sozialleistungen, während Kostenträger derjenige ist, der wirtschaftlich die Kosten der Sozialleistung, einschließlich der Verwaltungskosten, trägt. Beide – Leistungsträger und Kostenträger – müssen daher nicht immer identisch sein. So wird die Ausbildungsförderung, das Wohngeld und die Kriegsopferversorgung vom Bund ganz oder teilweise getragen, während die Leistungsträger auf der Länderebene organisiert sind (Bundesauftragsverwaltung, Art. 83, 85 GG).[13]

Einen neuen Dschungel hat die Föderalismusreform I des Grundgesetzes zum 1. September 2006 ausgelöst (bzw. »ausgesät«).[14] Das Heimrecht wurde aus dem Katalog der sogenannten konkurrierenden in die ausschließliche Gesetzgebungskompetenz der einzelnen Bundesländer gegeben. Artikel 74 Abs. 1 Nr. 7 GG ist nun formuliert » ...die öffentliche Fürsorge (ohne das Heimrecht)«. »Übersehen« hatte man zunächst, dass das Heimrecht sowohl aus einem ordnungsrechtlichen Teil als auch aus einem zivilrechtlichen Teil besteht. Zivilrecht kann jedoch ebenso wie das Wirtschaftsrecht nicht auf die Bundesländer übertragen werden, wie in Art. 74 Abs. 1 Nr. 1 und 12 GG nachzulesen ist.[15] Für die Einrichtungsträger entstand dadurch eine neue Unübersichtlichkeit. Aus einem sehr überschaubaren Bundesgesetz wurden 16 verschiedene ordnungsrechtliche (Landesheim-)Gesetze mit teilweise sehr fantasievollen Bezeichnungen und ein neues Bundesgesetz für die zivilrechtlichen Regelungen (»WBVG«).

---

[11] Das private Krankenversicherungsunternehmen, das die private Pflegepflichtversicherung im Sinne der §§ 23, 24 SGB XI durchführt, ist kein Leistungsträger im Sinne des SGB, da § 21 a SGB I nur die gesetzliche soziale Pflegeversicherung zum Gegenstand hat.
12 Mit einer historischen Ausnahme: den Gemeindeunfallversicherungsverbänden, §§ 117, 114 Abs. 1 Nr. 7 SGB VII.
[13] LPK-SGB I § 12 Rz. 7.
[14] BGBl. I 2006, S. 2034.
[15] Vgl. auch BT-Drucks. 16/4847, S. 2.

WBVG-Landesheimgesetze

- Zivilrechtliche Regelungen
- WBVG des Bundes

regelt:
- Heimvertrag
- Entgelt-Erhöhungsverfahren
- Informationspflicht

- Ordnungsrechtliche Regelungen
- Landesgesetze

regelt:
- Anwendungsbereich
- Überwachung
- bauliche sowie personelle Voraussetzungen

So kommt es nun des Öfteren zu einem Auseinanderfallen der eigentlich »heimrechtlichen« Anwendungsbereiche der jeweiligen landesheimrechtlichen Regelung und des WBVG. In einigen Fällen ist zwar das WBVG auf den Pflege- oder Einrichtungsvertrag anwendbar, aber die Heimaufsicht hat sich jedoch weit zurückgezogen und stellt für die in den betreffenden Einrichtungen lebenden Bewohnerinnen und Bewohner keinen ordnungsrechtlichen Schutz mehr zur Verfügung.[16] Andererseits ist zwar das WBVG auf die Verträge mit den Kunden der Einrichtung nicht anwendbar, aber die Heimaufsicht prüft die Einrichtung aufgrund ordnungsrechtlicher Regelungen.[17]

Der Dschungel der Rechtsprechung

Der Dschungel des Sozialrechts wäre nicht komplett, wenn nicht auch die dritte Staatsgewalt, die Rechtsprechung, zur Unübersichtlichkeit beitragen würde.

Zur Illustration – und weiterer Lektüre – soll nur auf die Rechtsprechung des Bundessozialgerichts zu den verrichtungsbezogenen krank-

---

[16] So vor allem das bayerische Pflege- und Wohnqualitätsgesetz mit der Formulierung in Art. 2 Abs. 2 PfleWoqG, wonach dieses auf alle Formen des betreuten Wohnens keine Anwendung findet, auch solche, die in vollstationären Einrichtungen eingegliedert sind.

[17] Bestes Beispiel ist Schleswig-Holstein, wo das betreute Wohnen und sogar ambulante Dienstleistungen von den landesheimgesetzlichen Regelungen umfasst sind; vgl. § 6 Abs. 2 Pflegegesetzbuch Schleswig-Holstein – 2. Buch: Selbstbestimmungsstärkungsgesetz – »… gilt auch für volljährige Menschen …, die nicht in einer stationären Einrichtung oder in einer besonderen Wohn-, Pflege- und Betreuungsform leben«.

heitsspezifischen Pflegemaßnahmen[18] und zu den Rollstühlen im Pflegeheim[19], die durch Gesetzesänderungen korrigiert werden musste, hingewiesen werden. In der Frage der Anrechenbarkeit tariflicher Löhne in den Pflegesatzverhandlungen hat sich das BSG selbst korrigiert und seine frühere Rechtsprechung aufgegeben.[20] In anderen Fällen führte die Rechtsprechung des Bundesverfassungsgerichts zu einem Umdenken beim BSG, man denke nur an den Drachenfliegerfall zum Zusammenspiel von Grund- und Behandlungspflege.[21]

Aktuellstes Beispiel dürfte die divergierende Rechtsprechung der (Landes-)Sozialgerichte zu den Transparenzberichten sein.

Zusammenfassung

Im Dickicht des Vorgaben-Dschungels verwischt zunächst jede Chance auf eine klare Lösung. Hilfe bietet nur ein *Über-Blick*. Dazu ist jeweils Orientierung durch Systematisierung zu suchen:

- Wo steht die gerade benötigte Norm innerhalb der Hierarchie?
- Verstößt sie gegen höherrangiges Recht?
- Wie ist die Regelung im systematischen Zusammenhang der anderen Regelungen des Sozialrechts zu verstehen?
- Welcher Leistungsträger ist der zuständige?
- Ist die Entscheidung rechtskräftig geworden oder längst wieder überholt?

Neben den Fragen hält § 7a SGB XI über die sogenannte Pflegeberatung für den Versicherten einen Joker bereit: In ungewöhnlich intensiver Art

---

[18] BSG, Urteil v. 19.2.1998, B 3 P 3/97 R = BSGE 82,27; Urteil vom 27.8.1998, B 10 KR 4/97 R = BSGE 82, 276; Urteil vom 17.3.2005, B 3 KR 9/04 R = BSGE 94, 192; dazu: *Richter:* Der Irrweg der verrichtungsbezogenen Behandlungspflege – oder: Das Wechselspiel von Gesetzgebung und Rechtsprechung RsDE 64 (2007), 52.

[19] BSG, Urteile vom 10.2.2000, B 3 KR 26/99 = BSGE 85, 287 u.a.; Urteil vom 06.6.2002, B 3 KR 67/01 R = BSGE 89, 271; Urteil vom 24.9.2002, B 3 KR 9/02 R.

[20] BSG, Urteil vom 14.12.2000, B 3 P 19/00 R = BSGE 87, 199; dagegen: Urteil vom 29.1.2009, B 3 P 7/08 R = BSGE 102, 227 (stationär) und Urteil vom 17.12.2009, B 3 P 3/08 R (ambulant).

[21] BSG, Urteil vom 28.1.1999, B 3 KR 4/98 R = BSGE 83, 254 (»Drachenflieger«); BVerfG 1. Senat, 2. Kammer, Beschl. vom 10.3.2008, 1 BvR 2925/07; danach: LSG Berlin-Brandenburg, Beschl. vom 23.10.2008, L 1 B 346/08 KR ER; BSG, Urteil vom 17.6.2010, B 3 KR 7/09 R (für BSGE vorgesehen).

und Weise wurde zum 1. Januar 2009 ein Anspruch auf individuelle Beratung und Hilfestellung durch einen Pflegeberater oder eine Pflegeberaterin bei der Auswahl und Inanspruchnahme von bundes- und landesrechtlich vorgesehenen Sozialleistungen sowie sonstigen Hilfsangeboten gegeben. Dazu muss ich nicht einmal einen Fuß vor die Tür setzen. Nach § 7 Abs. 2 Satz 1 SGB XI erfolgt die Pflegeberatung auf Wunsch in der häuslichen Umgebung oder in der Einrichtung, in der der Anspruchsberechtigte lebt. Der Pflegeberater hat nicht nur zu beraten, bei ihm kann auch ein Leistungsantrag nach dem SGB XI und dem SGB V gestellt werden. Vor allem aber stellt er einen individuellen Pflegeplan auf.

Für den Leistungserbringer hingegen bleibt es die Aufgabe, sich einen Pfad durch den Dschungel zu schlagen. Hilfestellung gibt bei der Auseinandersetzung über formelle oder untergesetzliche Normen wiederum das SGB I. § 2 Abs. 2 SGB I formuliert nicht umsonst den Programmsatz:

Die nachfolgenden sozialen Rechte sind bei der Auslegung der Vorschriften dieses Gesetzbuchs und bei der Ausübung von Ermessen zu beachten; dabei ist sicherzustellen, dass die sozialen Rechte möglichst weitgehend verwirklicht werden.

Die sozialen Rechte sollen möglichst weitgehend verwirklicht werden. Diesem Streben sind alle – Leistungsträger, Kostenträger, Leistungserbringer und die weiteren Akteure – unterworfen. Und wenn es dazu Formulare gibt, die im Gesetz noch *Vordrucke* heißen, dann *sollen diese* – wie uns § 60 Abs. 2 SGB I sagt – *benutzt werden*.

Reinhard Wiesner
Das neue Kinderschutzgesetz – Was kommt?

1. Aus Fehlern lernen: Der Gesetzentwurf 2009

Den Hintergrund für die Initiative der Bundesregierung in der vergangenen Legislaturperiode bildeten die spektakulären Einzelfälle, die unter den Namen Kevin (Bremen), Jessica (Hamburg) und Lea-Sophie (Schwerin) für Schlagzeilen in der Presse und für Aufmerksamkeit in den elektronischen Medien sorgten. Der Kinderschutz war daraufhin Thema in zwei Konferenzen der Bundeskanzlerin mit den Regierungschefs der Länder Ende des Jahres 2007 und im Juni 2008. Im Rahmen dieser zweiten Konferenz wurde der Bund aufgefordert »gesetzliche Regelungen für einen wirksameren Kinderschutz zügig umzusetzen, um identifizierte gesetzliche Lücken zu schließen«.[1]

Erwartet wurden
- gesetzliche Regelungen über die Zusammenarbeit im Kinderschutz, die insbesondere die Befugnisse bestimmter Berufsgruppen zur Weitergabe von Daten an das Jugendamt begründen,
- die Konkretisierung der Wahrnehmung des Schutzauftrags bei Kindeswohlgefährdung durch eine Regelung zur Inaugenscheinnahme gefährdeter Kinder (»Hausbesuch«),
- die Übermittlung relevanter Daten bei einem Zuständigkeitswechsel des Trägers der öffentlichen Jugendhilfe infolge eines Umzugs der Familie.

Auf dieser Grundlage wurde im Bundesministerium für Familie, Senioren, Frauen und Jugend im zweiten Halbjahr 2008 ein Gesetzentwurf erarbeitet, der zwar den Ländern und Fachverbänden zur Kenntnis gebracht wurde und auch Gegenstand mehrerer Fachgespräche und Anhörungen war. Die dabei zum Ausdruck gebrachten Bedenken fanden

---

[1] Bundestagsdrucksache 16/12429 vom 25.3.2009.

jedoch keinen Eingang in den überarbeiteten Gesetzentwurf. So verhärtete sich das Verhandlungsklima zunehmend und die Regelpflicht zum Hausbesuch wurde zum Streitthema. Erinnert sei in diesem Zusammenhang an die Stellungnahme des Deutschen Vereins für öffentliche und private Fürsorge zum Regierungsentwurf eines Kinderschutzgesetzes (ZKJ 2009, 249) sowie an den offenen Brief von neun Fachverbänden an die damalige Bundesministerin Ursula von der Leyen. Dort wird nicht nur massive Kritik an der Regelpflicht zum Hausbesuch geübt, sondern eine Rückkehr zu einem sachlichen Austausch gefordert: »Der Gesetzentwurf ist vom Misstrauen gegenüber der Jugendhilfe geprägt und setzt auf einseitige Kontrollpflichten und erleichterte Informationsübermittlung. Weder die Sicherung der Finanzierung der Prävention noch die strukturellen Bedingungen der Arbeit und Kooperation der Jugendhilfe sind im Gesetzentwurf verankert worden.«[2] Angesichts dieser massiven Kritik distanzierte sich die SPD als Koalitionspartner von dem Gesetzentwurf, der damit im Deutschen Bundestag scheiterte.

2. Die Ankündigung im Koalitionsvertrag 2009 und ihre Umsetzung

Im Koalitionsvertrag für die neue Legislaturperiode findet sich unter dem Thema »Kinderschutz und Frühe Hilfen« folgende Passage:

»Wir wollen einen aktiven und wirksamen Kinderschutz. Hierzu werden wir ein Kinderschutzgesetz unter Berücksichtigung eines wirksamen Schutzauftrages und insbesondere präventiver Maßnahmen (z. B. Elternbildung, Familienhebammen, Kinderschwestern und sonstiger niedrigschwelliger Angebote) auch im Bereich der Schnittstelle zum Gesundheitssystem unter Klarstellung der ärztlichen Schweigepflicht auf den Weg bringen.«

An dieser Formulierung fällt auf, dass ein neuer Gesetzentwurf nun offensichtlich das Thema Kinderschutz in einem weiteren Kontext behandeln soll – sich also nicht länger auf den Bereich der Intervention beschränken, sondern vor allem auch Instrumente zur primären und sekundären Prävention mit einbeziehen soll. Den Hintergrund dafür bildet u. a. das Bundesmodellprogramm »Frühe Hilfen und soziale

---

[2] *Deutscher Verein für öffentliche und Private Fürsorge*: Stellungnahme zum Regierungsentwurf eines Gesetzes zur Verbesserung des Kinderschutzes, ZKJ 2009, 249.

Frühwarnsysteme«, das unter Beteiligung der Länder an verschiedenen Standorten in Deutschland durchgeführt worden ist. Trugen die Passagen im Koalitionsvertrag noch die Handschrift der damaligen Bundesministerin von der Leyen und ihrer Leitungspersonen, so obliegt die Umsetzung dieser Ankündigung der inzwischen neu ins Amt gekommenen Bundesministerin Dr. Kristina Schröder, die am 27.01.2010 ein erstes Auftaktgespräch mit Ländern, Fachverbänden und Experten führte. Auf dieser Grundlage wurden sodann Arbeitsgruppen zu den Themen Frühe Hilfen und Qualifizierung des Schutzauftrags (AG I) und Ausbau vernetzter Strukturen und Verbesserung der Wissensbasis (AG II) eingerichtet. Die dortigen Ergebnisse fließen in den ersten Rohentwurf ein, dessen Eckpunkte dann vorgestellt werden und der – nach der gegenwärtigen Planung – noch vor 2011 als Referentenentwurf der Öffentlichkeit zugängig gemacht werden soll. Mit einem (vom Bundeskabinett abgestimmten) Regierungsentwurf ist im 1. Quartal 2011 zu rechnen.

3. Die Beratungen am Runden Tisch »Sexueller Kindesmissbrauch«

Zu den Themen, die bereits Gegenstand des ersten Gesetzentwurfs im Jahr 2009 waren bzw. aus den Erfahrungen mit den Modellprojekten »Frühe Hilfen« gewonnen werden konnten, kam nun aufgrund der bekannt gewordenen Übergriffe in Internaten eine neue Thematik hinzu. Auch wenn die dortigen Vorgänge auf den ersten Blick nicht in den Anwendungsbereich des Kinder- und Jugendhilferechts fallen, so sind die Themen persönliche Nähe und Machtmissbrauch in gleicher Weise für Einrichtungen und Dienste der Jugendhilfe relevant. Hinzu kommt, dass der Erlaubnisvorbehalt des § 45 SGB VIII nicht nur solche Einrichtungen erfasst, in denen Kinder und Jugendliche aufgrund einer Entscheidung des Jugendamts untergebracht sind, sondern alle Einrichtungen, in denen Kinder und Jugendliche über Tag und Nacht betreut werden oder Unterkunft erhalten, sofern diese Einrichtungen nicht der Schulaufsicht des jeweiligen Landes unterliegen. Vor diesem Hintergrund wird deshalb diskutiert, die Erlaubniserteilung von der Verpflichtung abhängig zu machen, Kinderschutzstandards einzuhalten. Kontrovers wird hingegen die Forderung diskutiert, nicht nur von haupt- und nebenamtlich tätigen Personen, sondern auch von ehrenamtlich tätigen Personen erweiterte Führungszeugnisse einzuholen (vgl. dazu die Stellungnahme der AGJ). Sehen die einen im Hinblick auf die Gefährdungssituation des Kindes keinen Grund, zwischen der Art des Beschäftigungsverhältnisses zu differenzieren, so befürchten die anderen das Ende ehrenamtlicher Tätigkeit. Des Weiteren wurde am runden Tisch »Sexueller Kindesmissbrauch« auch die Frage diskutiert, ob das gegenwärtige Beratungsspektrum bedarfsdeckend ausgestaltet ist und insbesondere auch über notwendige Kompetenzen zum Umgang mit sexualisierter Gewalt verfügt. Schließlich hat sich der runde Tisch auch mit der Frage nach fachlichen Anforderungen einer insoweit erfahrenen Fachkraft – Kinderschutzfachkraft – befasst. Der Gesetzeswortlaut in § 8a Abs. 2 gibt dafür keinerlei fachlichen Standard vor, was in der Praxis zu sehr unterschiedlichen Profilen dieser Fachkräfte führt.

4. Konturen eines neuen Gesetzentwurfs

a) Zur Struktur eines neuen Gesetzes

Wie bereits der Gesetzentwurf aus dem Jahr 2009, wird ein neuer Gesetzentwurf ebenfalls aus mehreren Modulen bestehen, nämlich zunächst einem eigenständigen Gesetz zur Information und Kooperation im Kinderschutz (Art. 1), Änderungen im SGB VIII (Art. 2) sowie Änderungen in anderen Gesetzen (Art. 3).

b) Alte und neue Themen

Im Hinblick auf die Passagen im Koalitionsvertrag sowie die Diskussion am runden Tisch »Sexueller Kindesmissbrauch« wird sich der Gesetzentwurf mit Folgendem befassen:

Der primär-präventive Ansatz der allgemeinen Förderung der Erziehung in der Familie (§ 16 SGB VIII) wird durch eine Sollverpflichtung zur Bereitstellung eines Angebots früher Hilfen konkretisiert. Zum Gesamtkonzept früher Hilfen gehören aber bereits in vielen Kommunen auch Aktivitäten, die dort als »Willkommensbesuch« oder »Begrüßungspaket« bezeichnet werden. Diese Aktivitäten haben sich bewährt und sollen nun auf eine gesetzliche Grundlage gestellt werden und damit zum Regelangebot in allen Kreisen und Städten gehören. Solche Begrüßungspakete bzw. Willkommensbesuche sind wichtige Gesten der Wertschätzung und Hilfsbereitschaft, die aber nicht mit Kontrollaspekten verknüpft werden dürfen[3]. Schließlich wird noch geprüft, ob im Rahmen dieses Gesetzentwurfs frühe Hilfen auch im

---

[3] *Schone, R.* (2008): Kontrolle als Element von Fachlichkeit in den sozialpädagogischen Diensten der Kinder- und Jugendhilfe, Berlin.

Gesundheitssystem weiterentwickelt werden können. Dabei ist daran gedacht, die Behandlungszeiträume von Hebammen, die gegenwärtig auf den Zeitraum von acht Wochen nach der Geburt begrenzt sind, auf insgesamt vier Monate zu erweitern. Diesbezüglich sind aber noch Verhandlungen mit dem Bundesministerium für Gesundheit im Gange. Bei einer Änderung des § 16 SGB VIII wird es darum gehen, den Kreis der Adressaten der allgemeinen Förderung der Erziehung in der Familie ausdrücklich auf werdende Eltern zu erweitern sowie in einem eigenen Absatz den Leistungsinhalt früher Hilfen näher zu spezifizieren (z. B. Beratung und Hilfe in Fragen der Säuglingspflege oder des Aufbaus einer Eltern-Kind-Beziehung).

c) Qualifizierung des Schutzauftrags auf individueller Ebene

Anknüpfend an die Debatte in der letzten Legislaturperiode wird weiterhin eine Regelung zum Hausbesuch für erforderlich erachtet. Dieser soll jedoch nicht mehr – wie im Regierungsentwurf 2009 – als Regelpflicht verankert werden, sondern nur »nach fachlicher Einschätzung im Einzelfall« erforderlich sein. Eine ähnliche Formulierung war in den Gesprächen zwischen den Fraktionen im Deutschen Bundestag im Sommer 2009 diskutiert worden – kurz bevor der Gesetzentwurf dort gescheitert ist.

Die Pflicht zur Gefährdungseinschätzung nach § 8a trifft gegenwärtig (nur) das Jugendamt sowie – über Abs. 2 – die Träger von Einrichtungen und Diensten, die Leistungen nach dem SGB VIII erbringen. In den Gesprächen der im Hinblick auf ein neues Gesetz eingerichteten Arbeitsgruppen ist immer wieder darauf hingewiesen worden, dass der Anwendungsbereich dieser Regelung auch auf Einrichtungen und Dienste ausgeweitet werden muss, die Kinder und Jugendliche mit Behinderung im Rahmen der Eingliederungshilfe nach dem SGB XII betreuen. Deshalb wird gegenwärtig geprüft, in welcher Weise eine analoge Regelung über die Wahrnehmung des Schutzauftrags im SGB IX platziert werden kann.

d) Verbesserung der Kooperation zwischen den Jugendämtern

Wie bereits der Gesetzentwurf im Jahr 2009, soll auch ein neuer Gesetzentwurf Regelungen enthalten, die die Kooperation zwischen den Jugendämtern bei Anhaltspunkten für eine Kindeswohlgefährdung verbessert. Zum einen geht es dabei um die Verpflichtung des Jugendamts, in dessen Bereich Anhaltspunkte für eine Kindeswohlgefährdung bekannt werden, diese an das zuständige Jugendamt zu übermitteln, damit dort eine Gefährdungseinschätzung auf der Grundlage von § 8a SGB VIII erfolgen kann. Dafür bietet sich eine Ergänzung von § 8a an.

Besteht bereits eine Hilfebeziehung zwischen dem Jugendamt und der Familie, zieht diese aber während eines laufenden Hilfeprozesses in den Bereich eines anderen Jugendamtes um, so enthält das Gesetz bisher keine nähere Regelung über die Modalitäten der Fallübergabe zwischen den Jugendämtern. Dies soll – wie bereits im Regierungsentwurf 2009 – durch eine Ergänzung von § 86 c geschehen.

e) Qualifizierung des Schutzauftrags auf struktureller Ebene

Vor dem Hintergrund sexueller Übergriffe bei Ferienaufenthalten von Kindern (beispielsweise Ameland) gibt es Überlegungen, Anbieter zu verpflichten, nur noch solche Personen zu beschäftigen, die über eine sogenannte Jugendleitercard verfügen.

Im Hinblick auf die Übergriffe in Internaten soll die Vorlage erweiterter Führungszeugnisse zur Voraussetzung für die Erteilung einer Betriebserlaubnis gemacht werden. Im Hinblick auf das Personal in Einrichtungen und Diensten der Kinder- und Jugendhilfe enthält § 72a SGB VIII bereits derzeit die Verpflichtung, zur Beurteilung der Eignung regelmäßig ein Führungszeugnis vorzulegen. Diese Vorschrift ist noch nicht mit der Änderung des Bundeszentralregistergesetzes und der dortigen Einführung des erweiterten Führungszeugnisses synchronisiert. Deshalb ist die Vorlagepflicht in § 72a SGB VIII auf das neu geschaffene erweiterte Führungszeugnis zu beziehen.

Schließlich werden auch verschiedene Modelle über den Einsatz erweiterter Führungszeugnisse bei ehrenamtlich tätigem Personal diskutiert. Eine der Alternativen sieht vor, den Anwendungsbereich einer Vereinbarung zwischen dem Träger der öffentlichen Jugendhilfe und den Freien Trägern vor Ort zu überlassen, um damit flexibel und im Hinblick auf die jeweiligen örtlichen Gegebenheiten reagieren zu können.

f) Strukturelle Vernetzung der Partner im Kinderschutz

Nach § 81 SGB VIII ist das Jugendamt verpflichtet, mit den dort genannten Partnern auf struktureller Ebene zu kooperieren. Künftig soll die Liste erweitert werden, um Familien- und Jugendgerichte, Schwangerschaftsberatungsstellen und Frauenunterstützungseinrichtungen.

Kooperation ist aber eine beiderseitige Verpflichtung. Deshalb bedarf es korrespondierender Regelungen in anderen Gesetzen. Die Einbeziehung der Schulen ist Aufgabe der Länder im Rahmen ihrer Schul- bzw. Unterrichtsgesetze. Auf Bundesebene soll eine korrespondierende

Regelung zur Kooperation im Schwangerschaftskonfliktgesetz geschaffen werden. Darüber hinaus soll die Verpflichtung zur strukturellen Zusammenarbeit auf örtlicher Ebene im neuen Kinderschutzkooperationsgesetz (Art. 1 des Gesetzentwurfs) fundiert werden.

g) Aktiver Kinderschutz durch sogenannte Berufsgeheimnisträger

Angesichts unterschiedlicher Regelungen über die Weitergabe von Informationen durch sogenannte Berufsgeheimnisträger an das Jugendamt in den jeweiligen Landeskinderschutzgesetzen[4] erscheint eine bundeseinheitliche Regelung besonders dringlich. Anknüpfend an den Regelungsvorschlag des Gesetzentwurfs von 2009 soll die Befugnisnorm künftig auf solche Berufsgruppen beschränkt werden, die in einem direkten Kontakt zu Kindern oder Jugendlichen stehen und grundsätzlich zur Erörterung der einschlägigen Problemlage mit den Eltern befähigt sind – also in erster Linie auf Ärzte, Psychologen, Psychotherapeuten und Sozialpädagogen bzw. Sozialarbeiter. Für den Ablauf ist ein dreistufiges Verfahren vorgesehen: Die primäre Aufgabe dieser Berufsgruppen besteht darin, bei gewichtigen Anhaltspunkten für eine Kindeswohlgefährdung den Kontakt zu den Eltern, Kindern und Jugendlichen zu suchen und mit ihnen über diese Anhaltspunkte und – falls sie sich als zutreffend erweisen – Wege zur Abwendung der Gefährdung zu sprechen. Angesichts der Komplexität der Gefährdungseinschätzung sollen diese Berufsgruppen einen Anspruch auf Beratung durch eine erfahrene Fachkraft erhalten. Sollte die Gefährdungseinschätzung zu dem Ergebnis führen, dass ein dringendes Tätigwerden des Jugendamts erforderlich ist, so soll eine Befugnis zur Datenweitergabe an das Jugendamt eröffnet werden.

h) Fachliche Standards als Entwicklungsaufgabe in SGB VIII

In den Debatten am runden Tisch »Sexueller Kindesmissbrauch« über notwendige Maßnahmen zum Schutz von Kindern in Abhängigkeitsverhältnissen wird immer wieder über die Entwicklung, Einhaltung und Überprüfung von Kinderschutzstandards gesprochen. Zum Teil wird auch gefordert, die Finanzierung von Leistungen und Einrichtungen von der Einhaltung solcher Standards abhängig zu machen. Rechtspolitisch stellt sich dabei die Frage, ob diese berechtigte Forderung auf das Thema »Kinderschutz« beschränkt bleiben soll, oder ob die Entwicklung,

---

[4] *Fegert, J. M. / Ziegenhein, U. / Fangerau, H.* (2010): Problematische Kinderschutzverläufe, Weinheim und München: Juvenia.

Anwendung und Überprüfung fachlicher Standards« – unabhängig vom jeweiligen Regelungszusammenhang – nicht ein generelles Qualitätskriterium der Kinder- und Jugendhilfe sein sollte bzw. in der Praxis zunehmend schon ist. Immerhin setzt die Übernahme von Entgelten im Bereich der Einrichtungen seit vielen Jahren den Abschluss von Leistungs-, Qualitäts-, Entwicklungs- und Entgeltvereinbarungen voraus, bei denen die Qualität der Leistungen sowie Qualitätsentwicklung einen hohen Stellenwert einnehmen (§ 78 b SGB VIII). Vor diesem Hintergrund erscheint es sinnvoll, der Qualitätsdiskussion in der Kinder- und Jugendhilfe, wie sie zuletzt auch im Abschlussbericht des Projekts »Wirkungsorientierte Steuerung« ihren Niederschlag gefunden hat, einen grundsätzlichen Ort in SGB VIII zu geben. Dafür erscheint die Regelung über die Gesamtverantwortung und die Gewährleistungspflicht nach § 79 SGB VIII besonders geeignet. So sollen die Träger der öffentlichen Jugendhilfe gewährleisten, dass die zur Erfüllung der Aufgaben nach diesem Buch erforderlichen und geeigneten Einrichtungen, Dienste und Veranstaltungen, den verschiedenen Grundrichtungen der Erziehung entsprechend rechtzeitig und ausreichend zur Verfügung stehen (§ 79 Abs. 2 Satz 1). Diese abstrakte Aussage könnte durch eine Verpflichtung zur Entwicklung, Anwendung und Überprüfung fachlicher Handlungsleitlinien und Qualitätskriterien in den einzelnen Aufgabenbereichen der Kinder- und Jugendhilfe ergänzt bzw. spezifiziert werden. Sie richtet sich damit – wie alle Regelungen des SGB VIII – an die Tätigkeit des Trägers der öffentlichen Jugendhilfe selbst. In einem zweiten Schritt könnte dann dieses Thema auch zum Gegenstand von Vereinbarungen mit Freien Trägern gemacht werden, die wiederum durch Rahmenvereinbarungen auf der Landesebene eine Orientierung erhalten.

i) Verbesserung der Statistik zum Kinderschutz

In der politischen Debatte um den Kinderschutz ist deutlich geworden, dass die gegenwärtigen Erhebungen im Bereich der Kinder- und Jugendhilfestatistik nur sehr begrenzte Aussagen im Hinblick auf Verfahren zur Gefährdungseinschätzung und deren Ergebnisse nach § 8a SGB VIII zulassen. Vor diesem Hintergrund wird über eine Regelung von Erhebungsmerkmalen über die Einschätzung des Gefährdungsrisikos sowie die Maßnahmen, die im Anschluss an eine festgestellte Gefährdung getroffen werden, nachgedacht (»§ 8a – Statistik«).

Winfried Knorr
Wer zahlt, schafft an? Das Verhältnis von freier und öffentlicher Jugendhilfe neu denken

An den Deutschen Bundestag habe ich mit Unterstützung meiner Fraktion, also von allen beiden Abgeordneten, folgende Eingabe gemacht, die uns zukunftsweisend aus der Schuldenfalle der Jugendhilfe herausführt. Mit den ständigen Verschlimmbesserungen und dem Herumkurieren muss Schluss sein. Der Deutsche Bundestag möge beschließen: Paragraf 1 des Kinder- und Jugendhilfegesetzes ist zu ändern. Nach dem Satz: »Jeder junge Mensch hat ein Recht auf Förderung seiner Entwicklung und auf Erziehung zu einer eigenverantwortlichen und gemeinschaftsfähigen Persönlichkeit« sollte der Halbsatz eingefügt werden: »sofern dieses Recht nichts kostet«.

Absatz 3 in diesem Paragrafen besagt:

(3) Jugendhilfe soll zur Verwirklichung des Rechts nach Absatz 1 insbesondere
1. *junge Menschen in ihrer individuellen und sozialen Entwicklung fördern und dazu beitragen, Benachteiligungen zu vermeiden oder abzubauen,*
2. *Eltern und andere Erziehungsberechtigte bei der Erziehung beraten und unterstützen,*
3. *Kinder und Jugendliche vor Gefahren für ihr Wohl schützen,*
4. *dazu beitragen, positive Lebensbedingungen für junge Menschen und ihre Familien sowie eine kinder- und familienfreundliche Umwelt zu erhalten oder zu schaffen.*

Dieser Absatz sollte durch den Halbsatz zu ergänzt werden: »... soweit die kommunalen Haushalte das hergeben«.

Die seelisch behinderten Kinder sollen ins SGB XII verschoben werden, da zahlt der Bezirk, das geht mich dann nichts an.

Legasthenietherapie hat sich als ineffektiv erwiesen, die lesen immer noch nix, das schaffen wir ab.

Die jungen Volljährigen erhalten keine Leistungen mehr, die sind doch volljährig und noch jung genug, um ihr Leben selbst in die Hand zu nehmen. Eigenverantwortung stärken, unter diesem Motto wird endlich konsequent gehandelt.

Geschlossene Unterbringung lehnen wir ab, wir sind eine freiheitlich denkende Partei, freilich – bei schweren Straftaten finden wir die sofortige Abschiebung ins Heimatland auch bei Acht- oder Zehnjährigen gerechtfertigt, das gilt auch für rheinländische, mecklenburg-vorpommersche und besonders sachsen-anhaltinische Kinder. Bei bayerischen Kindern, wo das Abschieben nicht wirklich ein Erfolg versprechendes Konzept darstellt, schlage ich vor, dass den Familien, die Straftaten ihrer Kinder nicht unterbinden, Hartz-IV-Regelsätze gekürzt werden. Die werden dann schon ihre Blagen an den Rotzlöffeln packen, wenn's denen an den Geldbeutel geht.

Das Programm mag hart klingen und ich höre von der Opposition schon wieder den Vorwurf der sozialen Unausgewogenheit. Aber wenn man ehrlich wäre, dann würde man zugeben, dass die ganze Jugendhilfe überhaupt nicht beweisen kann, dass sie erfolgreich arbeitet, und man würde auch zugeben, dass die leistungsfähigen Mitbürger – die unser Gemeinwesen doch tragen! – nicht weiter belastet werden dürfen, zum Beispiel also der Mittelstand. Die Sozialromantik der Achtzigerjahre, die das KJHG geboren hat, ist zu überwinden, die Jugendhilfe können wir uns nicht mehr leisten.

Zugegeben – eine Satire. Wenngleich der letzte Satz keine war, denn der stand so in der Zeitung. Von einem Landrat K. Dieser würde gerne das KJHG ersatzlos streichen, Zitat »Süddeutsche Zeitung«. Soso, eine Kreuzfahrt für 100 Euro am Tag. Da haben wir gleich mal nachgeschaut: Sechs Tage auf der *Aida Ostsee* kosten 935 Euro bei Innenkabine, 1850 Euro bei Balkonkabine, macht 155,83 bzw. 308,33 Euro pro Tag. Er sagt, ein Steward auf zwei Passagiere, rund um die Uhr – in Wahrheit sind es bei 2050 Passagieren 607 Mann Besatzung, als Stewards davon geschätzte 350 = ein Personalschlüssel von eins zu sechs, übrigens nicht rund um die Uhr, es gibt keinen Nachtservice. In der Karibik übrigens fängt es mit 1590 Euro für sieben Tage an, die Anreise ist nicht mit inbegriffen. Wenn einfaches »Googlen« schon hilft, um Äpfel-Birnen-Vergleichs-Rechnungen zu entlarven, ist das intellektuelle Niveau der Debatte nicht überragend hoch.

Übrigens, Herr K. möchte nicht die Jugendhilfe abschaffen, sondern nur das ihr zugrundeliegende Gesetz, weil reiche Eltern zu wenig Beiträge zahlten. Ob diese Frage der Kostenbeteiligung nicht doch einfacher durch eine Überarbeitung des Gesetzes – vom inhaltlichen Gewicht des Argumentes mal abgesehen – zu regeln wäre?

Wer zahlt denn da?

Landläufige Meinung: das Jugendamt. Differenziertere Meinung: das Jugendamt im Rahmen der vom jeweiligen Kreistag bzw. Stadtrat im Haushalt hinterlegten Mittel – der Kämmerer entwirft den Haushalt, der Jugendhilfeausschuss hat ihn abgesegnet.

Noch differenzierter: der Bürger. Denn seine Steuermittel werden durch die öffentliche Verwaltung verwaltet. Das Jugendamt ist Makler, es makelt die Dienstleistung des freien Trägers im Auftrag der Bürger, die einen Rechtsanspruch haben.

Wenn aber stimmt, dass in Wahrheit der Steuerzahler der Auftraggeber ist, dann drängt sich dringend die Frage auf, ob der nicht auch anschaffen sollte. Tut er doch, werden Sie sagen, denn er wählt ja die politischen Vertreter, Abgeordneten der Gemeindeparlamente, Bürgermeister, die letztlich über den Haushalt verfügen und diesen verantworten. Ich persönlich bin aber nicht sicher, ob wirklich der Bürgerwille entscheidend ist und ob die Frage, in welcher Gesellschaft wir leben wollen und welchen Stellenwert soziale Angebote dabei mit welcher Qualität haben sollen, wirklich im Mittelpunkt der politischen Handlungsoptionen steht. Ich vermute vielmehr, dass betroffene Bürger gern *mehr* Hilfen hätten, und nicht weniger, *schneller* und nicht langsamer, *wirkungsvoll* aufgrund stimmiger Intensität und nicht zuerst auf die Warteliste und dann ein bisschen ambulante Behandlung und schließlich stationäre ... Der Bürgerwille ist insofern allenfalls sehr indirekt handlungsleitend bei der Ausgestaltung von Jugendhilfe im Gemeinwesen. Wer anschafft, ist der, der die Rahmenbedingungen festlegt und anschließend Haushaltsmittel weitergibt – oder auch nicht weitergibt. Können die Kommunen noch und auch künftig noch zahlen? Da darf man doch ein bisschen pessimistisch sein.

Wie wird denn da angeschafft?

Über die Steuerungsfunktion des Jugendamtes. Wie wird sichergestellt, dass die notwendige Hilfe auch geleistet wird? Und wie wird sichergestellt, dass die eingeleitete Maßnahme erfolgreich ist, nur so lange wie notwendig geleistet und die Intensität angepasst wird? Nun, zunächst doch mal durch den Hilfeplan, möchte man ausrufen, da sitzen die Fachleute zusammen, und man darf doch davon ausgehen, dass diese sinnvolle Ergebnisse bringen.

Eben nicht, ruft der Steuerungsfetischist, denn wir müssen outputorientiert steuern und wirkungsorientiert und sozialraumorientiert. Und so wurden in den letzten 15 Jahren diverse Steuerungsinstrumente eingesetzt, erprobt, mit großem Pomp in der Fachöffentlichkeit diskutiert, in Modellprogrammen der Bundesregierung evaluiert und als Kostendämpfungsidee vermarktet – nur die Kosten stiegen weiter an. Die Zahl der jungen Menschen, die *nicht* von Jugendhilfe erreicht wurden, steigt weiter an: In Berlin leben 1800 junge Menschen unter 18 auf der Straße mit einer durchschnittlichen Dauer von fünf Jahren – die Zahlen sind überschlägige Schätzungen, deren Relevanz nirgends bestritten wird. Jahr für Jahr wird durch die Zeitung bei den Haushaltssitzungen das gleiche Ritual aufgeführt: Man würde ja gern *noch* mehr in Forschung und Bildung investieren, dazu die Verkehrsinfrastruktur noch vergessen – wenn nur die Soziallasten nicht wären, speziell die explodierenden Kosten der Jugendhilfe, die man am leichtesten belegen kann, wenn man den Ausbau der Kindertageseinrichtungen fröhlich mit hineinrechnet.

Jugendhilfe wird nach wie vor *nicht* als Investition gesehen, sondern als Haushaltslast diffamiert. Wenn die Zeitung Herrn Landrat K. fragt: »Die Ausgaben für die Jugendhilfe steigen unter anderem deshalb, weil immer mehr Eltern an Suchterkrankungen oder psychischen Problemen leiden. Bräuchte es nicht eigentlich eine Diskussion über Ursachen statt über Kosten?«, heißt die Antwort: »Es wäre natürlich ideal, wenn wir eine gesellschaftspolitische Diskussion führen würden. Auch ohne Drogenprobleme gestehen sich viele Eltern heutzutage allzu leicht eine Überforderung zu ...«

Da könnten eigentlich doch mal ein paar Steuerungsexperten ran, um den Eltern beizubringen, dass sie nicht überfordert sind, wenn Fritz nicht in die Schule geht, Drogen nimmt, straffällig wird und keine Lehrstelle findet, meine ich. Das könnte man doch mal sozialraumoutputorientiert zum Thema machen, da lauern ungeahnte Einsparpotenziale, wenn Eltern nur später oder gar nicht zugeben würden, dass sie überfordert sind ...

Bei der Idee der Steuerung im Einzelfall über den Hilfeplan schiebt man oftmals noch einen anderen Schwarzen Peter hin und her: nämlich zwischen den pädagogischen Mitarbeitenden des Jugendamtes aus dem ASD und denen in der wirtschaftlichen Hilfe. Während die ASD-Fachkräfte häufig durch die gleiche Brille schauen wie die Pädagogen der freien Träger und den Fall inhaltlich gleich bewerten, läuft bereits die innere Schere im Kopf: Wie verklickern wir das den Kollegen der wirtschaftlichen Hilfe? Dass mit einer solchen Konstruktion Machtspiele vorprogrammiert sind und die Einzelfallentscheidung eben nicht nur von fachlichen Aspekten bestimmt wird, dürfte auf der Hand liegen, selbst wenn man nicht Systemtheorie studiert hat!

Die Steuerung im Einzelfall über den Hilfeplan also löste das Steuerungsproblem insgesamt bisher nicht. Auch deshalb nicht, weil den Vertretern der freien Träger – möglicherweise in Teilen zu recht! – unterstellt wird, sie würden auch aus wirtschaftlichen Interessen Fortsetzungen begonnener Jugendhilfemaßnahmen im Hilfeplan vertreten bzw. die Einleitung von Maßnahmen befürworten, die vielleicht gar nicht in dieser Intensität erforderlich wären. In der Tat sind die wirtschaftlichen Folgen von freien Plätzen in der stationären Jugendhilfe für kleinere Einrichtungen sehr schnell existenzgefährdend. Unterauslastungen ambulanter Angebote führen zu Verunsicherungen der dort tätigen Fachkräfte, die aufgrund auslastungsabhängig gestalteter Arbeitsverträge häufig am Monatsanfang nicht wissen, wie viel Geld sie am Monatsende bekommen.

Eine weitere Steuerungsidee hat sich unter der Decke der öffentlichen Wahrnehmung durchgesetzt: die Steuerung über Rankings der Jugendämter untereinander. Dabei vergleicht sich der Landkreis A mit dem Landkreis B (Bevölkerungsstruktur, Arbeitslosenzahl und Migrantenproblematik soll möglichst in etwa gleich sein) hinsichtlich der Frage, wer nun mehr Jugendhilfeausgaben zu schultern hatte. Hat der Landkreis B weniger Pro-Kopf-Aufwendungen für Hilfe zur Erziehung, untersuchen die Mitarbeiter des Landkreises A, woran es liegt, dass sie selbst so schlecht dastehen. Das Ranking müsste natürlich nach fachlichen Gesichtspunkten anders aussehen: Welcher Landkreis stellt notwendige Hilfen schneller bereit? In welchem Landkreis sind die Zufriedenheiten der Hilfeberechtigten, der Mitarbeitenden, der Eltern höher? In welchem Landkreis gelang es, die Hilfen so lange weiterzuführen, wie sie im Einzelfall gebraucht wurden?

Aber all diese Rankings werden nicht aufgestellt, sondern lediglich der Kostenvergleich. Ein Landkreis, der berechtigte Ansprüche hilfesuchender Mütter und Väter erfolgreich »wegdrückt«, hat dann Vorteile im Jugendhilfe-Ranking. Auch das wollte das SGB VIII ursprünglich nicht!

Und schließlich: die Idee der Steuerung über materielle Anreizsysteme. Dabei wird darüber nachgedacht, Trägern, die »erfolgreich« arbeiten, einen Bonus zukommen zu lassen. Freilich ist unbeantwortet, was in der Jugendhilfe »erfolgreich« sei. Eine kurze ambulante Intervention ist erfolgreicher als eine lange? Ein preiswerteres Heim ist erfolgreicher als eine teure intensiv-pädagogische Maßnahme? Und was ist mit dem Co-Produzenten der Dienstleistung, dem Jugendlichen? Bekommt dieser dann auch einen Bonus, wenn er einen Gesellenbrief schafft trotz Lernbehinderung? Sie sehen, der unbeantworteten Fragen sind es viele, und es ist kein Wunder, dass auch Modelle wie in Stuttgart mit der Zuordnung des Sozialraums an freie Träger und vereinbarten Boni für Einhaltung oder Unterschreitung vereinbarter Budgets nicht eben als Erfolgsmodell in die Geschichte der Finanzierung von Jugendhilfe eingehen und allüberall realisiert werden.

Die freie Jugendhilfe – Auftragnehmer oder Partner?

Wie bei fast allen Detailfragen der Jugendhilfe ist auch hier ein Phänomen zu beobachten, das wir »Ungleichheit der Verhältnisse« nennen können. Während in dem einen Landkreis der Aufbau von Elterntrainings, präventiven Neugeborenen-Besuchsprogrammen etc. stets unter Einbeziehung, ja Federführung von freien Trägern stattfindet, macht die andere Stadt »Umbau statt Ausbau« alleine und informiert Träger anschließend über die sie betreffenden Konsequenzen. Während in dem einen Landkreis in der Jugendhilfeplanung die Existenzsicherung freier Träger auch wichtig ist und mit ihnen zusammen bedarfsgerechte Weiterentwicklungen diskutiert werden, wird in anderen Landkreisen Subsidiarität mit Füßen getreten und vom öffentlichen Träger Konkurrenzangebote zu bestehenden Angeboten freier Träger entwickelt, teilweise mit dem Versuch, dafür Mitarbeitende vom freien Träger abzuwerben.

Tendenziell beobachte ich – ebenso wie in vielen anderen Feldern der sozialen Arbeit, namentlich der Behindertenhilfe – eine schleichende Aushöhlung der Partnerschaft hin zu einem Auftraggeber-Auftragnehmer-Verhältnis, bei dem der Auftraggeber die Leistung definiert, den Preis für die Leistung mindestens mitbestimmt, wenn nicht diktiert, und die Qualität der Leistungserfüllung prüft. All das aber ist *nicht* die Intention des SGB VIII!

Leider wird zu wenig berechnet und dann als Skandal thematisiert, wie viel Geld derzeit im System verbraucht wird für Administration, Abrechnungswut, Detailregelungsfetischismus und Controlling. Wie viele Fachdienste in öffentlichen Trägern sind mit Fallprüfungen befasst, wie viel Prozent des zur Verfügung stehenden Geldes kommt gar nicht vorne, am »Fall«, bei den tatsächlich mit den jungen Menschen und ihren Familien arbeitenden Fachkräften an? Ich gehe jede Wette ein, dass wir in diesen Bereichen einen im Vergleich zum Gesamtanstieg der Kosten überproportionalen Zuwachs haben. Nirgendwo ist berechnet, welche Folgekosten das bei den freien Trägern nach sich zieht. Betrachtete man nur einmal die Entwicklung im EDV-Bereich, so würde man feststellen, wie viele natürlich untereinander nicht kompatible Abrechnungssoftwares von Kostenträgern eingesetzt würde, immer mit dem Anspruch, dass der freie Träger damit bitte arbeiten möge ...

IT-Spezialisten könnten rund um die Uhr auf Fortbildungen gehen, nur um diese Programme zu erlernen.

Erste Überlegungen zum Ausweg aus dem Dilemma

Dass es sich *wirklich* um ein Dilemma handelt, stelle ich nicht in Abrede. Wer möchte derzeit schon den Beruf des Kämmerers ausüben – in bayerischen, speziell oberbayerischen Gemeinden mag das vielleicht noch ganz entspannte Gefühle auslösen, in nordrhein-westfälischen schon weniger und in brandenburgischen keinerlei ...

Dass alle unplanbaren Aufwendungen, wie plötzlich erforderliche Leistungen für Hilfe zur Erziehung, bei den Kommunalpolitikern auf wenig Gegenliebe stoßen, liegt auf der Hand, und dass im Sog dieses Problems die wichtigen sogenannten freiwilligen Leistungen stets in der Gefahr des »Wegrasiert-Werdens« stehen, ebenfalls.

Freiwillige Leistungen sind nicht nur Zuschüsse zu Mütterzentren, zu AIDS-Präventionsprojekten oder zum Nacht-Disko-Bus im Landkreis, sondern zum Beispiel auch die Übernahme von Defiziten integrativer Kindertageseinrichtungen, wenn ein Kind aus der Kommune X in den integrativen Kindergarten der Kommune Y geht. Wie der Träger des Kindergartens sein Defizit aber ausgleichen soll, wenn der Gemeinderat der Kommune X in einer langen öffentlichen Sitzung die Übernahme der Kosten (es ging im Beispielfall um 720 Euro pro Jahr!) ablehnt – u. a. mit der dann in der Zeitung öffentlich nachzulesenden Begründung, Klaus sei gar nicht so behindert, dass er den integrativen Kindergarten gehen müsse –, bleibt ungeklärt.

Und dass wir in der Vergangenheit nicht immer stringent erlebt haben, dass das Konnexitätsprinzip gilt – also dass durch gesetzliche Regelungen, die auf der Bundes- bzw. Landesebene erarbeitet werden, dann auch die entsprechenden Finanzmittel an die Kommunen weitergegeben werden, die ja letztendlich die Gesetze umsetzen müssen – ist bekannt.

Insofern verwundert es nicht, dass der bereits zitierte Landrat (aus meiner Sicht durchaus zu Recht!) eine Neuverteilung der Haushaltslasten im Bereich der Jugendhilfe fordert. Er stellt ein einfaches Modell vor: Ein Drittel der Kosten trägt der Bund, ein Drittel das Land, ein Drittel die Kommunen. Gar nicht dumm – entscheiden dann auch ein Drittel der Fälle Bundesmitarbeitende? Und ein Drittel Landesmitarbeitende? Finden Hilfepläne weiterhin auf der regionalen Ebene statt, aber Kostenerstattung überregional? Und: Hat tatsächlich das Land mehr Geld zur Verfügung als die Kommune und der Bund mehr als das Land? Auch hier beschleichen mich leise Zweifel. Die Staatsverschuldung ist im ersten Halbjahr 2010 deutlich angestiegen, überwiegend resultierend aus Konjunkturpaketen und Bankenrettung. Übrigens stieg die Verschuldung des Bundes proportional am stärksten, die der Kommunen am wenigsten! Und dass die durch die überfällige und jetzt gottlob endlich vollzogene Aussetzung der Wehrpflicht einschließlich der Verkleinerung der Bundeswehr freiwerdenden Haushaltsmittel konsequent in den sozialen Bereich fließen, darf man wohl als illusionär betrachten – viel eher wird Schuldenabbau nötig sein. Also: Vom Bund und den Ländern die Rettung zu erwarten, scheint mir wenig tragfähig, obwohl eine Neuverteilung der Lasten angezeigt sein kann. Denn in der Tat darf ein Gesetz, das Rechtsansprüche definiert, nicht durch kommunale Haushaltsausblutungen konterkariert werden!

Was also tun?

Ich schlage vor, zunächst folgende grundsätzlichen Maßnahmen zu diskutieren:

Radikale Entbürokratisierung der Jugendhilfe

Wegfall der Entgeltverhandlungen – die Einrichtungen bekommen von den Heimaufsichten Mindeststandards, die nicht unterschritten werden dürfen, und definieren darauf aufbauende Leistungsmodule, für die sie einen Preis kalkulieren. Der öffentliche Träger nimmt die Hilfen in Anspruch, die im Einzelfall angezeigt sind, der Preis errechnet sich aus den jeweils »gebuchten« Modulen. Die Sorge, dass das Ganze zu teuer wird, habe ich nicht: Erstens wird ein Träger keine überteuerten Module verkaufen können, zweitens wird der Markt das Angebot regeln: Wo eine Leistung überteuert wäre, kommt ein anderer Anbieter, der es billiger und besser macht. Das ist übrigens bei allen anderen Dienstleistungen in der Bundesrepublik auch so.

Darüber hinaus können sich Eltern an Einrichtungen wenden und reichen die Rechnungen der Einrichtung bei den Erziehungskassen der Jugendämter zur Erstattung ein. Dies entspricht der Regelung im Krankenhauswesen – dort geht man auch nicht zuerst zur Krankenkasse, um sich bestätigen zu lassen, dass man krank ist, und darf danach zum Arzt, sondern man darf gleich zum Arzt und reicht Rechnungen ein. Das zugehörige Gesetz für die Jugendhilfe müsste dann das Maß der Kostenbeteiligung (einkommensabhängig) regeln, nicht aber mehr im Einzelfall prüfen, ob diese erzieherische Hilfe indiziert war oder nicht. Der Grundgedanke ist: Eine Familie, die keine Erziehungsprobleme hat, wird auch keine Erziehungshilfe beantragen, genau wie (jedenfalls überwiegend) niemand ins Krankenhaus geht, der gesund ist.

Familien selbst aufzusuchen, zu beraten und bei Bedarf Maßnahmen einzuleiten, darf der freie Träger nicht – das wäre Selbstbeschaffung von Leistungen. Der Hausarzt dürfte dann, wenn dieses Systemdenken breit um sich greifen würde, keine Therapie einleiten nach seiner Erstuntersuchung, sondern müsste erst seine Diagnose bei der Krankenkasse einreichen und sich die Therapie genehmigen lassen. Wie viel Misstrauen hegt man gegen die freie Wohlfahrt, wenn man unterstellt, sie würde Fälle akquirieren, die gar keine Hilfe brauchen?

Selbstverständlich muss man den Systemanreiz abschaffen, nach dem viele lang betreute Fälle wirtschaftliche Vorteile bringen. Das kann man vermutlich relativ einfach regeln mittels Budgets für die einzelnen Hilfearten, die jahresweise aus den Haushalten zur Verfügung gestellt werden und die der freie Träger nach seiner Qualitätspolitik einsetzen kann.

Zur Dokumentation der Leistungen genügen die Stundennachweise, die fachliche Leistungsdokumentation – quartalsweise. Und fertig. Dann kann gerne einmal ausgerechnet werden, wie viel Geld auf diesem Weg frei würde!

Landesweite Ausgleichstöpfe für unerwartet auftretende Belastungen in Kommunen

Wenn also aus Erlangen-Stadt die Mutter mit vier auffälligen Kindern nach Erlangen-Land umzieht und nun der Landkreis die eingeleiteten Hilfen weiterfinanzieren muss, so kann der Landkreis Erlangen beim Freistaat Bayern – sagen wir zu 50 Prozent – die neu auftretenden Kosten erstattet bekommen. Bleibt nur die Frage, wie sich dieser Ausgleichstopf speist: Ich schlage vor, die Städte und Landkreise, die wenig Jugendhilfeleistungen aufbringen müssen, zahlen mehr ein und die Städte und

Landkreise, die viel aufbringen müssen, zahlen weniger ein. Dazu könnte man zehn Prozent der Budgets, die der freie Träger bekam und *nicht* verbrauchte, ebenfalls in den Solidartopf tun. Die Annahme, das würde nicht funktionieren, weil damit die Sparsamen bestraft würden, ist nicht richtig: Der Sparsame schafft die Voraussetzungen, dass die Solidargemeinschaft getragen werden kann. Die durch viele Fälle belastete Kommune ist nicht verschwenderisch, sondern bedarf der Unterstützung der Solidargemeinschaft. Sobald wir anfangen, den Menschen den Willen zur solidarischen Ausgestaltung des sozialen Netzes zuzutrauen, wird das auch funktionieren. Wenn wir aber unterstellen, jeder denke nur an sich und seinen Nutzen, werden wir einen erheblichen Aufwand der Kontrolle und der bürokratischen Regeln brauchen, um den unterstellten Missbrauch des Sozialen zu verhindern.

Materielle Anreizsysteme

Diese können eingeführt werden mit dem Ziel, daraus zum einen Feldforschung über Wirksamkeit von Hilfen, Langzeiterfolgen etc. zu intensivieren, denn Praxis bedarf immer noch und immer wieder der Qualifizierung. Dass wir 34 Prozent ungeplante Abbrüche in der stationären Jugendhilfe produzieren ist bitter, und das EREV-Projekt ABIE (Abbrüche in erzieherischen Hilfen) macht sich deshalb derzeit auf die Suche nach Ursachen, Risikofaktoren und Auswegen. Künftig sollte solche Art der Forschung durch Bundesmittel möglich werden, die aufgrund von Zufriedenheitsrankings verteilt werden: Dort, wo die Hilfesuchenden mit Wartezeit, Qualität des Kontaktes, Haltung der Mitarbeitenden, Ergebnissen der Hilfeprozessen zufrieden sind, wird mehr zur Verfügung gestellt, als dort, wo die Hilfen spät, unhöflich und wirkungslos bereitgestellt werden.

Zum anderen sind innovative präventive Modelle abzufinanzieren, z. B. Besuche bei allen Familien mit neugeborenen Kindern über die ersten drei Lebensjahre, drei Besuche pro Jahr, durch pädagogische Fachkräfte und Anreizsysteme für die Familien, an diesen Besuchsprogrammen teilzunehmen. Dies wird bereits punktuell mit Erfolg durchgeführt.

Grundsätzlicher Ausweg aus dem reinen steuer- und abgabenfinanzierten System der Jugendhilfe

Wir fangen an mit dem Einstieg in die Co-Finanzierung durch privates und gewerbetreibendes Kapital. Es kann nicht sein, dass große Firmen reflexhaft mit dem Abbau von Arbeitsplätzen in Deutschland drohen, in das preiswertere Ausland abwandern und gleichzeitig die Mütter der Firmenchefs in deutschen Altenheimen leben sollen, die Kinder in Deutschland das Bildungssystem genießen sollen, aber der Profit woanders erwirtschaftet wird und die Steuern woanders entrichtet werden. Es muss und kann gelingen, in dem aufzubauenden gesellschaftlichen Diskurs die Frage: »Wie wollen wir das Soziale ausgestalten und finanzieren?« auch mit den Unternehmen und dem wohlhabenden Mittelstand zu diskutieren. Wer in einem Landkreis als Unternehmer tätig ist, Geld erwirtschaftet und Arbeitsplätze organisiert, sollte durchaus auch in die Verantwortung zum Beispiel für die Kindergärten im Landkreis genommen werden. Es gäbe wohl genügend Firmen, die das sehr wohl sogar wollen! Wir haben jetzt das System auf Spenden aufgebaut – es würde reizvoll sein, von Almosen zur Verlässlichkeit zu kommen. Die Unternehmen würden in einen ehrgeizigen Wettstreit treten: Wir wollen, dass in unserem Landkreis der Kindergarten schön ist, moderne Räume da sind, kindgerechtes Spielzeug, und dafür investieren wir. Schon jetzt sind erste Beispiele für dieses Denken erkennbar. In Herford ist die Diakonie Schweicheln mit einer Fachstelle für »Vereinbarkeit von Familie und Beruf« beauftragt: Mitarbeitende aus Firmen und Stadtverwaltungen können zwischen 7 und 20 Uhr eine Handynummer in allen Notlagen anrufen, die das Unter-einen-Hut-Bringen der Anforderungen betrifft. Wenn also die Mitarbeiterin der Strumpffabrik den Anruf bekommt aus der Grundschule, dass ihr Töchterchen Brechdurchfall bekommen hat und bitte abgeholt werden solle, erreicht dieser Ruf die Diakonie, die Transport, Zwischenbetreuung und gegebenenfalls ärztliche Intervention organisiert, bis die Mutter Dienstschluss hat. Finanziert ist das Projekt durch Mittel der 19 beteiligten Firmen und Stadtverwaltungen – also aus dem gewerbetreibenden Kapital und eben *nicht* mehr aus Steuern und Abgaben.

Fazit

Konsequent diskutieren: Misstrauen in Bürger, die angeblich keine Steuern zahlen wollen, in Unternehmen, denen das Gemeinwesen egal ist, in freie Träger, die goldene Türklinken wollen, radikal über Bord werfen und auf die vertrauen, die das soziale Netz ausgestalten wollen und können. Den gesellschaftlichen Diskurs über die Frage »In welchem Land wollen wir leben?« mit höchster Priorität führen und in verbindliche Standards des Sozialen führen. Aus dem Ergebnis dieses Diskurses konsequent Haushaltspolitik betreiben. Den Abfluss von Mitteln in die Administration und Überwachung von Hilfen drastisch reduzieren und in die Erbringung von Hilfen umsteuern. In die Finanzierung der Haushalte privates und unternehmerisches Kapital verlässlich einbinden.

Damit all dies gelingt, ist als erster Schritt überfällig, dass die Aufteilung in »schöne Ausgaben« (Beispiel der Bildung: Der bayerische Haushaltsansatz für Bildungsausgaben steigt von 15,1 auf 15,6 Milliarden Euro und niemand beklagt das als Haushaltslast oder Verschwendung!) und »schmutzige Lasten« (beispielsweise für Renten, Eingliederungshilfe, Pflege und vor allem auch Erziehungshilfen) aufhört und wir stattdessen begreifen, dass diese Investitionen in die Zukunft unseres sozialen Gemeinwesens sind!

Thomas Eisenreich

Spezialisierung vs. Diversifikation der Angebote – Zukunfts- und Vernetzungsstrategien der Altenhilfe

Ausgangslage

Die durchschnittliche Belegung klassischer Pflegeheime sinkt. Belegungsquoten von unter 80 Prozent werden immer wieder genannt. Was ein Durchschnittswert allerdings verschweigt, ist die wirkliche Situation einzelner Einrichtungen. Der Spread zwischen Einrichtungen mit 100-prozentiger Belegung, zum Teil mit Warteliste, und denen, die unter den oben genannten 80 Prozent liegen, nimmt zu.

Neben der Auslastungsspreizung müssen die Pflegeeinrichtungen eine deutlich verkürzte Verweildauer verkraften. Nicht mehr Jahre, sondern bestenfalls Monate leben die Bewohner in einer Einrichtung. Das bedeutet, dass der Platzumschlag zugenommen hat, was auch die Mitarbeiter/-innen im Arbeitsalltag zu spüren bekommen.

Wer nun glaubt, damit müssten die ambulanten Pflegedienste, entsprechend des Trends ambulant vor stationär, vor lauter Kunden und Gewinnen besser laufen den je, der irrt. Der Konkurrenzdruck hat in den letzten Jahren nicht abgenommen. Zeitgleich sind die Preise nicht wesentlich gestiegen, real sind sie sogar gesunken. Eine mehr als partielle Versorgung von pflegebedürftigen Menschen in ihrer Häuslichkeit ist über das Angebot der ambulanten Pflegedienste nicht darstellbar. Auch die Tagespflegeangebote können die Betreuungs- und Pflegelücken nicht wirklich schließen. Und wirtschaftlich attraktiv sind diese Angebote in der Regel auch nicht.

Nach jahrelangen Spezialisierungsstrategien wird nun die Diversifikation des eigenen Angebotes als das neue Zukunftskonzept gepriesen. Ist es das wirklich oder handelt es sich um alten Wein in neuen Schläuchen?

Spezialisierung heißt, sich auf einem Markt auf ein bestimmtes Tätigkeitsgebiet zu konzentrieren. Damit ist eine Versäulung der Angebote nicht gemeint. Denn Diversifikation ist die Spezialisierung auf verschiedene Dienstleistungen in einer Branche oder auf verschiedenen Märkten. Es stellt sich somit für die weitere Betrachtung »nur« die Frage, ob und wie breit sich ein Sozialunternehmen mit seinen Angeboten aufstellen möchte bzw. sogar muss. Relevant sind dabei sicherlich die sich verändernden Ansprüche der Kunden.

Veränderung der Kundencluster

Was in anderen Branchen schon seit Jahren beobachtbar ist, finden wir nun auch in der Altenpflege wieder. Es gibt nicht die großen Kundengruppen mit homogenen Anforderungen an die Angebote der Altenhilfe. Diese orientieren sich noch immer, auch den gesetzlichen Strukturvorgaben geschuldet, nach ambulant, teilstationär und stationär. Wer mit seinem Pflegebedarf nicht in eine der drei Schubladen passt, hat erst einmal ein Problem. Hinzu kommt, dass alle Transferleistungen der Pflegeversicherung und Sozialhilfe immer auf das unterste Leistungsniveau, einer ausreichenden Versorgung, ausgerichtet sind. Somit findet faktisch eine Nivellierung der Angebote nach unten statt. Aufgrund des Gleichheitsgrundsatzes innerhalb einer Einrichtung kann eine Binnendifferenzierung der Angebote auf die unterschiedliche Kaufkraft der Pflegekunden in der Regel kaum stattfinden. So rutscht eine weitere Gruppe durch das bestehende Angebotsraster: die Gruppe potenzieller Selbstzahler. Diese finden sich in Residenzangeboten und zum Teil in ambulanten Pflegediensten wieder, jedoch spielt sie im (offiziellen) Gesamtmarkt kaum eine Rolle.

Wir können mit unseren klassischen Angeboten kaum auf diese mehrdimensionalen Anforderungsproblematiken reagieren, teilweise verstehen wir die wirklichen Bedarfe sicherlich auch nicht ausreichend. Ein Beispiel:

Eine ältere Witwe (70 Jahre) mit eigenem Einfamilienhaus (130 Quadratmeter, 400 Quadratmeter Garten) und einer mittleren Rente möchte im Pflegefall nicht in eine stationäre Pflegeeinrichtung, wenn es sich denn irgendwie vermeiden lässt. Zugleich hat sie nach 60 Jahren im Eigenheim auch kein Interesse, in ein Betreutes Wohnen umzuziehen und sich dort mit den »anderen Pflegefällen« auf dem Flur zu treffen. Sie sucht ein Wohnangebot in den eigenen vier Wänden, alles ebenerdig, maximal 80 Quadratmeter und mit kleinem Garten. Für die Dinge, die sie selbst nicht mehr erledigen kann, würde sie gerne Dienstleistungen erhalten. Wenn es zu einem Pflegebedarf kommt, wäre ein Pflegedienst willkommen. Aufgrund ihrer guten gesundheitlichen Konstitution geht sie nicht von einem Pflegebedarf in den nächsten Jahren aus, sondern möchte ihr Leben nur einfacher und damit angenehmer gestalten. »Große Sprünge« kann und will sie sich aber nicht erlauben.

Diese Witwe wird mit den klassischen Angeboten des Betreuten Wohnens nicht glücklich werden. Einerseits, da das Angebot in der Regel im Geschosswohnungsbau stattfindet und andererseits, da immer Betreuungspauschalen angeboten werden, die mit der beschriebenen Lebenssituation nicht kompatibel sind. Warum soll sie für die Vermittlung eines Reinigungsdienstes eine monatliche Servicepauschale zahlen, wenn ein Hausmeisterservice aus den berühmten Gelben Seiten dies kostenfrei tut, indem er vielfältige Services rund ums Haus anbietet, ohne dass er direkt in die Pflege einsteigen wird?

Damit wird das Problem der Pflegebranche deutlich. Wir verstehen den Kunden kaum, da wir immer aus dem Blick der Pflege, Betreuung und Unterstützung mit fertigen Angebotspaketen kommen. Was fehlt, ist der Blick des Servicedienstleisters, der erst einmal die Frage stellt, was sein potenzieller Kunde braucht, und dann Angebote darum baut. Dies können Pflege, Betreuung und Assistenz sein, müssen es aber in der aktuellen Situation des Kunden nicht oder nicht primär sein. Gute Servicedienstleister für Senioren orientieren sich dabei an drei Vernetzungsdimensionen, um ihre Kunden in einem Kundenlebenszyklus umfassend mit Dienstleistungen versorgen zu können.

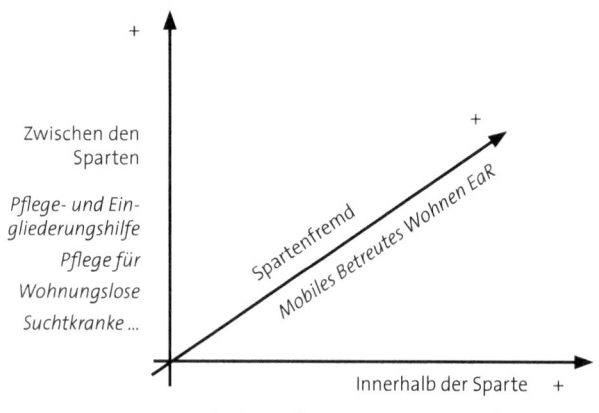

Sparteninterne Dimension

Lange Zeit galt eine sparteninterne Vernetzung als das Maß der Dinge, wobei sich meistens auf die Verzahnung professioneller Hilfesysteme konzentriert wurde. Beispiele hierfür sind: ambulante, teilstationäre und stationäre Pflege aus einer Hand, Angebote des Hausnotrufs und des Essens auf Rädern. Die Idee ist, die Kunden frühest möglich an den Anbieter zu binden und damit die Kundenakquisitionskosten auf den Lebenszyklus des Kunden zu verteilen. Dieser Ansatz funktioniert in der Praxis gut, wenn die Angebote tatsächlich aus einer Hand kommen und ein durchgehendes, für den Kunden erkennbares Konzept vorliegt. Auch müssen die Leitungskräfte und Mitarbeiter der jeweiligen Dienstleistungsbereiche von diesem Konzept überzeugt sein, damit sie die Kunden in das nächstbessere Angebot hineinleiten, wenn sich Bedarfe und Lebenssituationen ändern. Die Praxis zeigt, übrigens branchenunabhängig, dass solche Cross- und Up-Selling-Ansätze nur selten wirklich aufgehen, da die beschriebenen Anforderungen der inneren Überzeugung der handelnden Personen häufig nicht erfüllt werden. Ergänzend macht die versäulte Angebotsstruktur, die sich auch in den solitär aufgestellten Unternehmen und Organisationen häufig widerspiegelt, eine wirkliche Verzahnung schwierig. Da es keine in den Preisen einkalkulierbaren Vertriebskosten gibt, können attraktive Provisionsregelungen kaum vereinbart werden, somit entfällt auch dieses Anreizsystem. Insofern sind heute nur wenige Organisationen tatsächlich in der Lage, ein umfassendes, professionelles Angebot aus einem Guss zu liefern und den Kunden mit den spartenbezogenen Angeboten zielgerichtet zu versorgen.

Spartenübergreifende Dimension

Ein etwas neuerer Trend ist die Verzahnung der Pflege mit anderen Sparten, vor allem der Medizin und Eingliederungshilfe. Viele der Angebote gibt es schon, aber meistens eingestreut. Sie werden mitgemacht, auch wenn es kein wirkliches Konzept dafür gibt. Durch die nun einsetzende Spezialisierung werden Bedarfsnischen identifiziert und versucht zu besetzen. Hierzu zählen beispielsweise Pflege für ältere Suchtkranke, psychisch kranke Menschen oder für Menschen mit einer geistigen Behinderung. Die Liste lässt sich noch ausweiten. Auch wenn manchen Professionellen der Trend nicht gefällt, so lässt sich diese Entwicklung, dass sich die Altenhilfe mit immer mehr anderen Sparten verzahnt, um ihre Leistungen zu sichern, wohl nicht mehr aufhalten. Zu attraktiv sind die Angebote für die öffentlichen Kostenträger, als dass sie unter dem Druck ihrer explodierenden Sozialausgaben nicht auf das »Sonderangebot« eingehen werden. Jedoch gehört zu der Vernetzung mehr, als nur ein Konzept zu schreiben, ein Label auf den einen oder anderen Wohnbereich zu packen und dann zu hoffen, dass ein solches Konzept nachhaltig funktioniert. Neben dem Fachwissen gehört viel Erfahrung in der Arbeit mit den neuen Klientengruppen dazu, damit ein wirklicher qualitativer Mehrwert entsteht. Diese Verzahnung ist besonders interessant für Organisationen, die schon heute ein breites Leistungsspektrum haben und dieses nun in Richtung der Pflege, Assistenz und Medizin zusammenführen können.

Spartenfremde Dimension

Die spartenfremde Vernetzung ist auf den ersten Blick auch nicht wirklich neu. Es ist jedoch dabei zu klären, was als spartenfremd definiert wird. Zählt man Fußpflegeangebote oder andere medizinnahe Leistungen gewerblicher Anbieter dazu, ist diese Dimension tatsächlich nicht neu. Jedoch gibt es zahlreiche andere Branchen, mit denen eine Vernetzung denkbar ist. Als Beispiele sind zu nennen:

- Dienstleistungsunternehmen, die Reinigung, Flachwäscheservice und sonstige Dienstleistungen rund um die Wohnung/das Haus anbieten (hotel@home)
- Pflegehotels für Selbstzahler (Kurzzeitpflege)
- Hausmeisterservices

Make or buy?

Diversifikation des eigenen Angebots bedeutet nicht, alle Dienstleistungen in eigener Regie zu erstellen. Neben dem Aufbau eigener Angebote sind sicherlich Kooperationspartner in ein abgestimmtes Angebot einzubetten. Jedoch bedarf es mehr als einfach nur einer Angebotslistung in einem Flyer. Schnittstellen, Qualitätsstandards und Prozesse müssen definiert, modelliert und überwacht werden. Nur wenn der Kunde einen Service aus einer Hand erhält, kann er das diversifizierte Angebot wahrnehmen. Ob Dienstleistungen in eigener Regie angeboten werden oder durch Dritte im Rahmen von Kooperationen erbracht werden – es handelt sich letztendlich um die Vernetzung von Services. Aufgrund sich verändernder Rahmenbedingungen haben sich die Vernetzungsziele in den letzten Jahren deutlich weiterentwickelt.

Leistungsnetzwerk 1.0: Institutionelles Pflegeangebot als Mittelpunkt

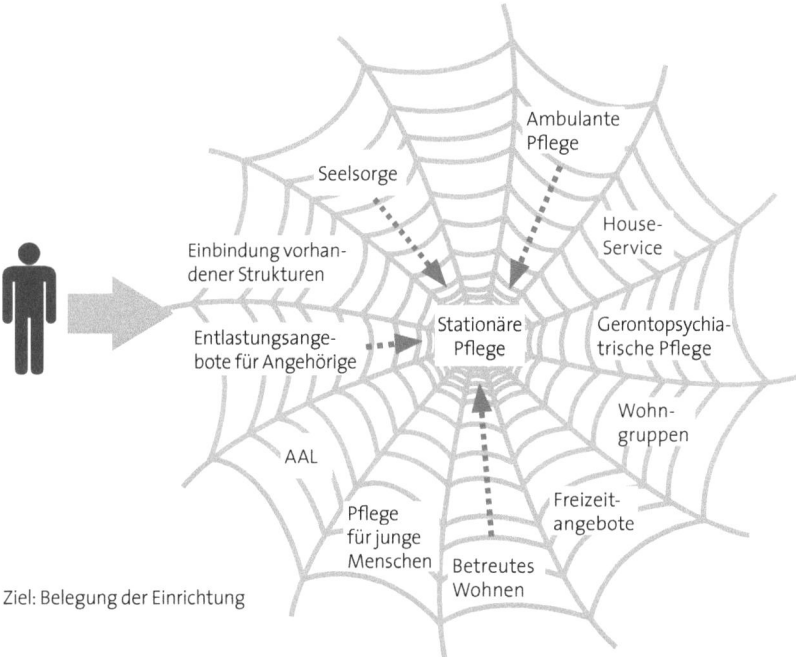

Mit dem Aufbau von Leistungsketten und der dreidimensionalen Vernetzung soll das wirtschaftlich attraktivere Angebot der stationären Pflege gesichert werden. Da der Leerstand von Plätzen nach Opportunitätsberechnungen wirtschaftlich unattraktiver ist als eine schwache Rentabilität von ambulanten und teilstationären Leistungen, wenn die stationären Einrichtungen voll belegt sind, werden diese margenschwachen Geschäftsfelder auf- und ausgebaut. Den Renditeerwartungen, gerade gewerblicher Investoren, kommen diese Geschäftsfelder in der Regel nicht entgegen. Insofern können die zuliefernden Netzpartner auch als Vertriebsweg bezeichnet werden. Wie oben beschrieben, funktioniert das Konzept in der Regel nur, wenn die Leistungskette aus einer Hand mit klaren Steuerungsfunktionen kommt. In der Regel wird die Regie durch die zu belegende Einrichtung übernommen, da sie ein primäres Steuerungsinteresse hat. Das grundsätzliche Geschäftsmodell der Beteiligten ändert sich bei diesem Konzept nicht. Die Diversifikation in der spartreninternen Vernetzungsdimension dient zur Auslastungsoptimierung der Spezialisierung. Dies soll keine Kritik an dem Konzept sein, unterscheidet sich aber grundsätzlich vom zweiten Konzept.

Leistungsnetzwerk 2.0: Pflege- und Unterstützungsbedarf der Betroffenen im Zentrum

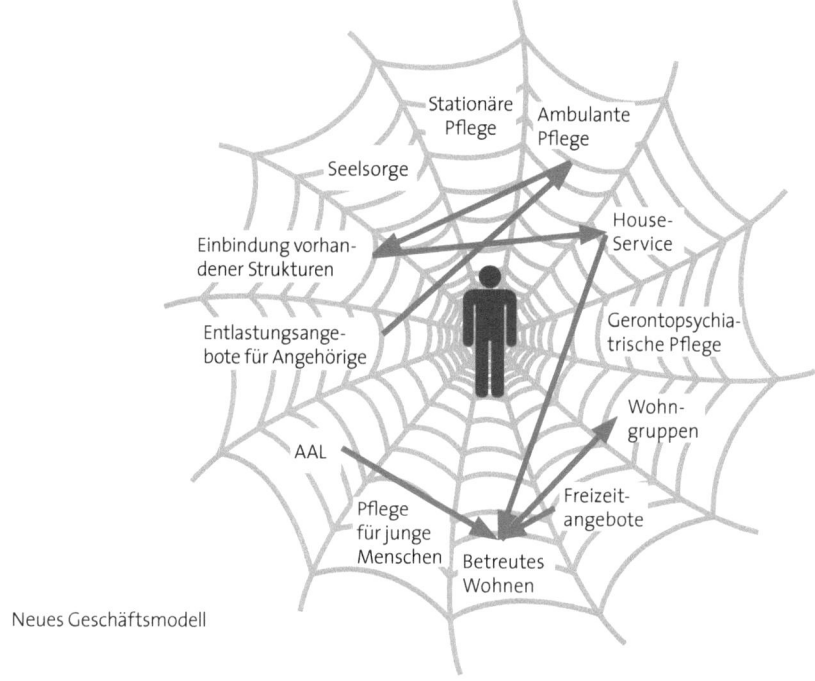

Neues Geschäftsmodell

Der Aufbau von Vernetzung wird nicht als Leistungskette, sondern als Gesamtangebotsspektrum begriffen. Es geht darum, das beste Angebot für den Kunden aus einer Vielzahl von Leistungsfeldern auszuwählen. Es wird nicht das primäre Ziel eines permanenten Up-selling verfolgt. Das Bild eines Spinnennetzes verbildlicht sicherlich das Konzept passend. Eine Verzahnung der Angebote, auch mit Wechselmöglichkeiten, ist gegeben, es läuft aber nicht trichterförmig auf ein Angebot zu. Es wird eher Cross-selling denn Up-selling betrieben, wenn man das Zuweisungsverhalten der Akteure beobachtet. Das Angebot wird vom Kunden nur als schlüssig wahrgenommen, wenn die einzelnen Bausteine aufeinander abgestimmt sind. Es gilt auch hier, Prozesse, Schnittstellen und Qualitätsstandards aufeinander abzustimmen. Anders als beim Leistungsnetzwerk 1.0 bildet sich die regieführende Stelle nicht automatisch heraus. Das Leistungsnetzwerk 2.0 wird nur angebotsfähig sein, wenn ein Orchestrator vorhanden ist. Da es keine primär zu belegende Einheit gibt, die ihr wirtschaftliches Belegungsinteresse mit eben der Orchestrierung vorgelagerter Angebote verknüpfen kann, müssen andere Refinanzierungswege gefunden werden.

Daran scheitern diese Geschäftsmodelle derzeit, da die Versäulung der sozialen Sicherungssysteme eine Refinanzierung der Orchestrierung in der Regel nicht zulässt. Auch lassen sich Vermittlungsprovisionen nicht mit dem Sozialhilferecht und noch weniger mit der Systematik der Pflegesatzkalkulation vereinen.

Das Leistungsnetzwerk 2.0 findet sich als Grundsystematik in der Sozialraumorientierung und der Gemeinwesenarbeit ebenso wieder wie in den Diskussionen um tragfähige AAL-Geschäftsmodelle.

Leistungsportfolio bestimmen

Das Leistungsportfolio auf den unterschiedlichen Märkten des Sozial- und Gesundheitswesens sowie die Leistungsstandorte müssen definiert werden.

Leistungsportfolio bestimmen

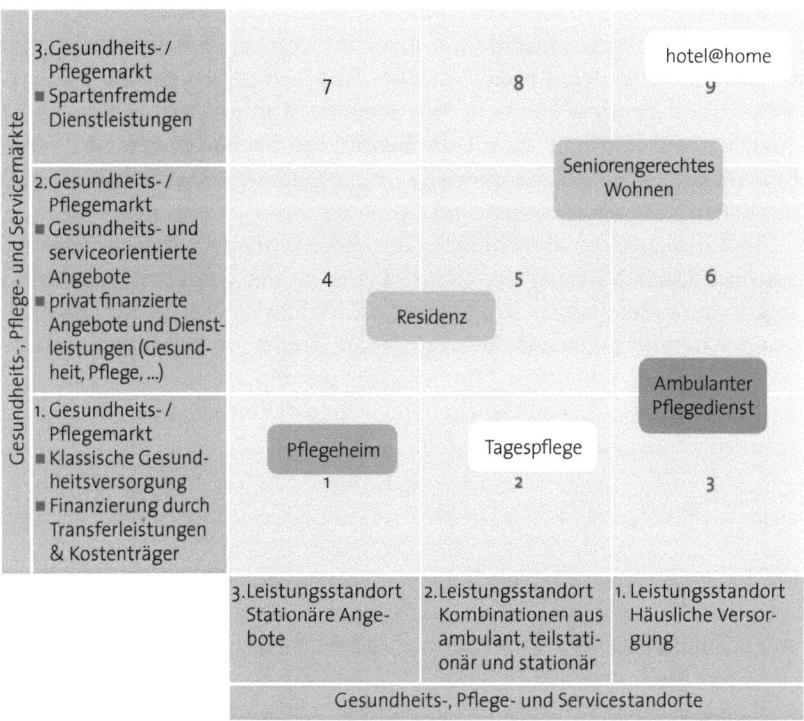

Quelle: eigene Darstellung in Anlehnung an: Goldschmidt, A.J. W./Hilbert, J. (2009): Gesundheitswirtschaft in Deutschland. Band 1, WIKOM; Wegscheid 2009, S. 20 ff.; Eichener, V. (2008): Wohnen als dritter Gesundheitsstandort. Vortrag auf dem VdW südwest Innovatives Wohnen Verbandstag, Darmstadt 10. September 2008; Kartte, J./Neumann, K. (2008): Der Gesundheitsmarkt. Roland Berger Studie zum Gesundheitsmarkt, München 2008.

Auf der x-Achse wird der Leistungsstandort definiert. Es wird dabei unterschieden in die stationären, teilstationären und häuslichen Standorte. Mit der Betrachtung der drei Märkte auf der y-Achse kann die Positionierung einer Dienstleistung in einer der neun Quadranten erfolgen. Die wirtschaftliche Attraktivität kann über eine Darstellung der Deckungsbeitragsstärke in den Angeboten gekennzeichnet werden. Nutzt man die bekannten Bubbles der Portfolioanalysen, lässt sich die wirtschaftliche Attraktivität auch grafisch und für die Mitarbeiter nachvollziehbar darstellen.

Auswirkungen auf das Sozialunternehmen

Je breiter das Leistungsspektrum aufgestellt wird, desto aufwändiger wird die Steuerung. Es reicht beispielsweise nicht mehr eine Reportingsystematik, für jedes Angebot muss eine eigene, passende Struktur aufgebaut und gepflegt werden. Das unternehmerische Handeln wird komplexer, und Abhängigkeiten müssen in die unternehmerischen Entscheidungen eingebaut werden. Je diversifizierter ein Leistungserbringer aufgestellt wird, desto höher sind die Anforderungen an das Management. In qualitativer Hinsicht, um eben die Komplexität zu steuern, in quantitativer Hinsicht, damit die benötigten Fachkompetenzen – und Erfahrungen (!) – auf der obersten Leitungsebene zumindest in grundsätzlichen Zügen vorhanden sind.

Im Rahmen eines Benchmarks der Regieeinheiten von spezialisierten und diversifizierten Leistungserbringern der Sozialwirtschaft fällt einem diese Herausforderung sofort auf. Reicht bei einem auf das stationäre Altenpflegegeschäft konzentrierten Träger ein zweiköpfiger Vorstand mit einer schlanken Organisation aus, braucht ein Unternehmen mit 18 unterschiedlichen Geschäftsfeldern in der Regel mehr Leitung auf der ersten und / oder zweiten Ebene.

Fazit

Die Frage, ob man sein Angebot lieber spezialisieren oder diversifizieren soll, lässt sich nicht pauschal beantworten. Dieser Beitrag soll auch nur einen Einblick in die vielen Aspekte und Abhängigkeiten geben, die sich rund um diese zentrale Fragestellung unserer Branche ergeben. Letztendlich gilt: Auch bei einer Diversifizierung muss das Unternehmen sich spezialisieren. Ein Bauchladen ohne Kompetenzen wird scheitern. Auch die Orchestrierung eines breitgefächerten Angebots ist letztendlich eine Spezialisierung.

Ute Luise Fischer
»Was sind uns soziale Berufe wert?«
Ergebnisse aus dem BMBF-Forschungsprojekt
»Berufe im Schatten«

Problemlage: Was wertvoll ist, wird nicht unbedingt wertgeschätzt

Soziale Berufe – etwa in Erziehung, Bildung oder Pflege – sind basale Tätigkeiten, ohne die der Zusammenhalt und das Funktionieren der Gesellschaft nur schwer möglich wären. Ihre Aufgaben bestehen darin, die Entwicklung des Einzelnen und des Gemeinwesens zu ermöglichen und zu fördern. Ihre gesellschaftliche Bedeutung ist daher als hoch einzuschätzen. Man könnte auch sagen: Sie haben einen starken Gebrauchswert. Nicht aber geht damit ein hoher Tauschwert einher: Die Beschäftigten in diesen Bereichen erzielen geringere Einkommen im Vergleich zu anderen Ausbildungsberufen[1], die Einrichtungen der Wohlfahrtspflege, der öffentlichen oder privatgewerblichen Träger als Anbieter dieser Leistungen erzielen geringe Preise. Das liegt in der Natur der Sache des »öffentlichen Gutes« soziale Dienstleistung.[2] Die Gesellschaft braucht sie, aber die Leistungsempfänger können sie meist selbst nicht finanzieren. Daher muss sie die öffentliche Hand bereitstellen. In überwiegendem Maße werden die Leistungen durch die Sozialleistungsträger, hier vor allem die Sozialversicherungen sowie Bund, Land und Kommunen, finanziert. Insofern werden sie Gegenstand von Zielkonflikten in der angespannten Haushaltslage. Entlang der Leitlinie neuer Steuerungsmodelle stehen die sozialen Dienstleistungen unter dem Druck, steigende professionelle Anforderungen zu geringeren Kosten zu bewältigen, und

---

[1] *Puch, H.-J. / Schellberg, K.* (2010): Sozialwirtschaft Bayern. Umfang und wirtschaftliche Bedeutung. München: Bayerisches Staatsministerium für Arbeit und Sozialordnung, Familie und Frauen.
[2] *Buestrich, M. / Wohlfahrt, N.* (2008): Die Ökonomisierung der Sozialen Arbeit. In: Aus Politik und Zeitgeschichte, 12-13 / 08, S. 17–24.

das heißt sehr häufig bei geringerer Entlohnung und in prekären Beschäftigungsverhältnissen.³

Schon gefährdet der Einzug betriebswirtschaftlicher Prinzipien in die Ausgestaltung der sozialen Dienste die Qualität und den Charakter der unterstützenden und pflegenden Tätigkeiten, wie neuere Studien zeigen.⁴ Solche Effizienzsteigerungs- und Kostensenkungsmaßnahmen senden zudem ein Signal an die Öffentlichkeit: Die Arbeit, die hier geleistet wird, ist der Gesellschaft keine höhere Ausgabe wert, im Gegenteil ist an ihr zu sparen. So entsteht der Eindruck, sie sei nicht als bedeutsam zu achten. Sie wird dadurch abgewertet und ihr eigentlicher Wert, eine Investition in die Zukunft zu sein, verdeckt. Nicht nur am Einkommen, Preis und der Bereitstellung öffentlicher Gelder zeigt sich also geringe Wertschätzung, sondern auch am gesellschaftlichen Ansehen der Berufe. Zu erkennen ist das etwa daran, dass sie – wie sich z. B. für die Altenpflege zeigt – gemäß der Schichtungsskala⁵ über geringes Prestige verfügen.

Folgen: Mangelnde Wertschätzung führt in einen Teufelskreis

Die fehlende Wertschätzung von Berufsgruppen und ihren Angehörigen zeitigt Folgen, die gesellschaftlich, betrieblich und individuell relevant sind. Bereits heute wird insbesondere in den Pflegeberufen ein Fachkräftemangel sichtbar bei absehbar steigendem Bedarf an Pflegekräften.⁶ Doch nicht nur quantitativ, auch in Bezug auf die Qualität der Arbeit ist eine negative Wirkung aufgrund mangelnder Anerkennung zu vermuten. Werden Leistungen nicht anerkannt, sinken Arbeitszufriedenheit und Motivation und schließlich auch die Leistungsbereitschaft und -fähigkeit. Fehlende Wertschätzung führt zu Unsicherheit über die Güte

---

3   Ebd., S. 24.
4   *Dewe, B.* (2009): Reflexive Sozialarbeit im Spannungsfeld von evidenzbasierter Praxis und demokratischer Rationalität – Plädoyer für die handlungslogische Entfaltung reflexiver Professionalität. In: *Becker-Lenz, R. / Busse, S. / Ehlert, G. / Müller, S.* (Hg.). Professionalität in der Sozialen Arbeit. Wiesbaden: VS Verlag für Sozialwissenschaften, S. 89–109.
5   *Voges, W.* (2002): Pflege alter Menschen als Beruf. Soziologie eines Tätigkeitsfeldes. Wiesbaden: Westdeutscher Verlag.
6   *Hackmann, T.* (2009): Arbeitsmarkt Pflege: Bestimmung der künftigen Altenpflegekräfte unter Berücksichtigung der Berufsverweildauer. In: Diskussionsbeiträge des Forschungszentrums Generationenverträge, Albert-Ludwigs-Universität Freiburg, Nr. 40.

und Bedeutung der eigenen Arbeit, zu innerem Rückzug, zu sinkender Qualität und damit wiederum zu sinkender Wertschätzung.

Diese Ausgangslage war Anlass zur Forschung über Formen, Ursachen und Folgen der Wertschätzung in verschiedenen Berufsgruppen wie sie im Projektträger DLR-Förderschwerpunkt »Dienstleistungsqualität« untersucht und vom Bundesministerium für Bildung und Forschung sowie dem Europäischen Sozialfonds finanziell gefördert werden. Der Zusammenhang von Professionalität, Wertschätzung und Dienstleistungsqualität ist dort auch deshalb in das Zentrum der Aufmerksamkeit gerückt, weil perspektivisch in der Verbesserung der Dienstleistungsqualität ein Beitrag zur Sicherung der Innovations- und Zukunftsfähigkeit des Wirtschaftsstandorts Deutschland gesehen wird.[7]

Das Forschungsprojekt »Berufe im Schatten« (BiS)

Das Projekt »Berufe im Schatten – Ursachen und Rahmenbedingungen für die soziale und individuelle Wertschätzung von Dienstleistungsberufen« wird von der Technischen Universität Dortmund in Kooperation mit der Deutschen Hochschule der Polizei in Münster und der gaus gmbh – medien bildung politikberatung in Dortmund seit Oktober 2008 bis September 2011 durchgeführt. Innerhalb des genannten Förderprogramms ist es mit der Frage beschäftigt, wie es um die Wertschätzung verschiedener Berufe bestellt ist. Darin bildet der Berufsbereich Pflege aus dem Spektrum sozialer Berufe eines von drei zu untersuchenden Segmenten des Dienstleistungssektors. Durch eine Gegenüberstellung vergleichbarer Berufsgruppen in den Teilbranchen werden individuelle, betriebliche und kollektive Deutungs- und Bewertungsmuster analysiert, die für die eine Berufsgruppe zu höherer, für die Vergleichsgruppe zu niedrigerer Wertschätzung führen. Während im Einzelhandel der Fleischfachverkäufer »im Schatten« des Elektronikfachverkäufers steht, ist der Schattenberuf im Kosmetikbereich der Friseur gegenüber dem Visagisten. In der Pflege genießt die Krankenpflege trotz großer Ähnlichkeit in Tätigkeitsbereichen größeres Ansehen als die Altenpflege.

Ziel der Untersuchung ist es, den Zusammenhang zwischen den Wert-

[7] *Zühle-Robinet, K. / Bootz, I.* (2009): »Dienstleistungsfacharbeit« als Leitbild für Dienstleistungsarbeit – der BMBF-Förderschwerpunkt »Dienstleistungsqualität durch professionelle Arbeit« im Überblick. In: *Brötz, R. / Schapfel-Kaiser, F.* (Hg.): Anforderungen an kaufmännisch-betriebswirtschaftliche Berufe aus berufspädagogischer und soziologischer Sicht. Bonn: Berichte zur beruflichen Bildung, S. 171–187.

schätzungsdifferenzen und der Entwicklung von Stolz auf die eigene Arbeit zu identifizieren. Mit einer solchen Klärung wird angestrebt, Ansatzpunkte zur Erhöhung der Dienstleistungsarbeit in qualitativer und innovativer Hinsicht zu erkennen, denn – so die zugrundeliegende These – erfahrene Wertschätzung fördert den Berufsstolz und dieser die Qualität der Arbeit. Die Ergebnisse zum Berufsfeld Pflege mögen im Zusammenhang der breiteren Fragenstellungen auf der ConSozial exemplarisch auch auf weitere soziale Berufe verweisen.

Methodisch basiert die Forschung auf sowohl qualitativen Interviews als auch quantitativen Befragungen, um Bewertungsmuster zu analysieren und im engen Dialog mit den Praxispartnern Ansatzpunkte zur Wertschätzungssteigerung zu lokalisieren. In der Entwicklungsphase werden die Ergebnisse auf Relevanz überprüft im Hinblick auf gestaltbare Handlungsfelder. In der Umsetzung führen modellhafte Interventionen, die im Einsatz von Handlungsmodellen insbesondere in der Organisations- und Personalentwicklung bestehen, zur Steigerung der Wertschätzung und Professionalisierung.

Ergebnisse

Professionelle Pflegearbeit

Professionstheoretische Analysen und Interviewrekonstruktionen führten zu dem Ergebnis, dass sich die Wertschätzung des beruflichen Handelns auf seinen Gegenstand beziehen muss, soll sie über eine beschönigende Rhetorik hinausgehen.[8] Betrachtet man die Pflegetätigkeiten genauer, fällt auf, dass sowohl die Kranken- als auch die Altenpflege hohe Kompetenzanforderungen zu bewältigen haben. Mit einem Professionalitätsmodell lässt sich die Vielfalt der Kompetenzen sichtbar machen und mühelos auf die Spezifika weiterer sozialer Berufe übertragen.

Da Pflegearbeit eine substitutive helfende Leistung im Fall von krankheits- oder altersbedingter Beeinträchtigung darstellt, ist sie professionalisierungsbedürftig. Sie bedarf eines Arbeitsbündnisses zwischen Pflegekraft und Patient, um die asymmetrische Beziehung zwischen beiden so zu gestalten, dass die Autonomie des Pflegebedürftigen möglichst geschützt wird. Wie das unten stehende Schaubild verdeutlicht,

---

[8] Ausführlicher dargestellt in: *Fischer, U.L.* (2010): »Der Bäcker backt, der Maler malt, der Pfleger ...« – Soziologische Überlegungen zum Zusammenhang von Professionalität und Wertschätzung in der Kranken- und Altenpflege. Erscheint in: ARBEIT, Zeitschrift für Arbeitsforschung, Arbeitsgestaltung und Arbeitspolitik, Heft 4/2010.

lässt sich die Professionalität der Pflegearbeit in drei Dimensionen ausdifferenzieren.

Dimensionen der Professionalität in Pflegeberufen

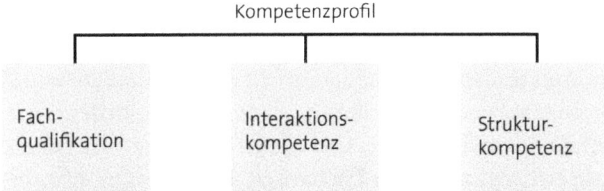

Es handelt sich im Einzelnen um:
1. *Die Fachqualifikation:* Sie dient dazu, *problem- und situationsbezogen* angemessen zu handeln. Hier unterscheidet sich die Alten- von der Krankenpflege hinsichtlich der spezifischen Aufgaben. In der Altenpflege stehen etwa gerontopsychiatrische und sozialpflegerische Kenntnisse und der Umgang mit demenziell veränderten Pflegebedürftigen stärker im Mittelpunkt als in der eher medizinisch-diagnostisch ausgerichteten Krankenpflege. Umfang und Qualität der Fachkenntnisse sind jedoch gleichwertig seit der reformierten Ausbildungsverordnung der letzten Jahre.
2. *Die Interaktionskompetenz:* Sie gewährleistet ein *personen- und fallspezifisch* angemessenes Handeln. Dazu ist nötig, das Fachwissen auf die Besonderheit des Pflegebedürftigen zu übertragen, es wird also eine Übersetzungsarbeit geleistet. Dazu gehört als zentrale Kompetenz das deutende Fallverstehen und die Rollenklarheit für die speziellen Interaktionssituationen. Nur so kann ein angemessenes Arbeitsbündnis hergestellt werden.
3. *Die Strukturkompetenz:* Hier wird die *Vermittlungsarbeit* zwischen widersprüchlichen Anforderungen geleistet. Dazu gehört erstens die Vermittlung zwischen der Norm wie sie die Fachexpertise vorgibt und dem konkreten Fall. Zweitens verlangen mögliche Widersprüche zwischen der Logik der ökonomischen Effizienz der Arbeit und der Logik der Berufsethik des Helfens ein ständiges Ausbalancieren. Dazu sind Gestaltungsfähigkeiten erforderlich, die auf dem Bewusstsein der Pflegekräfte für förderliche Rahmenbedingungen in Organisation und Unternehmen beruhen und eine aktive Veränderung hinderlicher Pflegebedingungen erst ermöglichen.

Dieses Professionsmodell weist die Interaktionsfähigkeiten als eine von drei Kompetenzsäulen aus, erhebt sie aber nicht zum Hauptcharakteristikum der Pflegearbeit und der anderen von uns untersuchten Dienstleistungsberufe. Denn die Interaktionsgestaltung steht in unmittelbarem Zusammenhang zur Fachlichkeit, also zum speziellen Berufsfeld. Das lässt sich daran erkennen, dass jemand, der Stärken in der Beziehungs- und Kommunikationsgestaltung hat, nicht gleichermaßen Wurst verkaufen wie alte Menschen pflegen kann. Beruflichkeit bedeutet in diesem Zusammenhang, die Fachexpertise als notwendige Grundlage qualifizierter Dienstleistungsarbeit als Facharbeit auszuweisen. Hinreichend wird die Kompetenz jedoch erst durch das im Säulenmodell verbildlichte Gesamtbündel. Auf diese Weise kommt der Fachqualifikation ihre Bedeutung ebenso zu wie den weiteren Fähigkeiten.

Den Schatten wirft der Betrachter

Im Berufsvergleich auch der übrigen Dienstleistungssegmente zeigt sich also, dass sich die Berufe nicht hinsichtlich ihrer Anforderungen unterscheiden, also weder in Bezug auf ihre Professionalisierungsbedürftigkeit noch auf die erreichte Professionalität. Diese sind bei der Pflege alter Menschen ähnlich komplex wie beim Friseur oder dem Lebensmittelverkäufer, werden aber – anders als bei den angeseheneren Berufen – nicht erkannt und daher auch nicht wertgeschätzt. Differenzen der Wertschätzung beruhen auf Unterschieden in der öffentlichen Wahrnehmung dieser Kompetenzen: So gilt die Altenpflege als haushaltsnahe Jedermann-Tätigkeit, während die Krankenpflege vom hohen Ansehen des ärztlichen und medizinischen Feldes profitiert. Der »Verdacht auf Minderwertigkeit« der Schattenberufe wird genährt durch Vorurteile. Sie heften sich an Kennzeichen, die sich schnell und wie selbstverständlich für negative Assoziationen anbieten wie etwa das spezielle Produkt. Auch angstbesetzte Themen – wie der Umgang mit Alter und Tod – werden nicht nur aus der Aufmerksamkeit gedrängt, sondern die Berufsgruppe, die sich diese Aufgabe zu eigen gemacht hat, gleich mit in den Schatten gestellt und notwendige wie vorhandene Kompetenzen übersehen.

Kompetenzkommunikation

So komplex sich die Kompetenz etwa im Säulenmodell der Professionalität darstellt, so schwierig ist es in der Berufspraxis, sie angemessen zu kommunizieren. Als weiteres Hindernis der Wertschätzung ist daher die fehlende Kommunikation der Kompetenzen durch die Berufsangehörigen und ihre Betriebsstätten, durch Trägerorganisationen und Verbände festzustellen. In explorativen Feldinterviews wurde die Beobachtung gemacht, dass Altenpflegekräfte weniger deutlich als Krankenpflegekräfte eine Fachsprache verwenden und in ihren eigenen Deutungen ihrer Tätigkeiten ein selbstbewusstes Bild ihrer hohen Kompetenz vermissen lassen.[9] Dadurch aber wird eine Negativspirale fehlender Wertschätzung in Gang gesetzt, die nicht nur die Pflegenden und die individuelle Wahrnehmung ihrer Leistungen betrifft, sondern negative Ausstrahlung auch auf betrieblicher und gesellschaftlicher Ebene zeigt. Eine Geringschätzung vorhandener Kompetenzen führt etwa zu Inkompetenzvermutungen und kann negative Wirkungen auf die zu erzielenden Preise für Pflegedienstleistungen nach sich ziehen.

Industrialisierung der Pflege als Wertschätzungshemmnis

Als äußerst folgenreiches Hindernis für angemessene und steigende Wertschätzung wurden schließlich neuere Entwicklungen identifiziert, die als »Industrialisierung« bezeichnet werden können.[10] Insbesondere das verrichtungsorientierte Abrechnungsmodell der kassenfinanzierten Leistungen untergräbt sowohl die fachlich notwendige fallangemessene Gestaltung der Pflegeinteraktion als auch den Sinngehalt der Arbeit für die Berufsangehörigen. Auch über diesen Weg wird die Negativspirale sinkender Wertschätzung und sinkender Wertschöpfung angetrieben, die besonders in der Altenpflege den absehbaren Fachkräftemangel erhöht. Ein weiterer Aspekt der Industrialisierung besteht in Tendenzen zu einer fortschreitenden Ausdifferenzierung, etwa in Form der Aufgabenteilung zwischen ausgebildeten Altenpflegekräften und sogenannten Betreuungsassistenten oder auch Alltagsbegleitern in der Berufspraxis. Hier ist genau zu unterscheiden, ob solche Ausdifferenzierungen einem spezialisierten Bedarf folgen und daher sachdienlich sind oder ob sie Ausdruck einer (industriellen) Arbeitsteilung sind und in erster Linie der ökonomischen Effizienzlogik folgen, also der Kostendämpfung dienen. Es besteht die Gefahr, durch Ökonomisierung die Professionalität

---

[9] *Klatt, R. / Ciesinger, K.-G.* (2010a): Arbeite gut und rede darüber. Kommunikationskompetenz und Kompetenzkommunikation. In: Præview, Zeitschrift für innovative Arbeitsgestaltung und Prävention. Heft 3/2010, S. 26–27.

[10] *Klatt, R. / Ciesinger, K.-G.* (2010b): Industrialisierung der Pflege als Wertschätzungshemmnis. In: *Fuchs-Frohnhofen, P.* et al. (Hg.): Wertschätzung, Stolz und Professionalisierung in der Dienstleistungsarbeit »Pflege«. Beiträge aus den pflegebezogenen Projekten der Förderrichtlinie »Dienstleistungsqualität durch professionelle Arbeit« des BMBF vom 19.6.2007. Marburg: Tectum Verlag, S. 32–34.

zu untergraben, indem Einzelaufgaben als Anlernberufe (z. B. in Form von arbeitsbeschaffenden Maßnahmen für Langzeitarbeitslose) ausgegliedert werden und dem Image einer Jedermann-Tätigkeit Vorschub leisten. Denn im zweiten Fall wäre sinkende Wertschätzung mit ihren negativen Folgen das nicht intendierte Ergebnis einer an sich wohlmeinenden (Arbeitsmarkt- und Beschäftigungs-)Politik.

Konsequenzen für die Praxis

Anhand der erzielten Ergebnisse wurden im Umsetzungsteil des Projektes Ansatzpunkte für wertschätzungssteigernde Maßnahmen identifiziert und Instrumente für die Praxis entwickelt. Ausgehend von dem hohen faktischen Grad der Kompetenzen und der starken Bedeutung der Wahrnehmung der Qualität der Arbeit durch die Öffentlichkeit stehen das Professionalitätsmodell und die Kompetenzkommunikation im Zentrum der Umsetzungsmaßnahmen.

Kompetenzmodell: Das entwickelte Säulenmodell erlaubt zum einen, die Vielfalt vorhandener Fähigkeiten und Fertigkeiten sichtbar zu machen. Damit gibt es eine Basis ab für eine echte, d. h. der erbrachten Leistung angemessene Wertschätzung, nämlich der Anerkennung der Professionalität. Zum anderen stellt das Professionalisierungsmodell eine Grundlage für Curricula zur Aus- und Weiterbildung bereit. Auch für die Weiterentwicklung der Abrechnungssysteme lässt sich das Modell einsetzen, indem Gütekriterien für die Bewertungsanstrengungen der Pflegeverrichtungen daraus hergeleitet werden und das gesamte Kompetenzprofil berücksichtigen helfen. In den drei Dimensionen lässt sich für Praxispartner – also Einrichtungen der Sozialen Arbeit und z. B. der Pflege – der Fortbildungsbedarf analysieren und spezifische Personal- und Organisationsentwicklungsmaßnahmen entwickeln. Neben allgemeinen Planungsgesprächen werden »Fallwerkstätten« angeboten, d. h. Kurse zum Fallverstehen und zur Gestaltung des Arbeitsbündnisses.

Kompetenzkommunikation: Einen wesentlichen Ansatzpunkt für die Steigerung der Wertschätzung des Altenpflegeberufs bildet die Kommunikation der spätestens durch die reformierte Ausbildung nachgeholten Professionalisierung sowie der Kompetenzvielfalt und Komplexität der Pflegetätigkeit. Um das professionelle Selbstverständnis zu fördern, wurde speziell für Beschäftigte der Altenpflege ein Curriculum als Weiterbildungskonzept entwickelt und interessierten Einrichtungen angeboten. Zum Angebot gehören ferner Innovationszirkel zum Thema Kompetenzkommunikation in Bezug auf eine veränderte, wertschätzende Unternehmenskultur sowie Managementberatungen zur Verankerung der Kompetenzkommunikation in der Unternehmenskultur.

Fazit und Ausblick

Die Qualität sozialer Berufe beruht auf der hohen Kompetenz ihrer Berufsangehörigen. Die enormen Anforderungen in Interaktionsberufen verdienen Wertschätzung sowie ihre gesellschaftliche Bedeutung sich auch in der öffentlichen Anerkennung niederschlagen sollte. Die Steigerung von Wertschätzung kann positive Entwicklungen in Gang setzen: Auf individueller Ebene führt größere Wertschätzung zu einer stärkeren Überzeugung von der eigenen Kompetenz, zu Stolz, zu größerer Arbeitszufriedenheit und damit zu besserer Arbeitsleistung. Betrieblich stellt dies die Basis für höhere Wertschöpfung dar und sichert über klarere Kompetenzvermutungen auch die Attraktivität der Berufsfelder für den Fachkräftenachwuchs. Auf diese Weise kann auch zukünftig gehaltvolle soziale Arbeit in den vielfältigen Berufsfeldern geleistet werden. Darüber hinaus stellt die Investition in die sozialen Berufe auch eine Investition in die Zukunft des Gemeinwesens und des Wirtschaftsstandortes dar.

Wichtig wären weitere Forschungen über den Niederschlag steigender Wertschätzung in der Wertschöpfung. Könnte dieser Zusammenhang empirisch belegt werden, wäre ein zusätzliches, marktförmiges Argument für einen auch gesellschaftlich wünschenswerten Zustand geliefert. Dann würde deutlich, dass nicht allein Wettbewerbs- und Marktprinzipien den Erfolg steigern, sondern dass anders herum ganz wesentlich eine hohe Professionalität und geeignete betriebliche und gesellschaftliche Bedingungen sich auszahlen – perspektivisch.

Stefan Becker
audit berufundfamilie – Eine Strategie gegen den Fachkräftemangel?

Demografische und gesellschaftliche Entwicklungen stellen die Arbeitgeber heute vor neue Herausforderungen: Nach aktuellen Vorhersagen ist mit einer massiven Überalterung der Erwerbsbevölkerung zu rechnen. 2030 ist die am stärksten besetze Altersgruppe die der Sechzig- bis Neunundsechzigjährigen, 2004 war es noch die der Fünfunddreißig- bis Vierundvierzigjährigen. Gleichzeitig ist ein spürbarer Rückgang des Erwerbspersonenpotenzials festzustellen. Bis 2030 baut sich eine Arbeitskräftelücke von 5,5 Millionen Personen auf. Vor allem Arbeitsplätze für Fachkräfte und Akademiker können nicht besetzt werden. In den Berechnungen wird eine Nettozuwanderung unterstellt, die bis 2030 im Durchschnitt 150.000 Personen pro Jahr umfasst. Gelingt es nicht, entsprechend viele und qualifizierte Zuwanderer zu gewinnen, steigt die Arbeitskräftelücke sogar auf sieben Millionen Personen an.

Damit droht ein dramatischer Fachkräftemangel, der wie ein Damoklesschwert über den Köpfen deutscher Arbeitgeber schwebt. Einer ifD-Umfrage (Allensbacher Archive, 5259) zufolge berichtet mehr als jedes vierte Wirtschaftsunternehmen (29 Prozent) schon heute von Schwierigkeiten, qualifizierte Mitarbeiter zu finden. Angesichts des demografischen Wandels, wird sich dieser Negativtrend in Zukunft noch deutlich verschärfen. So erwarten laut des aktuellen DIHK-Unternehmensbarometers nahezu 50 Prozent der Unternehmen in den nächsten fünf Jahren einen Fachkräfteengpass im Bereich der Hochqualifizierten, 43 Prozent über alle Berufsgruppen hinweg. Bei den Maßnahmen, mit denen Arbeitgeber der Fachkräfteknappheit zukünftig begegnen wollen, rangiert die Ausweitung familienbewusster Angebote (34 Prozent) neben der Aus- und Weiterbildung (35 Prozent) ganz oben. Arbeitsbedingungen, die eine Vereinbarkeit von Beruf und Familie ermöglichen sind eine wichtige Voraussetzung für Unternehmen, um sich als attraktiver Arbeitgeber am Markt zu positionieren. Die gesteigerte Attraktivität erleichtert die Rekrutierung von Fachkräften und hilft maßgeblich dabei, diese an den Betrieb zu binden.

Mit dem audit berufundfamilie zu einer familienbewussten Personalpolitik

Immer mehr Arbeitgeber gehen die Frage einer familienbewussten Personalpolitik mithilfe des audit berufundfamilie an – dem strategischen Managementinstrument, das Arbeitgeber darin unterstützt, Unternehmensziele und Mitarbeiterinteressen in eine tragfähige, wirtschaftlich attraktive Balance zu bringen. 1999 von der berufundfamilie gGmbH – eine Initiative der Gemeinnützigen Hertie-Stiftung – eingeführt, hat sich das Zertifikat zum audit als Qualitätssiegel für Familienbewusstsein in der deutschen Wirtschaft entwickelt. Das audit stößt einen nachhaltigen Optimierungsprozess an, der an die spezifischen Bedürfnisse des Betriebs angepasst ist. Es ist damit in allen Branchen und Betriebsgrößen einsetzbar. Auf eine Status-quo-Analyse und der Herausarbeitung des betriebsspezifischen Potenzials folgt die verbindliche Vereinbarung weiterführender Ziele und Maßnahmen, die dafür sorgen, dass Familienbewusstsein in der Unternehmenskultur verankert wird. Nach Abschluss der Auditierung erhalten die Arbeitgeber das »Zertifikat zum audit berufundfamilie«. Die praktische Umsetzung wird jährlich von der berufundfamilie gGmbH überprüft. Nach drei Jahren kann eine Re-Auditierung erfolgen, die Voraussetzung für die Weiterführung des Zertifikats für weitere drei Jahre ist.

Inzwischen sind ca. 900 Arbeitgeber in Deutschland zertifiziert. Damit können rund 1,3 Millionen Beschäftigte und 1,1 Millionen Studierende von systematisch erarbeiteten familienbewussten Maßnahmen profitieren. Die Maßnahmen sind so vielfältig wie die Arbeitgeber, ihre Mitarbeiterinnen und Mitarbeiter und deren Familien. Sie reichen von kostengünstigen Angeboten wie die Flexibilisierung der Arbeitszeit und Kontakthalteprogrammen während der Familienzeit bis hin zu komplexen Angeboten wie Betreuungsprojekte für Mitarbeiterkinder.

Vorteile einer familienbewussten Personalpolitik

Unabhängig von der Anzahl und der Art der Maßnahmen stellen familienbewusste Arbeitgeber greifbare Effekte fest: Eine Studie des Forschungsinstituts Familienbewusste Personalpolitik (FPP) zeigt, dass familienbewusste Unternehmen, zu denen vor allem auditierte Unternehmen zählen, im Vergleich zu nicht familienbewussten Unternehmen eine um 17 Prozent höhere Motivation der Beschäftigten und 13 Prozent geringere Fehlzeiten und damit eine um 17 Prozent höhere Mitarbeiterproduktivität aufweisen. Die Bindung von Fachkräften ist ebenfalls um 17 Prozent höher.

Die Vorteile einer familienbewussten Personalpolitik für Arbeitgeber liegen damit klar auf der Hand: Finanziell rechnen sich die Einsparungen bei Wiederbeschaffungs-, Überbrückungs- und Wiedereingliederungskosten und die geringeren Kosten durch weniger Fehlzeiten.

Qualitative Vorteile ergeben sich durch gesteigerte Motivation und Loyalität: die Beschäftigten sind leistungsfähiger und produktiver. Der strategische Nutzen liegt in der besseren Mitarbeiter- und Kundenbindung. Durch eine niedrigere Fluktuation bleibt Wissen erhalten. Einem Fachkräftemangel wird spürbar vorgebeugt!

Die Hürden im Kopf

Trotz der allgemeinen Anerkennung der familienbewussten Personalpolitik, gibt es nach wie vor eine Reihe von Barrieren. Grundlegend ist zum Teil die fehlende Durchdringung des Themas. Laut ifD-Umfrage befürchtet z.B. jeder dritte Geschäftsführer oder Personalverantwortliche derzeit noch schlechtere Berufsaussichten für Mitarbeiter, die Elternzeit beanspruchen. Familienbewusstsein kann nur dann für alle gewinnbringend gelebt werden, wenn es Teil der Kultur geworden ist. Dringend notwendig ist dazu ein gelingender Dialog über familienbewusste Angebote innerhalb des Betriebs über alle Hierarchie-Ebenen hinweg, durch den mögliche Ängste und Vorbehalte abgebaut werden können. Das schließt auch Führungskräfte ein, die Schlüsselfiguren für die Verankerung einer familienbewussten Kultur im Unternehmen sind. Sie unterstützen Mitarbeitende bei deren Vereinbarkeit, nehmen aber selbst familienbewusste Angebote noch zu selten in Anspruch.

Mehr Bewusstsein muss zudem für die vielfältigen Aspekte der Vereinbarkeit von Beruf und Familie geschaffen werden. Familienbewusstsein ist nicht länger nur ein Thema für Frauen und betrifft nicht ausschließlich die Kleinkinderbetreuung. Auch Männer suchen verstärkt nach Vereinbarkeitslösungen um ihre familiären Aufgaben wahrzunehmen. Zudem wird die Pflege von Angehörigen als familiäres Aufgabenfeld noch stärker als bisher in den Fokus zu rücken sein.

Astrid Szebel-Habig
Führen Frauen anders? Rollen – Erwartungen – Wirkungen

Heute überwiegt in den Chefetagen ein kooperatives Führungsverhalten, sowohl bei den Männern als auch bei den Frauen.[1] Das war nicht immer so. Die wenigen Frauen, die noch vor ca. 30 Jahren in die Führung einer männerdominierten Arbeitswelt gelangen wollten, mussten wie Männer agieren, d.h. hart, stark, dominant, entscheidungsfreudig und durchsetzungsstark auftreten. Die meisten Studien aus diesen Jahren diagnostizierten in der Regel bei Frauen und Männern den gleichen Führungsstil.[2] Waren bislang diejenigen Führungskräfte geworden, die sich durch ein besonderes Fachwissen profiliert hatten, so wurden in den 90er-Jahren immer mehr neue Führungseigenschaften wie Motivations- und Kommunikationsfähigkeiten verlangt. Dieser Wandel brachte eine stärkere Fokussierung auf weibliche Fähigkeiten wie soziale Kompetenz, Empathie, Integrität, Sorgfalt etc. mit sich.[3]

Heute wird gute Führung als Beziehungsmanagement zu den Mitarbeiter/-innen verstanden: In Leadership Trainings wird die Kommunikationsfähigkeit von Führungskräften immer wichtiger. Haben hier Frauen einen »natürlichen« Vorteil?

Spätestens seit den Untersuchungen von Deborah Tannen (»Warum Männer und Frauen aneinander vorbeireden« 2004) ist bekannt, dass Frauen eher einen beziehungsorientierten und Männer eher einen statusbewussten Sprechstil bevorzugen. Studien verdeutlichen, dass Mitarbeiter/-innen unter weiblicher Führung mehr Förderung, Empowerment und Empathie erfahren als bei einem männlichen Vorgesetzten. So ist nach einer 360-Grad-Beurteilungsstudie von *Insead* bei Frauen eine größere Bereitschaft des »Teilens« von Wissen und Macht als Grundlage für eine gute Zusammenarbeit im Team beob-

[1] Vgl. *Bischoff* (2010), 213 ff.
[2] Vgl. *Schmitt* (2008), S. 81.
[3] Vgl. *Neuberger* (2002), S. 778.

achtbar, während Männer mehr bei visionärem Denken punkten konnten.[4]

Grafik 1: Transformationale Führung / Transaktionale Führung

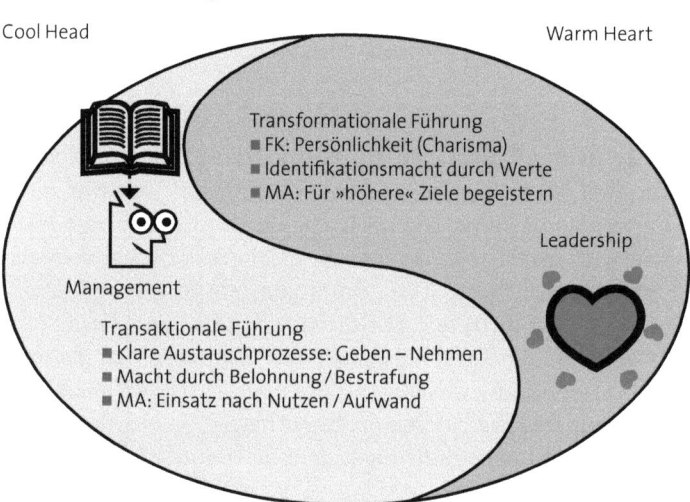

Leadership-Rollen: Transformationaler Führungsstil wird von weiblichen Führungskräften bevorzugt

Nach einer Meta-Analyse von 45 Studien[5] ist das weibliche Führungsverhalten eher dem transformationalen Führungsstil zuordenbar, der sich in den Leadership-Rollen der Sinnvermittlung als Visionär/-in, als Coach, Vorbild und Problemlöser/-in manifestiert.[6] Hingegen wird der männliche Führungsstil eher dem transaktionalen Führungsstil zugeordnet, dem ein Austauschprozess »Zielerreichung gegen Belohnung« zugrunde liegt. Hierbei werden Mitarbeiter/-innen durch Unterlassen von Beförderungen oder Geldzuwendungen »bestraft«, wenn diese die vertraglich vereinbarten Leistungen nicht erbracht haben.

---

[4] Vgl. *Ibarra/Obodaru* (2009): in HBM 3/2009, S. 10.
[5] *Eagly/Carli* (2009): in HBM 3/2009.
[6] Vgl. *Dörr* (2007).

Erwartungen: Studien zum weiblichen Führungsstil

Frauen bis zu 35 Jahren haben heute in Deutschland im Durchschnitt ein höheres Qualifikationsniveau als ihre männlichen Kollegen. Gleichwohl haben sie nach wie vor Mühe, die gut bezahlten Managementpositionen zu erreichen. Liegt es an ihrer mangelnden Aufstiegskompetenz? An mangelnder Führungskompetenz kann es nicht liegen, denn keine aktuelle Studie konnte bislang »beweisen«, dass Frauen schlechter führen. Ganz im Gegenteil: Die McKinsey-Studie (2008) macht deutlich, dass Mitarbeiter/-innen in der Regel besser von einer weiblichen als von einer männlichen Führungskraft gefördert werden.

Grafik 2 : McKinsey-Studie

McKinsey-Studie 2007: Bessere Performance bei Firmen mit höherem Frauenanteil im Top-Management

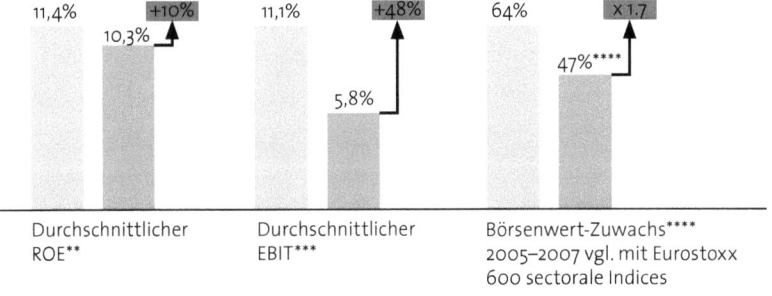

| Durchschnittlicher ROE** | Durchschnittlicher EBIT*** | Börsenwert-Zuwachs**** 2005–2007 vgl. mit Eurostoxx 600 sectorale Indices |

Wirtschaftliche Performance von Firmen mit überdurchschnittlich hohem Frauenanteil im Management, verglichen mit dem Industriedurchschnitt*

Industriedurchschnitt

* 89 Firmen, identifiziert über Amazone-Eurofund-Bewertungssystem
** 87 Firmen, Daten von zwei Firmen nicht verfügbar
*** 73 Firmen, nicht aus dem Finanzsektor
**** 89 Firmen mit hohem Frauenanteil im Management, > 44 davon mit einer Marktkapitalisierung über 2 Mrd. Euro

Quellen: Amazone Eurofund database: Amadeus; Research inside; Datastream; Bloomberg; McKinsey

Wirkungen: Mixed Leadership

Sowohl die Catalyst-und-Pepperdine-Studie in den USA als auch die McKinsey-Studie in Europa machen deutlich, dass im Führungsteam Männer und Frauen – letztere mit einem Mindestanteil von 30 Prozent –

gemeinsam Entscheidungen auf Augenhöhe treffen sollten. Anscheinend führen weibliche und männliche Sichtweisen zu einer neu entdeckten Gruppenintelligenz, die die Leistungen von Organisationen bzw. Unternehmen positiv mit ihrer Berücksichtigung männlicher und weiblicher Meinungsvielfalt beeinflussen können. So geht es weniger um die Frage, ob Frauen oder Männer die besseren Führungskräfte sind. Vielmehr geht es um die »Mischung«, d.h. um die gegenseitige Wertschätzung der beiden Geschlechter, die neue Synergieeffekte erst möglich macht. Das Konzept »Mixed Leadership« steht für ein unterschiedliches aber ebenbürtiges Führungsverhalten von Mann und Frau mit Begegnung auf gleicher Augenhöhe, das von den Mitarbeitern als glaubwürdig und authentisch wahrgenommen wird.

Grafik 3: Mixed-Leadership-Konzept

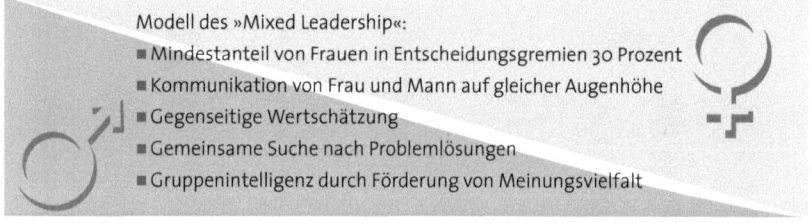

Der demografische Wandel wird aufgrund des zunehmenden Fach- und Führungskräftemangels das Einstell-, Förder- und Entwicklungsverhalten von Unternehmen in Hinblick auf eine erhöhte Frauen- und Familienfreundlichkeit ändern, sodass sich das Konzept »Mixed Leadership« als Erfolgskonzept für die Zukunft beweisen kann.

Fritz Krueger
Ethik der Achtsamkeit – Richtschnur für technikgestützte Assistenzleistungen

Vorbemerkung – Was bisher geschah

Eine soziale Vernetzung und die Möglichkeiten einer Technischen Assistenz sichern Menschen mit Behinderungen ein unabhängiges Leben. Diese These des Brüsseler Kreises – ein Zusammenschluss von zwölf großen caritativen und diakonischen Sozialunternehmen aus Deutschland – sollte auf ihre Praxistauglichkeit hin untersucht werden.

Im Vorwort des Buches »Ambient Assisted Living« steht: »Die Qualität des Wohnens, die Möglichkeiten als Mensch mit Behinderungen ein Alter in Würde zu erleben, die Wohnmobilität im Alter und eine möglichst große Autonomie in ambulant betreuten oder stationären Systemen werden unserer Meinung nach von zwei Aspekten wesentlich bestimmt:

1. durch die Entwicklung und Inanspruchnahme von Netzwerken
2. durch die Chancen und Möglichkeiten Technischer Assistenz

Das Thema ›Technische Assistenz für Menschen mit Behinderung‹ hat eine kurze, aber doch intensive Geschichte. Über eine Berichterstattung in der Zeitschrift Wirtschaftswoche im März 2002 wurde das Sozialwerk St. Georg Gelsenkirchen auf eine Altenhilfeeinrichtung in Portland, Oregon – Outfield Estates – aufmerksam, die seinerzeit eine der am besten ausgestatteten Altenhilfeeinrichtungen mit Informationstechnologie in den Vereinigten Staaten war. Durch den Einsatz von Pagern, Microships, Sensoren und Infrarotsystemen wird in der Einrichtung die Gewinnung einer Vielzahl von Informationen über den einzelnen Bewohner, aber auch über die Tätigkeit der Mitarbeiter möglich. Diese Information war die Initialzündung für das Sozialwerk St. Georg, sich ab dem Jahr 2002 mit dem Themenfeld ›Ambient Assisted Living – AAL‹ intensiv zu beschäftigen. Infolge der Zusammenarbeit wurden Modellprojekte gemeinsam mit der Altenhilfe Outfield Estates im Sozialwerk St. Georg und im Brüsseler Kreis vorangetrieben, wenn auch nicht zufriedenstellend. Langsam interessierten sich auch Experten in Deutschland für dieses Thema. Im Jahr 2008 fand in Berlin der erste deutsche Kongress ›Ambient Assisted Living (AAL)‹ statt, veranstaltet vom Verband der Elektrotechnik, Elektronik und Informationstechnik e. V. (VDE) und dem Bundesministerium für Bildung und Forschung (BMBF). Menschen mit Behinderungen standen noch nicht im Fokus und eine ethische Auseinandersetzung fand nicht statt. Fachleuchte aus der Behindertenhilfe waren so gut wie nicht präsent. Das änderte sich auf dem zweiten aal-Kongress 2009. Realistische Anwendungsfälle standen im Vordergrund, die Entstehung bedarfsgerechter und marktorientierter Produkte sollte gefördert werden. Sozialunternehmen aus der Behindertenhilfe waren deutlich wahrnehmbar, ethische und rechtliche Aspekte von aal wurden in einer besonderen Arbeitsgruppe mit immerhin sechs Beiträgen aufgegriffen. Unter der Leitidee von Selbständigkeit und Empowerment wurden Projekte erläutert: Es kristallisierte sich das Thema Technikanwendung als Chance für ein selbstbestimmtes Leben heraus.«[1] Für mich ist damit auch eine ethische Fragestellung in den Mittelpunkt gerückt. Die Überprüfungen vor Ort bestätigen bei der Anwendung von Technik eine weitere Grundaussage des Brüsseler Kreises: Das erste und das letzte Wort haben die Anwender. Sollte ich einmal auf Hilfe angewiesen sein, möchte ich auch das letzte Wort haben.

Zur Einstimmung

Mit einer – ich gebe zu – subjektiven Sichtweise möchte ich am Beispiel »Alter« auf mein Thema aufmerksam machen und mich selbst als Modell nehmen. Es ist normal, alt zu werden. Und so müsste es selbstverständlich sein, sich mit dem Alter zu befassen, da diese Lebensphase auf uns alle zukommt. Und so müsste es selbstverständlich sein, sich Gedanken über das eigene Alter zu machen und über das Alter behinderter Menschen. Und so müsste es selbstverständlich sein, zu bemerken, dass Alter nicht nur ein individuelles, sondern auch ein gesellschaftliches Thema ist. Und es müsste selbstverständlich sein, sich um »Autonomieerhaltungs- oder Unterstützungsmodelle« zu kümmern und hier greift technische Assistenz. Manchmal allerdings habe ich den Eindruck, dass das Thema »Alter« für die meisten Menschen angstbesetzt ist, und diese Angst wird

---

[1] Vgl. *Krueger, F.* (2009): Vorwort. In: *Driller, E. et al.*: Ambient Assisted Living, Freiburg: Lambertus-Verlag, S. 7 ff.

geschürt durch einen umfangreichen Katalog von Defizitattributen. Das konventionelle Bild zeigt den starren, den hilfsbedürftigen Menschen. Alt zu sein bedeutet schwach, passiv, abhängig, unflexibel, geizig, rigide, unproduktiv, pedantisch und einsam zu sein. Diese »charakteristischen Eigenschaften« stehen im krassen Gegensatz zu den positiven Werten unserer Gesellschaft. Das Ganze ist noch gekoppelt mit altersbezogenen Krankheiten, wie Arteriosklerose, Arthrose, Lungenemphysem, Altersdiabetes, Prostatahypertrophie, Karzinome, Koronarsklerose, senile Demenz.[2] Bei der Beschäftigung mit meinem eigenen Alter habe ich eine Geschichte von Harald Martenstein adapiert.[3]

Ja gut, auch ich habe ein bisschen Angst vor dem Alter, vor allem vor dem hohen Alter. Vor einer bestimmten Sache habe ich besonders viel Angst. Ich möchte nicht gerne eine Windel tragen. Ein Säugling wird trotz seiner Windel für süß gehalten. Mich werden Sie sicher nicht für süß halten. Ich bin als alter Mensch bestimmt sehr unangenehm. Ich werde im Heim sitzen – ich kann mir nicht vorstellen, dass meine Kinder mich zu sich nehmen. Sie sind gute Kinder, aber sie sind auch klug und mögen es gerne bequem und werden es deswegen nicht tun. Ich werde im Heim sitzen und die Pfleger tyrannisieren. Ich werde ständig das Essen zurückgehen lassen, weil ich glaube, man hätte mir heimlich Spargel unter das Essen gemischt. Ich kann seit meiner Kindheit Spargel nicht ausstehen. Im Alter werden solche Marotten stärker. Die Pfleger werden irgendwann genug haben von meiner Marotte und mich zwingen, den Spargelbrei zu essen. Ein Pfleger hält den Kopf fest, der andere füllt Brei ein. Ich werde, während der Spargelbrei mein Kinn herabrinnt, rufen: »Ihr dürft das nicht tun. Ich war Geschäftsführer bei der JG-Gruppe. Ich verlange Respekt!«. Aber sie werden nur lachen. Während die anderen im Fernsehzimmer fernsehen, werde ich hinten im Eck über meine konzeptionellen und sozialpolitischen Erfolge vor mich hin brabbeln und ich werde rufen: »Ich habe sogar eine Rede in Nürnberg gehalten!«, bis die anderen Alten die Pfleger rufen, und die Pfleger schieben mich dann mit einem Rollstuhl in die Besenkammer, damit die anderen in Ruhe fernsehen können. Und wenn ich jammere und zetere, werde ich kalt geduscht. Einmal im Monat kommen meine Kinder. Deren Lebensgefährten hassen mich, weil das gesamte Erbe für die Heimkosten draufgeht. Sie bringen mir gemeinsam eine Flasche Spätburgunder mit. Ich

---

[2] Vgl. *Schenda*, R. (1972): Das Elend der alten Leute. Informationen zur Sozialgerontologie für die Jüngeren. Düsseldorf: Patmos Verlag.
[3] Vgl. *Martenstein, H.* (2006): Kalt geduscht. In: DIE ZEIT, Nr. 46 (2006).

weine vor Rührung, es ist mein Lieblingswein. Nachdem sie gegangen sind, nehmen mir die Pfleger die Flasche wieder weg und flößen mir lachend Fencheltee ein. Alle zwei Monate wird eine alte Bekannte aus der Toskana, der Uckermark oder von sonst wo anrufen, aber wegen der Beruhigungsmittel, die ich von den verfluchten Pflegern bekomme, werde ich nur Unsinn reden. Ich werde fragen: »Regiert Helmut Kohl immer noch bei euch in der Toskana?«. Die alte Bekannte wird denken, der Arme ist völlig dement, und wird mich nicht mehr anrufen. Stattdessen schickt sie Fencheltee und Biopralinen, obwohl ich überhaupt nicht dement bin, nur stark sediert. Klar, ich habe schon ein bisschen Angst vor dem Alter. Angesichts meines eigenen Alters ist es mir nachzusehen, dass ich mich, trotz meines Einstieges, für eine unter dem Strich positive Sichtweise über das Alter entschieden habe – schon aus reinem Selbstschutz. Aber ich wollte personelle und strukturelle Abhängigkeiten deutlich machen.

Vorab möchte ich einige Daten nennen, die wohl bekannt sind: In China werden im Jahr 2050 genauso viele Menschen über 65 Jahre leben wie in der übrigen Weltbevölkerung. Bei uns werden demnächst zwei Drittel über 60 Jahre alt sein. Das sind schon Verschiebungen, die gewaltig sind. Auch dass jedes zweite Mädchen, das heute geboren wird, über 100 Jahre werden wird, wenn die Entwicklung so weitergeht, ist eine fast ungeheuerliche Vorstellung. Aber 100 zu werden, das wird in Zukunft fast normal sein. Die Zahl der 90-Jährigen beispielsweise hat sich verzwanzigfacht seit 1950. Diese Tatsachen bedeuten eine nie erlebte Herausforderung, und unser Umgang mit dieser Herausforderung lässt Schlüsse zu auf die Kultur unserer Gesellschaft. Ist der alte Mensch ein Gegenstand, der wie z. B. ein Auto mit zunehmendem Alter an Wert verliert? Dann wäre ein ganz alter Mensch ein ganz wertloser Mensch.[4]

Bislang hat man die demografischen Verschiebungen, die durch die Verlängerung der Lebenserwartung und die abnehmende Geburtenrate entstehen, nur als finanzielle Zeitbombe gesehen. Unterstützungs- oder Assistenzmodelle waren bisher kein Thema. Die »Baby Boom-Generation« beginnt alt zu werden und sie ist reicher, gesünder, besser ausgebildet und zahlenmäßig größer als jede Altersgruppe in jedweder Gesellschaft in der Geschichte der Menschheit zuvor.[5] Dass das Alter auch finanziert werden muss, möchte ich nicht verschweigen. Ich werde mich heute um diese gesellschaftliche Problematik nicht weiter kümmern.

[4] Vgl. *Lypko von, G.* (2006): Lebenszeichen, WDR Köln, April 2006.
[5] Ebd.

Ethische und inhaltliche Positionierung des Brüsseler Kreises zum Leben in einer assistierenden Umgebung

Auf einem parlamentarischen Abend in Berlin machten wir unsere Position deutlich.

Das Sozialsystem und das Gesundheitswesen sind wie immer im Wandel. Heute zeigt er sich nicht nur in der Art und Weise einer Refinanzierung durch die öffentliche Hand, sondern auch in einem Perspektivenwechsel sozialer Arbeit. Er zeigt sich aber auch darin, dass sich die Sozialunternehmen neu orientieren – sie verstehen sich immer mehr als Anbieter sozialer Dienstleistungen und nicht so sehr als umfassende Vertreter der Interessen z.B. behinderter Menschen – das können diese am besten selbst und ganz besonders zeigt der Wandel sich in der Entwicklung neuer Möglichkeiten und Arbeitsansätze. Der Mensch mit Behinderung wird (hoffentlich) nicht mehr in Schutzhaft der Nächstenliebe genommen. Neben dem Homo sapiens, dem Homo faber oder dem Homo ludens gibt es einen neuen Typ: Den »Homo telos contractus«, wie Schulz-Nieswandt formuliert. Hinzu kommen die Wünsche von uns Menschen – seien wir nun behindert oder nicht –, möglichst lange und autonom in der vertrauten Umgebung leben zu können. Und die Konsequenzen aus dieser Sichtweise sollten zeitnah umgesetzt werden.

Eine – ich betone eine – dieser neuen Möglichkeiten, sein Leben zu gestalten, ist »ambient assisted living«, das Leben in einer assistierenden Umgebung. Für alle Menschen, seien sie nun eingeschränkt oder nicht, ist es ein höchst erstrebenswertes Ziel und Ausdruck von Normalität, so lange wie möglich in der vertrauten eigenen Häuslichkeit leben zu können. Vielleicht bietet sich ein Modell von Versorgung und Begleitung an. Unter diesem Gesichtspunkt sollte man z.B. nicht mehr von »Behindertenhilfe« sprechen, sondern von Assistenzdiensten. Darüber hinaus ist Wohnen Teil der Verwirklichung eines Menschen und kommt dem Wunsch nach Selbstdarstellung entgegen. Es ist kein Zufall, dass das Englische dafür auch die Wörter »to live« und »to stay«, d.h. »leben« und »bleiben« gebraucht.[6] Dazu gehört unabdingbar auch die Autonomie von Menschen mit Behinderungen.

Bisher leben z.B. die meisten alten behinderten Menschen in Einrichtungen. Der Trend – unter Empowerment-Gesichtspunkten oder unter finanzpolitischen Überlegungen –, anders organisierte Versorgungs-

---

[6] Vgl. *Krueger, F.* (1993): Lebensbegleitendes Lernen behinderter Werkstätiger Freiburg: Lambertus-Verlag, S. 118.

systeme in Anspruch zu nehmen, hat diese Personengruppe aus unterschiedlichsten Gründen nur bedingt erreicht. Wir benötigen Antworten auf dringende Fragen:

- Wie sieht die Normalität von (alten) behinderten Menschen aus, die als vertraute Häuslichkeit oder als die eigenen vier Wände nur das Leben in einer stationären Einrichtung kennen?
- Wie organisieren wir eine »Rückführung« von stationären Systemen in eine ambulante häusliche Umgebung?
- Wie halten wir eine individuelle Haushaltsführung über ein Alltagsmanagement aufrecht?
- Wie müssen die Institutionen aussehen, wenn die eigenen Fähigkeiten (alter) Menschen nicht ausreichen?

Bei den beiden letzten Punkten setzen wir mit AAL an, nicht als Entwickler, sondern als Anwender.

Manchmal ist es so, dass ältere oder behinderte allein stehende Menschen auf regelmäßige Unterstützung angewiesen sind, weil sie wiederkehrende Tätigkeiten im Tagesablauf nicht mehr allein erbringen können. Es bietet sich eine Lösung mittels intelligenter Geräte an, die in ein Netzwerk eingebunden sind und so Abläufe unterstützen bzw. automatisieren. Wir halten aus ethischer Sicht Autonomie für einen Schlüsselbegriff bei der Frage, wie sich unser Sozialsystem umorientieren kann. Das allerdings setzt Freiheit voraus. Hier kann Technik helfen. Es geht um die Entlassung (*emancipatio*) aus personellen, aber auch strukturellen Abhängigkeiten, es geht um die Autonomie des Willens. Autonomie in unseren Sozialunternehmen setzt autonomes und verantwortungsbewusstes Personal, aber auch autonome und verantwortungsbewusste Sozialunternehmer voraus. Autonomie erfordert einen möglichst großen Verzicht auf Zwang, Verzicht auf institutionelle Zwänge, aber auch auf Zwänge aus der Sozialbürokratie. In Zukunft werden wir uns ethischen Güterabwägungen nicht verschließen können. Bei demenziell erkrankten Menschen mit Weglauftendenzen habe ich die Möglichkeit, sie wegzusperren, ihnen Valium 10 zu verabreichen oder ihnen einen definierten Freiraum – im Sinne des Wortes – zu zugestehen und das mit einem Chip im Armband zu überprüfen, also Technik einzusetzen. Wir im Brüsseler Kreis sind Unternehmer, keine Unterlasser und so wollen wir es nicht unterlassen, uns um die Einsatzmöglichkeiten von Technik zu kümmern, ohne die ethischen Dimensionen zu vernachlässigen. Wenn wir erfolgreich sein wollen, haben wir uns zwei Fragen zu stellen: Erst »Was?« und dann »Wer?«. Was haben wir zu tun und wer ist in der Lage, diese Aufgabe zu lösen? In EDV-Abteilungen ist es heute selbstverständlich, dass hier Techniker arbeiten.

Ethik der Achtsamkeit – zum Berufsverständnis professioneller und ehrenamtlicher Helfer

Es gab eine Zeit, da hatten die Tiere eine Schule. Das Curriculum bestand aus Rennen, Klettern, Fliegen und Schwimmen, und alle Tiere wurden in jedem Fach unterrichtet.

Die Ente war gut im Schwimmen, besser sogar als der Lehrer. Im Fliegen war sie durchschnittlich, aber im Rennen war sie ein hoffnungsloser Fall. Da sie in diesem Fach so schlechte Noten hatte, musste sie nachsitzen und den Schwimmunterricht ausfallen lassen, um das Rennen zu üben. Das tat sie so lange, bis sie auch im Schwimmen nur noch durchschnittlich war. Durchschnittliche Noten waren akzeptabel, deshalb machte sich niemand Gedanken darum – außer der Ente.

Der Adler wurde als Problemschüler angesehen, da er darauf bestand, seine eigene Methode anzuwenden, und er wurde unnachsichtig und streng gemaßregelt, obwohl er in der Flugklasse alle anderen schlug.

Das Kaninchen war anfänglich im Laufen an der Spitze der Klasse, aber wegen des vielen Nachhilfeunterrichts im Schwimmen bekam es einen Nervenzusammenbruch und musste von der Schule abgehen.

Das Eichhörnchen war Klassenbester im Klettern, aber sein Fluglehrer ließ seine Flugstunden am Boden beginnen anstatt vom Baumwipfel herunter. Es bekam Muskelkater durch Überanstrengung bei den Startübungen und es war nur noch durchschnittlich im Klettern und sehr schlecht im Rennen.

Am Ende des Jahres erhielt ein Aal, der zwar schwimmen und nicht rennen, klettern und fliegen konnte, aber ausgezeichnete Beziehungen zur Schulleitung hatte, als Bester die Abschlussurkunde.[7]

Keiner von uns möchte ein Unternehmen voller Aale haben – vermute ich. Und die Geschichte ist keine Gutenachtgeschichte für unsere Kinder oder Enkel. Die Aufgaben in der Sozialwirtschaft sind heute (nicht nur heute) zu breit gefächert für eine Person. Somit steht ein Alleskönner nicht im Fokus der Personalpolitik. Die Komplexität steigt immens: Der Druck in der Kostenentwicklung, das Innovationstempo, das Wachstum in der Alten- und Behindertenhilfe, schnellere Anpassung an sich ändernde Märkte, divergierende Interessenvertretungen, neues Wissen

[7] Quelle unbekannt.

um den Einsatz von Technik etc. So viele unterschiedliche Stärken, um auf allen Feldern bestehen zu können, kann kein Mitarbeiter auf sich vereinigen. Wirkliche Spitzenleistungen können nur in Teams erreicht werden, in denen jedes Mitglied seinen Stärken entsprechend eingesetzt wird, dazu gehören auch Technikexperten, ohne dabei die Verantwortung einer Hierarchie zu vernachlässigen.

Es ist schwierig, eine Berufsbezeichnung für die Menschen zu finden, die in der Sozialwirtschaft tätig sind, wir brauchen viele Professionen und Strukturen. Alle Berufsbezeichnungen sagen etwas aus über ein bestimmtes Tätigkeitsfeld. Was aber ist das Gemeinsame?

So bleibt mir zu beschreiben, worum es geht: Es geht um eine engagierte Sorge für behinderte Menschen. Diese engagierte Sorge wird in einer interaktiven Praxis von einer Ethik der Achtsamkeit bestimmt. Achtsamkeit (*attentio*), wie ich es im etymologischen Wörterbuch der Brüder Grimm gefunden habe, bedeutet mehr als nur Aufmerksamkeit. Früher gebrauchte man achtsam im Sinne von achtbar, angesehen, schätzbar, und wenn ich nicht achtsam bin, dann bin ich nachlässig und unachtsam. Attentio bedeutet aber auch Beachtung, Betreuung, Interesse, Pflege, Respekt und Wachsamkeit.[8] »Mit dem Begriff ›Achtsamkeit‹«, so sagt E. Conradi wird der starke Impetus von Achtung aufgegriffen. Achtsamkeit drückt insofern das Anliegen aus, dass Menschen füreinander von unermesslicher Bedeutung sind. Zugleich aber geht der Begriff Achtsamkeit über die traditionelle Auffassung von Achtung hinaus, der zu Folge ebenbürtige und unabhängige Menschen sich auf dem Wege der Gegenseitigkeit respektieren (sollen). Die moralische Institution, die der Begriff Achtung ausdrückt, wird erweitert und verändert. Achtsamkeit trägt der Bezogenheit von Menschen aufeinander, ja sogar der Abhängigkeit voneinander – beispielsweise in asymmetrischen Verhältnissen zwischen Erwachsenen und Kindern – Rechnung. Es ist nicht länger nötig, fiktive Annahmen ins Spiel zu bringen oder wider besseren Wissens zu unterstellen, entsprechende Verhältnisse seien reziprok und symmetrisch. Vielmehr werden Bezogenheit und Praxis zu Schlüsselbegriffen einer Ethik der Achtsamkeit.«[9] Aber auch die Möglichkeit einer misslingenden sozialen Praxis liegt in der Asymmetrie zwischen den Personen in den sozial helfenden Beziehungskonstellationen begründet. Sofern derartige Ungleichheiten nicht überwunden werden können,

---

[8] Vgl. *Grimm, J. u. W.*: Deutsches Wörterbuch.
[9] Vgl. *Conradi, E.* (2001): Take Care, Grundlagen einer Ethik der Achtsamkeit, Frankfurt: Campus Verlag, S. 24.

stellt sich die Frage, wie mit diesen Asymmetrien kulturell umgegangen werden kann, sodass es nicht zu einer Entmündigung der Menschen mit Behinderung kommt.[10]

Für die Akzeptanz der assistierenden Technologie wird es jedoch ganz entscheidend sein, dass diese für den Menschen mit Behinderung und unter seiner praktischen Mitwirkung implementiert wird. Dazu müssen entsprechende leitbildorientierte unternehmenspolitische Bahnungen vorgenommen werden. Wir vertreten die These, dass eine Ethik der Achtsamkeit ein angemessenes Normmodell ist, um die Professionen, aber auch die Unternehmensleitungen auf den Pfad der Modernisierung – verstanden als Humanisierung – weiter voranzubringen.[11]

In der Veröffentlichung des Brüsseler Kreises über Technische Assistenz wurde der Technikakzeptanz ein langes Kapital gewidmet und zwar aus Sicht der Mitarbeiter, aus Sicht der Angehörigen und natürlich aus der Sicht der Menschen mit Behinderung. Die Ergebnisse möchte ich kurz referieren.

Es lässt sich feststellen, dass seitens der Mitarbeiterschaft der Aspekt der Autonomiegewinnung durch den Einsatz von assistierender Technologie in der Alltagsbewältigung für den Menschen mit Beeinträchtigung den größten Gewinn darstellt. In diesem Bereich sehen sie einen technischen Entwicklungsbedarf hinsichtlich der Nutzbarkeit bestehender Techniken für Menschen mit Behinderung. Grundsätzlich haben die an einem Workshop beteiligten Eltern eine positive Einstellung zur technischen Unterstützung in der Versorgung von Menschen mit Behinderung. In Anbetracht der Inanspruchnahme eines formellen Wohnangebotes für ihre Kinder ist den Eltern – da ihre Kinder nun dem elterlich sorgenden Einflussbereich mehr und mehr entweichen – eine nachweislich verantwortungsbewusste Umgangsweise mit assistierenden Techniken seitens der Sozialunternehmen von größter Wichtigkeit. Auch sie bevorzugen in ähnlicher Weise wie die Mitarbeiter individuelle technische Lösungen. Finanzierungsprobleme wurden in dieser Elterngruppe nicht thematisiert. Das Wichtigste an der Technik für Menschen mit Behinderung selbst ist, dass sie funktioniert (dies wurde von fast jedem genannt), gefolgt davon, dass sie hilft, das Leben zu verbessern oder

---

[10] Vgl. *Schulz-Nieswandt, F.* (2009): Ethik und Achtsamkeit als Normmodell professionellen Handelns, in *Driller, E. et al.*: Ambient Assisted Living, Freiburg: Lambertus-Verlag, S. 23.

[11] Ebd. S. 24.

Angewiesensein auf andere zu verhindern, aber auch, dass sie die Arbeit erleichtert und einfach zu bedienen ist.[12]

Qualitätsmanagement

In einem europäischen Projekt werden QM-Systeme verglichen. »Die Themen Qualitätssicherung (QS) und Qualitätsmanagement (QM) beherrschen derzeit den Organisationsbereich des sozialen Sektors wie wenig andere Themen. Immer häufiger wird die Qualität sozialer Dienstleistungen auch aus europäischer Perspektive betrachtet, um von den Erfahrungen anderer Länder zu lernen und das eigene Engagement so positiv zu beeinflussen.«[13]

Der soziale Dienstleistungssektor zählt europaweit zu den zentralen Wachstums- und Entwicklungsfeldern nationaler Gesellschafts- und Wirtschaftssysteme. Seine hohe sozialgesellschaftliche und -ökonomische Bedeutung entwickelt sich nun auch über nationale Grenzen hinweg und entfaltet sich zunehmend im Prozess des Aufbaus und Zusammenwachsens in Europa.«[14]

Im Rahmen meiner Themenstellung kann ich ein System – EQUASS, das die Kategorie der Ethik für einen wesentlichen Baustein hält, anbieten. EQUASS (kurz für European Quality in Social Services) ist ein europäischer Qualitätsrahmen für Sozialdienstleister. Er stellt die Belange und Interessen der Leistungsnehmer und anderer Interessengruppen in den Mittelpunkt. EQUASS ist eine Initiative der European Platform for Rehabilitation (www.epr.eu). EQUASS basiert auf neun Qualitätsprinzipien: Führung, Rechte, Ethik, Partnerschaft, Mitbestimmung, Leistungsnehmerorientierung, Ganzheitlichkeit, Ergebnisorientierung, kontinuierliche Verbesserung.

EQUASS Assurance dient dabei der grundlegenden Sicherung der Qualitätsprinzipien, und die Ethik hat eine besondere Bedeutung.[15]

Zum Schluss zitiere ich eine Grundaussage der Bundesarbeitsgemeinschaft der Berufsbildungswerke: »Wir verfügen in Deutschland über ein einzigartiges System an Teilhabeleistungen, das Menschen auch mit

---

[12] *Karach, U. et al.* (2009): Technikakzeptanz in der Behindertenhilfe. In *Driller, E.* et al.: Ambient Assisted Living, Freiburg: Lambertus-Verlag, S. 105 ff.
[13] *Künemund, M.* (2010): Vorwort und Danksagung, in *Frings, S. u. a.*: Best Quality, Technische Universität Dortmund, Fakultät Rehabilitationswissenschaften: Rehabilitationssoziologie.
[14] *Frings, S.* et al. (2010): Best Quality, a. a. O.
[15] Prospekt EQUASS 2010.

schwersten Behinderungen einen Platz in unserer Gesellschaft ermöglicht. Das System weiterzuentwickeln und noch stärker als bisher in die Gesellschaft zu verzahnen, birgt für Menschen mit und ohne Behinderungen gewinnbringende Chancen.«[16]
Dem kann ich mich nur anschließen.

---

[16] *BAG B BW* (2010): Gesellschaftliche Teilhabe von Menschen mit Behinderung, Berlin.

Wolfgang Meyer
Mehr Technik – Mehr Zuwendung?

1. Assistenzbedarfe steigen – Ressourcen schwinden

Das weltweite Phänomen alternder Bevölkerungen stellt sowohl Industrie- als auch Schwellenländer vor große Herausforderungen. Die Folgen der demografischen Veränderungen werden vor dem Hintergrund ihrer Auswirkungen, z. B. auf die Sozialversicherungssysteme, den Arbeitsmarkt und das Bildungswesen, in den kommenden Jahren auch in Deutschland deutlich spürbar sein. Der Sozial-, Pflege- und Gesundheitsmarkt steht vor einem sich über mehrere Dekaden fortsetzenden und nie dagewesenen Nachfrageanstieg.

Von 2005 bis 2020 wird es nach Berechnungen der statistischen Ämter des Bundes und der Länder zu einem Anstieg der auf Leistungen der Pflege angewiesenen Personen um 38 Prozent, bis 2030 sogar um 62 Prozent kommen. Keine geringere Dynamik nehmen die Fallzahlen im Bereich der Eingliederungshilfe (SGB XII) für Menschen mit Behinderungen. Nach Angaben der Bundesarbeitsgemeinschaft der überörtlichen Sozialhilfeträger[1] hat sich im Vergleich mit dem Stand von vor zehn Jahren die Zahl der Hilfebezieher von Leistungen der Eingliederungshilfe (Sozialhilfeleistungen) um 53 Prozent erhöht, die Nettoausgaben stiegen im selben Zeitraum um 64 Prozent. Allein in 2006 betrugen die Ausgaben für die soziale Eingliederung 643.000 behinderter Menschen 10,5 Milliarden Euro. Im Jahr 2008 lagen Sie bereits bei knapp 12 Milliarden Euro. Dabei entfielen ca. 88 Prozent der Nettoausgaben auf die Eingliederungshilfe in Wohneinrichtungen / Werkstätten für Menschen mit Behinderung.

Aufgrund des enormen Kostendrucks läuteten die Sozialhilfeträger – ähnlich wie im Bereich der Pflegeleistungen nach SGB XI und V bereits etabliert – den Paradigmenwechsel »ambulant vor stationär« und den Ausbau kostengünstiger ambulanter Versorgungsstrukturen im Kontext der SGB XII-Leistungen ein. Dies führte im Zeitraum von 2000 bis 2009 dazu,

[1] BAGüS 2006.

dass sich die Anzahl der ambulant betreuten Menschen mit Behinderung mehr als verdoppelte, während ihr Anteil im stationären Bereich im selben Zeitraum mit immerhin noch 21 Prozent deutlich moderater anstieg.

Die jüngsten politischen Interventionen, wie etwa das im November 2009 durch die Arbeits- und Sozialministerkonferenz (ASMK) verabschiedete und der Bundesregierung zwecks Reformgesetzgebung übergebene ASMK-Eckpunktepapier zur Weiterentwicklung der Eingliederungshilfe[2] oder der Vorschlag zur Einführung eines neuen Pflegebedürftigkeitsbegriffs[3] heben eindeutig auf die Fortsetzung dieses Kurses durch den weiteren Ausbau ambulanter Versorgungsstrukturen und der stärkeren Kostenbeteiligung der Betroffenen selbst bzw. ihrer Angehörigen ab.

Mit dem Ziel, die Kosten »in den Griff« zu bekommen, soll es immer mehr alten und unterstützungsbedürftigen Menschen ermöglicht werden, möglichst selbständig und lange in der eigenen Häuslichkeit zu verbleiben. Erklärtes Ziel ist zudem der Auf- und Ausbau des Netzwerks informeller Helfer im Kontext des ehrenamtlichen Engagements und der Nachbarschaftshilfe (Stichwort: Quartierskonzepte).

Das Paradigma »ambulant vor stationär« steht dabei nicht nur für einen Weg der volkswirtschaftlichen Entlastung, sondern es entspricht auch dem Wunsch der Betroffenen nach mehr Teilhabe am Leben in der Gesellschaft und dem primären Bedürfnis aller Menschen, ihre persönliche Freiheit und Autonomie zu vergrößern und zu erhalten. Entsprechend fragen die meisten Menschen – ob im Alter oder behinderungsbedingt – Assistenzdienstleistungen nach, die eine Unterstützung der Selbstständigkeit und Selbstbestimmung ermöglichen und fördern. Doch selbst wenn die Sozialversicherungssysteme über den erforderlichen Haushalt zur Refinanzierung des benötigten Versorgungssystems verfügen würden, wären sowohl der Expansionsmöglichkeit sozialer Dienstleistungsunternehmen als auch der Steuerungswirkung der Kostenträger – hin zu kostengünstigeren ambulanten Quartiersversorgungskonzepten – insbesondere durch die Rekrutierungsengpässe der erforderlichen Personalressourcen Grenzen gesetzt. Der Personalbedarf wird enorm sein, zumal das Rückgrat der familiären Pflege sich bis 2040 demografiebedingt halbieren wird. Und entgegen der Prognose einer »Jobmaschine Pflegewirt-

[2] ASMK-Eckpunktepapier zur Weiterentwicklung der Eingliederungshilfe, 85. Konferenz der Arbeits- und Sozialminister der Bundesländer (ASMK), November 2009.
[3] Bericht des Beirats zur Überprüfung des Pflegebedürftigkeitsbegriffs, Bundesministerium für Gesundheit, Januar 2009.

schaft« besteht vierten Quartals 2008 des Instituts für Arbeitsmarkt- und Berufsforschung angekündigt, wo erstmals soziale Berufe mit 57.000 offenen Stellen auf TOP 2 der sofort zu besetzenden Stellen auftauchen. Der zukünftige Personalbedarf wird nicht gedeckt werden können. Qualitätseinbußen für Kunden und fehlende Möglichkeiten der Expansion in einen potenziell prosperierenden Pflegemarkt scheinen unabwendbare Folgen für die Sozialwirtschaft zu sein.

Die Sozialwirtschaft kann den wachsenden Anforderungen somit nicht ohne Anpassung und Weiterentwicklung begegnen. Sie ist gefordert, aktiv alternative Assistenzkonzepte zu denken. Bezogen auf Pflege- und Betreuungsleistungen ergibt sich in erhöhtem Maß die Notwendigkeit, die Personalressourcen so effizient wie möglich zu nutzen. Dies nicht mit dem Ziel, mittels Personalreduktion die Budgets zu entlasten, sondern um das noch zur Verfügung stehende Personal für vordringliche Pflege- und Unterstützungsaufgaben und die unabdingbaren Primäraufgaben menschlicher Zuwendung einzusetzen.

In diesem Zusammenhang werden zunehmend Entwicklungen aus dem Bereich des sogenannten »Ambient Assisted Living« (AAL) und deren Umsetzung im Rahmen neuer Wohnformen diskutiert.

2. Ambient Assisted Living – ein Lösungsansatz zur Sicherung der Pflege- und Betreuungsqualität für die Zukunft

Ambient Assisted Living bedeutet: Leben in einer durch »intelligente« Technik ergänzten und assistierenden Umgebung, die sensibel und anpassungsfähig auf die Anwesenheit von Menschen und Objekten reagiert und dabei dem Assistenzbedürftigen und / oder dem Assistenzgebenden vielfältige Dienste leistet und Informationen bietet.

Die Nutzung unterstützender Technologien muss dabei immer unter der ethischen Prämisse erfolgen, dass der Technikansatz die Selbstbestimmung des Nutzers im Fokus hat und niemals Selbstzweck ist. Denn das Ziel von Ambient Assisted Living ist eine »Ermöglichung« und nicht eine schleichende Entmündigung durch Technikeinsatz.

Mit Blick auf eine ressourceneffiziente Sicherung der Betreuungs- und Pflegequalität für die Zukunft sind folgende Anforderungen an die Entwicklung von technisch unterstützten Assistenzkonzepten zu stellen:

1. Den zu unterstützenden Menschen muss ein hohes Maß an Sicherheit gewährleistet werden.
2. Technik muss helfen, ihre Selbstständigkeit zu erhalten bzw. zurückzugewinnen.

3. Technik soll helfende Personen entlasten und muss helfen, den Assistenzbedarf bedarfsorientiert, zeitnah und effizient abzudecken.
4. Technik muss sich nahtlos in bestehende Dienstleistungsprozesse integrieren lassen.

Die technische Substitution regelmäßig wiederkehrender Dokumentations-, Beobachtungs-, Kontroll- oder Abrechnungsaufgaben durch technische Lösungen sind ein Beispiel für die Entlastung von Assistenzpersonal durch intelligente Technik. Die technische Übernahme von Dokumentationsaufgaben schafft mehr Zeit für menschliche Wärme und Zuwendung in der direkten Assistenz für ein selbstbestimmtes Leben.

Das Dokumentationssystem des Sozialwerks St. Georg steht hierfür als Beispiel. Es ist Komponente eines umfassenden Ambient Assisted Living-Konzeptes und wurde gemeinsam mit dem Fraunhofer-Institut für Mikroelektronische Schaltungen und Systeme und der inHaus GmbH (beide Duisburg) aus der Praxis einer gerontopsychiatrischen Einrichtung (Eingliederungshilfe) des Sozialwerks St. Georg entwickelt. Das die Dokumentation und Dokumentationsauswertung wesentlich vereinfachende EDV-System ist eingebettet in ein auf Gebäudeleittechnik basierendes Gesamtkonzept. Die zugrunde liegende Gebäudeleittechnik ermöglicht den zentralen Zugriff (Programmierung und Schaltung) auf zimmerspezifische Licht- und Heizungssteuerung, Fensterkontakte, Bewegungsmelder etc. und ermöglicht mittels installierter Bedienterminals die Pflege- und Betreuungsdokumentation, die Gebäudesteuerung und den Informationsaustausch der Mitarbeiter. Die Touchscreen-Terminals mit der speziell entwickelten Software zur Dokumentation sind hierzu so in den Fluren der Einrichtung installiert, dass der maximale Abstand der Pflegekraft zum Terminal immer nur wenige Meter beträgt, egal, wo sich diese im Gebäude gerade aufhält. Auch die Bedienung gestaltet sich denkbar einfach. Die am Terminal angemeldeten Mitarbeiter erhalten kontextabhängig einen Vorschlag für die zu bestätigende Pflegeleistung eines Klienten. Im zugehörigen Dokumentationsprogramm ist für jeden Klienten das individuelle Pflegeprofil in einer Datenmaske hinterlegt. Die Inhalte umfassen alle Leistungsbereiche grund- und behandlungspflegerischer Tätigkeiten, die bisher durch das handschriftliche Protokoll abgebildet wurden. Den Vorschlag können die Mitarbeitenden einfach abändern und mit einem Druck auf den Touchscreen »unterschreiben«. Gleichzeitig erhält die Pflegekraft Informationen über Besonderheiten, die z.B. andere Pflegekräfte über den Klienten hinterlegt haben. Das Terminal dient somit gleichzeitig der Kommunikation. Integriert ist ebenfalls ein Alarmdienst, über den die Mitarbeitenden bei Hilfebedarf weiteres Personal in der weit verzweigten Einrichtung herbeirufen können. Außerdem wurden Gebäudefunktionen wie z.B. zimmerindividuelle Temperatursteuerung, Beleuchtungsszenarien, Türkommunikation u.a. in die Benutzeroberfläche des Touchscreen-Terminals integriert. Die laufende Piloterprobung trifft auf hohe Akzeptanz beim Personal, da es an der Entwicklung direkt und dauerhaft beteiligt ist. Erste Erfahrungen zeigen, dass sich die Wegezeiten in der Einrichtung um ca. 15 Prozent verringern. Durch die technisch unterstützende EDV-Dokumentation ist eine 10- bis 20-prozentige Zeitersparnis pro Mitarbeiter/Dienst möglich. Darüber hinaus eröffnet die digitalisierte Dokumentation erstmals die Möglichkeit, Dokumentationsdaten EDV-technisch betreuungsrelevant auszuwerten. Hierin liegen erhebliche Potenziale einer auswertungsbezogenen Verbesserung der Betreuungs- und Pflegeplanung, die unmittelbar den Klienten zugute kommt. Mit Blick auf demografiebedingte Veränderungen zukünftiger Personalgewinnung lassen sich zudem Vorteile im Kontext der anleitenden Unterstützung von geringer qualifiziertem Personal und die Aufwertung des Arbeitsplatzes absehen.

Ein vielversprechender Ansatz zur Umsetzung der vorstehend ausgeführten Anforderungen sind auch sog. »intelligente« Monitoringsysteme, die in zahlreichen Pilotanwendungen bereits erprobt und in vielen Forschungsprojekten weiterentwickelt werden.[4] Mittels in der Wohnung verbauter Sensoren oder unmittelbar aus den Schaltvorgängen elektrischer Geräte werden hierbei die in der Gerontologie als ADLs (activities of daily living: z.B. Baden, Anziehen, Toilettenbenutzung, ins Bett gehen, Aufstehen etc.) oder als IADLS (instrumental activities of daily living: z.B. Telefonieren, die Benutzung von Haushaltsgeräten, Tabletteneinnahme etc.)[5] genutzten Verhaltensparameter erfasst und den assistierenden Personen als wichtige Grundlage zur Einschätzung des (sich ändernden) Unterstützungsbedarfs zur Verfügung gestellt.

Darüber hinaus kalkulieren diese Systeme die Wahrscheinlichkeit akuter Notlagen der unterstützten Personen (etwa einen Sturz) und generie-

---

[4] Assistenzsysteme im Dienste des älteren Menschen, Steckbriefe der ausgewählten Projekte in der BMBF-Fördermaßnahme »Altersgerechte Assistenzsysteme für ein gesundes und unabhängiges Leben – AAL«, Bundesministerium für Bildung und Forschung, 2009, http://www.aal-deutschland.de, zuletzt aufgerufen am 18.1.2011.

[5] Vgl. *Wilms, H.-U. /Baltes, M. M./ Kanowski, S.*: Demenzerkrankungen und Alltagskompetenz: Effekte auch jenseits von ADL und IADL, Zeitschrift für Gerontologie und Geriatrie, Volume 31, Nummer 4, August 1998, S. 263–270.

ren hieraus automatisch Notrufe. Durch Rückruf in der Wohnung kann dann die Gefahr zusätzlich konkretisiert werden.

Die manuelle Aktivierung klassischer Hausnotrufsysteme durch die sich in einer Notlage befindenden Person könnte hierdurch entfallen. Der Vorteil, insbesondere im Fall schwerer Notlagen, etwa einhergehend mit Ohnmacht, liegt auf der Hand.

Wichtig ist, dass sämtliche personenbezogenen Daten in der Wohnung der unterstützten Person verbleiben. Lediglich die erkannten Notsituationen werden unmittelbar weitergeleitet.

Ferner besteht die Möglichkeit, diese Systeme mit zusätzlichen Erinnerungs-/Assistenzfunktionen zur Bewältigung der lebenspraktischen Anforderungen auszustatten. Es kann an die Einnahme von Medikamenten, auf offene Fenster und Türen, nicht abgeschaltete E-Geräte (etwa beim zu Bett gehen oder beim Verlassen der Wohnung) oder mitzunehmende Dinge (z. B. Ortungsgerät, Medikamente wie Insulin-Pen etc.) erinnert werden. So können – individuell auf jede Person abgestimmt – die lebenspraktische Selbstständigkeit und die Sicherheit in der eigenen Wohnung erhöht werden.

Grundsätzlich besteht die Möglichkeit – analog bereits komplementärer Hausnotrufdienste –, ein derartiges Monitoringsystem in die Ablauforganisation ambulanter Dienstleistungen zu integrieren. Entsprechend können – neben den Gesundheits- und Sozialdienstleistungen – über die implementierte Serviceplattform auch haushaltsnahe Dienstleistungen vermittelt werden.

Die nachfolgende Grafik gibt einen Überblick über die System- und Dienstleistungsarchitektur.

System- und Dienstleistungsarchitektur »intelligenter Hausnotruf«

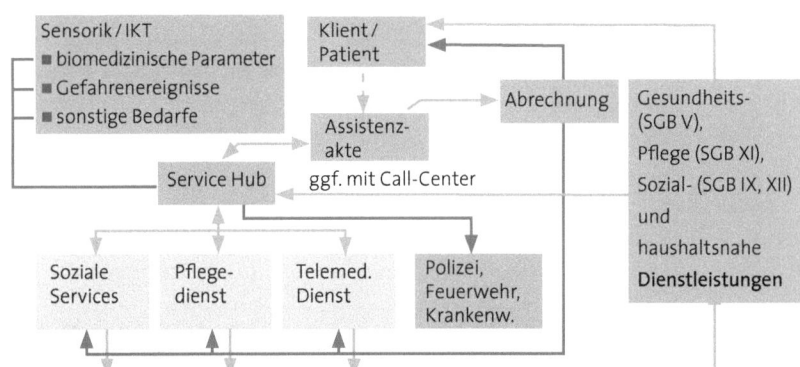

Zielsetzung eines mit Unterstützung des Bundesministeriums für Bildung und Forschung (BMBF) initiierten Projektes des Sozialwerks St. Georg e.V. bzw. seiner Tochtergesellschaft ALPHA gGmbH ist die Entwicklung und Bereitstellung einer sogenannten »Just-in-Time-Assistenz« (JUTTA). Diese integrierte Dienstleistung umfasst alle wichtigen Betreuungsservices, um akute Bedarfe von Menschen im Bereich des Wohnumfeldes zu bedienen. Damit soll ein Mehr an persönlicher Freiheit und Autonomie durch eine bedarfsgerechtere Unterstützung der Selbstständigkeit erreicht werden.

Die Dienstleistungen sind auf den individuellen Bedarf der Kunden zugeschnitten und haben das Ziel, Menschen länger ein selbstbestimmtes und weitgehend unabhängiges Leben sowie Sicherheit in der eigenen Häuslichkeit zu ermöglichen. Zusätzlich zu der professionellen Unterstützung durch ambulante Pflegedienste sollen die Lösungen auch die Integration familiärer oder auch ehrenamtlicher Hilfe und damit die Entwicklung sozialer Netze und Kommunikation unterstützen und fördern. Diese Konzepte sollen zum einen die Assistenz-/Betreuungsqualität verbessern, zum anderen die Betreuungskosten reduzieren. Neben technischen Lösungen erarbeiten und testen die Beteiligten Modelle, wie z.B. eine Kooperation zwischen Pflegedienstleistern, Wohnungsunternehmen und Ehrenamtlichen gestaltet werden kann. Eng verbunden damit ist das Erarbeiten neuer Organisationsmodelle, die für eine Umstellung auf individualisierte und nachfragezentrierte Betreuungs- und Pflegedienstleistungen notwendig sind. Diese müssen entsprechend dem veränderten Aufgabenzuschnitt und -spektrum der an der Leistungserbringung beteiligten Personen (z.B. Pflegekräfte, Call-Center-Personal) auch neue Anforderungen an deren Kompetenz sowie an die Vermittlung dieser veränderten Kompetenzen berücksichtigen.

Mit Blick auf das vorliegende Projekt sind besonders Aspekte aus dem Bereich Ambient Assisted Living von großer Bedeutung: Eine wesentliche Aufgabe besteht darin, eine Monitoring-Technologie in die Geschäftsprozesse des Pflegedienstes zu integrieren. Der Einsatz von Sensoren, mit denen man den Unterstützungsbedarf einer Person ableiten kann, soll die Koordination des mobilen Pflegepersonals entscheidend verbessern. Des Weiteren soll zur besseren Koordination eine Ortung der Fahrzeuge des Pflegedienstes zum Einsatz kommen, um die Reaktionszeiten auf Servicebedarfsmeldungen durch Information des räumlich nächsten und freien Mitarbeiters zu minimieren.

Die Systemarchitektur, die zur Bestimmung des Pflegebedarfs verwendet wird, besteht dabei aus mehreren Ebenen. Auf der unteren Ebene erfassen Sensoren verschiedene physikalisch messbare Parameter der Umgebung und der betreuten Person, um sie mit Hilfe einer »Middleware« an die eigentlichen Applikationen zu übertragen.

Aufbauend auf vorhandene Strukturen eines ambulanten Pflegedienstes sowie bereits existierende Mikrosystemtechnik (MST)-Lösungen soll ein neues Dienstleistungsangebot entwickelt und umgesetzt werden. Dieses soll dem sich verändernden, zukünftig größer werdenden Bedarf einer älter werdenden Gesellschaft Rechnung tragen. Es soll speziell pflege- und betreuungsbedürftige Menschen in die Lage versetzen, ein weitgehend selbstbestimmtes und unabhängiges Leben in einer Solidargemeinschaft zu führen. Im Kern geht es dabei um eine Umstellung des bisher fürsorglichen, am Dienst- und Zeitplan orientierten Pflegeprozesses auf einen am konkreten Fall und Bedarf und damit nachfrageorientierten achtsamen Assistenzprozess (»Just-in-time-Assistenz«).

Gegenüber bestehenden Konzepten der Quartiersversorgung soll hier ein umfassender Ansatz realisiert werden, der nicht nur eine Vielzahl von Akteuren verbindet, sondern erstmals auch die mobilen Arbeitsplätze (respektive die Fahrzeuge) des Pflegedienstes in das technische Unterstützungs- und Quartierskoordinierungskonzept integriert.

3. Technikeinsatz muss die Selbstbestimmung des Nutzers im Fokus haben

Leitend für die Implementierung von Technologien des Ambient Assisted Living muss immer die Wahrung der Selbstbestimmung des Nutzers sein. Menschliche Zuwendung und Wärme in der Betreuung und Pflege müssen immer Priorität im Sinne einer Ethik der Achtsamkeit[6] haben. Notwendig ist ein verantwortungsvoller Umgang mit Technik, der eine falsch verstandene technische Fürsorge im Sinne einer »gnädig-barmherzigen Entmündigung« ausschließt.

Unter dem Aspekt des Erhaltens noch vorhandener bzw. erreichbarer Alltagskompetenzen soll technische Substitution oder Ergänzung erst dann erfolgen, wenn die Fähigkeiten nicht mehr zur selbstständigen Bewältigung der Alltagsanforderungen ausreichen.

Darüber hinaus erfordert die Implementierung technischer Assistenz

---

[6] Vgl. *Schulz-Nieswandt, F.*: Ethik der Achtsamkeit als Normmodell professionellen Handelns. In: *Driller, E./Karbach, U./Stemmer, P./Gaden, U./Pfaff, H./Schulz-Nieswandt, F.* (2009): Ambient Assisted Living. Technische Assistenz für Menschen mit Behinderung, Freiburg im Breisgau: Lambertus-Verlag..

in die Kultur bestehender Pflege- und Unterstützungsprozesse auch neue Leitbilder für Helfer im Sinne der Ethik der Achtsamkeit.

Sollen AAL-Lösungen zukünftig mehr Zuwendung für Betroffene sichern, ist es erforderlich, dass alle an der Unterstützung behinderter, alter oder pflegebedürftiger Menschen Beteiligten aus den Reihen der Politik, der öffentlichen Hand und der freien Wohlfahrtspflege, sowie die Betroffenen selbst, sich mit dem Potenzial dieses neuen Ansatzes auseinandersetzen und diesen gemeinsam weiterentwickeln.

Für die Akzeptanz assistierender Technik wird entscheidend sein, dass technische Assistenzsysteme für und mit den assistenzbedürftigen Menschen und deren individuellem Bedarf implementiert werden.

Markus Horneber
Forschung und Entwicklung in der Sozial- und Gesundheitswirtschaft – Erfolgreiche Beispiele

Forschung und Entwicklung in der Sozial- und Gesundheitswirtschaft

Forschung und Entwicklung (FuE) ist für Unternehmen ein bedeutsames strategisches Mittel, um in einem immer schärfer werdenden Wettbewerb zu bestehen. Egal ob Produkte, Dienstleistungen oder eine Kombination aus beiden: Durch FuE werden Innovationen generiert und diese verhelfen Unternehmen zu einem Wettbewerbsvorteil. Langfristig erfolgreiche Unternehmen sind Innovationsführer in ihrer Branche. Doch wie steht es damit in der Sozial- und Gesundheitswirtschaft?

Forschung und Entwicklung

FuE sind in Unternehmen der Sozial- und Gesundheitswirtschaft fast nirgends anzutreffen. Ein Blick auf die Aufbauorganisationen zeigt, dass es keine FuE-Bereiche und kein FuE-Management gibt. Es existiert auch keine strukturierte Vorgehensweise, um neue Ideen zum Markterfolg zu bringen. Eine Zukunftsaufgabe besteht daher darin, ein systematisches FuE-Management zu etablieren, das zu neuen Methoden, Verfahren, Konzepten und Techniken führt. Diese können helfen, die Dienstleistungsqualität erheblich zu steigern, aber auch die Effektivität und Effizienz des Dienstleistungserstellungsprozesses nachhaltig zu erhöhen.

Forschung ist ein planmäßiges, methodisch und systematisch betriebenes Denken und Handeln zur Gewinnung neuen Wissens. Bei der *Grundlagenforschung* geht es darum, wissenschaftliche Erkenntnisse für die Dienstleistungserstellung und für neue Techniken zu gewinnen, ohne dass eine definierte Verwertbarkeit gegeben sein muss. Erweitert man die basalen wissenschaftlichen Erkenntnisse der Grundlagenforschung in der Erwartung, diese später für neue Produkte, Dienstleistungen, Systeme oder Verfahren verwerten zu können, betreibt man *angewandte Forschung*.

Entwicklung ist die Umsetzung von Forschungsergebnissen, neuen organisatorischen oder technischen Ideen oder anderer Kenntnisse in ein konkretes Konzept oder in einen Entwurf für die Erzeugung neuer (Neuentwicklung) bzw. wesentlich verbesserter (Weiterentwicklung) Produkte, Dienstleistungen, Systeme oder Verfahren.[1]

Aktionsforschung

»Die für die soziale Praxis erforderliche Forschung lässt sich am besten als eine Forschung im Dienste sozialer Unternehmen oder sozialer Technik kennzeichnen. Sie ist eine Tat-Forschung (*action research*), eine vergleichende Erforschung der Bedingungen und Wirkungen unterschiedlicher Formen des sozialen Handelns und eine zu sozialem Handeln führende Forschung. Eine Forschung, die nichts anderes als Bücher hervorbringt, genügt nicht.«[2]

Kennzeichnend für die Aktionsforschung ist die Annahme, dass wirksame Veränderungen im sozialen Feld nur durch kooperative Arbeit von Wissenschaftlern, Organisatoren in der Praxis (*care giver*) und Betroffenen (*End-User*) erzielt werden können. Die Aktionsforschung zielt in vielfach vernetzten, rückgekoppelten und zyklischen Abläufen auf die Informationsgewinnung sowie die Erarbeitung von Handlungsmöglichkeiten bzw. das Herausfinden von Gesetzmäßigkeiten.[3] Das besondere dabei ist, dass die end-user- bzw. die Care-Giver-Perspektive durchgängig im gesamten Forschungsvorhaben eingenommen wird.

Wenn sich Sozial- und Gesundheitsunternehmen an Forschungsaktivitäten im Feld von Technik, Ethik und Ökonomie engagieren, stehen zwei wesentliche Aufgabenbereiche bereit, in denen sie ihre besondere Kompetenz unter Beweis stellen und zum Gelingen der Forschungsvorhaben beitragen können: Zum einen können Verbesserungen für die

---

[1] Vgl. zur Forschung und Entwicklung auch *Horneber, M.* (2010): Innovative Technik in der Sozial- und Gesundheitswirtschaft. In: *Horneber, M. et al.* (Hg.): Dynamisch Leben gestalten. Perspektiven zukunftsorientierter Unternehmen in der Sozial- und Gesundheitswirtschaft, Stuttgart: Kohlhammer.

[2] *Lewin, K* (1953): Die Lösung sozialer Konflikte, Bad Nauheim: Christian.

[3] *Kappler, E.* (1980): Aktionsforschung. In: *Grochla, E.* (Hg.): Handwörterbuch der Organisation, 2. Aufl., Stuttgart: Schäffer-Poeschel.

Lebenssituation der *end-user* erreicht werden. Beispiele hierfür sind Sicherheit schaffende Informationen über den Gesundheitszustand, den Aufenthaltsort oder der Aufbau einer Kommunikationsmöglichkeit im Notfall, aber auch ein einfacher Informationsaustausch. Zum anderen geht es darum, die Arbeitsbedingungen für die haupt- und/oder ehrenamtlichen *caregiver* zu verbessern. Dies kann durch innovative technisch-organisatorische Konzepte erreicht werden, die attraktivere Arbeitsbedingungen für die Mitarbeitenden oder die Angehörigen schaffen und eine wirtschaftliche Dienstleistungserstellung in der erwünschten Qualität ermöglichen. Ziel ist es in beiden Fällen, knappe Ressourcen wie die begrenzte (Arbeits-)Zeit oder knappe finanzielle Mittel möglichst effektiv zu verwenden.

Die besondere Kompetenz von Sozial- und Gesundheitsunternehmen liegt darin, dass sie die Bedürfnisse der Zielgruppen in der Regel kennen. Zumindest haben sie den Zugang zu den potenziellen Nutznießern von Forschungs- und Entwicklungsergebnissen und können daher in frühen Phasen einer anwendungsorientierten Forschung zu einem zielgerichteten, produktiven Verlauf des Forschungsvorhabens beitragen. Und genau deshalb sind sie für Forschungsinstitutionen aber auch für Industriepartner besonders attraktive Forschungspartner.

Systementwicklung als Tool im FuE-Prozess

Zur Ausgestaltung der Aktionsforschung, vor allem aber auch zur Entwicklung innovativer technik-unterstützter Dienstleistungen stellt die Systementwicklung ein hilfreiches Tool dar. Dieses bewährte Instrument wird vielfach bei der Entwicklung von Informationssystemen eingesetzt. Der Prozess der Systementwicklung kann in die drei stark miteinander vernetzten, iterativen Phasen Konzeption, Entwurf und Implementierung unterteilt werden.[4]

Die *Konzeptionsphase* besteht aus der Geschäftsprozessmodellierung und dem Requirements Engineering. Die *Entwurfsphase* beinhaltet die Entwicklung von Prototypen sowie die Beurteilung von deren Anforderungen. Das Usability Engineering spielt hierbei eine wichtige Rolle. *Implementierung* mit Test und Change Management schließen sich an.

Dem Bereich von FuE sind die Konzeptions- und die Entwurfsphase zuzuordnen, die nun etwas eingehender fokussiert werden.

---

[4] Hansen, H. R. / Neumann, G. (2005): Wirtschaftsinformatik 1. Grundlagen und Anwendungen, 9. Aufl., Stuttgart: UTB.

Konzeptionsphase auf der Grundlage des Requirements-Engineering

Das Requirements Engineering – auch Anforderungsanalyse genannt – umfasst die möglichst vollständige Gewinnung und Aufzeichnung der Anforderungen an ein zu erstellendes System. Ergebnis ist die *Anforderungsspezifikation*, die eine entscheidende Rolle für die gesamte Systementwicklung einnimmt.[5]

Das Requirements-Engineering ist der wichtigste Teil der Entwicklung innovativer Systeme in der Sozial- und Gesundheitswirtschaft. Denn zahlreiche Untersuchungen zeigen, dass die meisten Innovationen scheitern, weil am Bedarf der potenziellen Nutzer vorbeigeforscht und -entwickelt wird. Zudem sind Fehler und Unzulänglichkeiten in frühen Phasen der Systementwicklung mit einem wesentlich geringeren zeitlichen und finanziellen Aufwand zu korrigieren als in späteren Phasen. Eine besondere Herausforderung des Requirements-Engineering besteht darin, die große Zahl höchst unterschiedlicher Personengruppen, die noch dazu divergente Interessen verfolgen, zielführend in die Konzeptionsphase einzubinden.

Usability-Engineering in der Entwurfsphase

Nach der Definition der Anforderungen mittels des Requirements-Engineering, das auf den Leistungsumfang eines Systems abstellt, wird die innovative Lösung im Sinne eines Produkts und / oder einer Dienstleistung in einem ersten groben Entwurf realisiert. Ergebnis sind *Prototypen* anhand derer die konkrete Gebrauchstauglichkeit zutreffend am realen Objekt beurteilt werden kann. Hierzu sind erneut intensive Anwendungsstudien mit den potenziellen Nutzern erforderlich.

Unter *Gebrauchstauglichkeit*[6] versteht man die Eignung eines Produkts, seinen bestimmungsgemäßen Verwendungszweck zu erfüllen. Sie umfasst die technisch-funktionale Eignung eines Produkts (Funktionalität) und die Bedienbarkeit, Benutzbarkeit oder Usability, die sich aus individuellen Bedürfnissen und Einschränkungen der Nutzer bzw. der jeweiligen Zielgruppen ableitet.

---

[5] Vgl. *Hansen, H. R. / Neumann, G.* (2005): Wirtschaftsinformatik 1. Grundlagen und Anwendungen, 9. Aufl., Stuttgart: UTB.

[6] Vgl. *Backhaus, C.* (2010): Usability-Engineering in der Medizintechnik, Berlin: Springer.

Durch Usability-Engineering werden in mehreren Iterationsschleifen bei ständiger Optimierung des Prototypen vielfältige Informationen generiert, die anzeigen, ob die innovative technikgestützte Dienstleistung tatsächlich den Anforderungen der Zielgruppe entspricht. Auch die Frage der ethischen Beurteilung ist in diesem Zusammenhang zu klären.

FuE-Management als Innovationsmanagement

Ziel des FuE-Managements ist es, Innovationen zu generieren. Diese repräsentieren neue Lösungen im Sinne von technikgestützten Dienstleistungen, die am Markt umgesetzt werden und die dadurch den langfristigen Bestand des Unternehmens sichern helfen.

Innovationsdynamik im Lebenszyklus-Konzept

Die Innovationsdynamik wird auch in der Sozial- und Gesundheitswirtschaft in den nächsten Jahren stark zunehmen. Der Wettbewerb zwischen den Dienstleistern und um die anspruchsvolleren Kunden wird immer mehr zu einem Innovationswettbewerb. Nur überzeugende und wirklich passende Angebote werden ihre Abnehmer finden. Das FuE-Management ist letztlich ein Innovationsmanagement [7], das zusätzlich zum technisch Machbaren stark die Kundenbedürfnisse von Anfang an in Forschung und Entwicklung einbeziehen muss.

Die Innovationsdynamik lässt sich anhand des Lebenszyklus-Konzepts veranschaulichen. Es ist gekennzeichnet durch drei Entwicklungslinien[8]: *Marktzyklen* verkürzen sich – ein Servicewohnen ist heute bereits nach zwölf Jahren alt –, Methoden und Verfahren in der Medizin oder Medikamente haben kurze Verfallszeiten. Die *Entstehungszyklen* dagegen, die Zeitspanne von den ersten FuE-Aktivitäten bis zur Hervorbringung marktreifer Konzepte, Dienstleistungen oder

---

[7] Vgl. *Oberender, P. et al.* (2010): Innovationsmanagement in der Sozialwirtschaft. In: *Horneber, M. et al.* (Hg.): Dynamisch Leben gestalten. Perspektiven zukunftsorientierter Unternehmen in der Sozial- und Gesundheitswirtschaft, Stuttgart: Kohlhammer.

[8] Vgl. *Pfeiffer, W./Weiß, E.* (1990): Zeitorientiertes Technologiemanagement. In: *Pfeiffer, W./Weiß, E.* (Hg.): Technologiemanagement. Philosophie – Methodik – Erfahrungen. Göttingen: Vandenhoeck & Ruprecht; *Horneber, M.* (1995): Innovatives Entsorgungsmanagement. Methoden und Instrumente zur Vermeidung und Bewältigung von Umweltbelastungsproblemen, Göttingen: Vandenhoeck & Ruprecht.

Techniken, werden immer länger. Die Überwindung von Akzeptanzbarrieren, langwierige Genehmigungs- und Zulassungsverfahren sowie schwierige Refinanzierungsbedingungen benötigen einen hohen Zeitaufwand. Dabei wird es im wachsenden Wettbewerb immer wichtiger, mit einer Innovation vor der Konkurrenz am Markt zu sein. Schließlich steigen die *Vorbereitungskosten* im Sinne der FuE-Kosten laufend weiter an.

Um trotz dieser Situation dauerhaft erfolgreich am Markt bestehen zu können, muss die Zeitspanne zwischen erster Idee und Umsetzung eines technikgestützten Dienstleistungskonzepts möglichst kurz gehalten werden. Das FuE-Management muss also eng mit dem Innovationsmanagement verkoppelt werden. Darüber hinaus ist es wichtig, sich bereits in frühen Lebenszyklusphasen intensive Gedanken über ein tragfähiges Geschäftsmodell zu machen.

Innovationen und Geschäftsmodelle

Neue Ideen, die innovative Lösungen des Technikeinsatzes in der Sozial- und Gesundheitswirtschaft nach sich ziehen, können aus zwei Bereichen kommen[9]: Die *potenzialinduzierten Innovationen* (Technology-Push-Innovation) werden durch bestehende oder neue technische Potenziale ausgelöst. In diesem Fall sind technische Lösungen der Ursprung möglicher Innovationen. Ausgehend vom technischen Potenzial werden Anwendungsmöglichkeiten im Sinne neuer Dienstleistungen gesucht. Demgegenüber setzen *bedarfsinduzierte Innovationen* (Market-Pull-Innovationen) an den von den Zielgruppen erwünschten Dienstleistungen an. Hiervon ausgehend werden dann die für die Dienstleistungserstellung erforderlichen technischen Potenziale ermittelt.

Konstitutiv für eine Innovation ist nicht ihr objektiver Neuigkeitsgehalt, sondern ihr subjektiver. Das heißt, dass für ein Unternehmen eine Problemlösung, ein Produkt oder eine Dienstleistung innovativ sein kann, die an anderer Stelle bereits etabliert ist.

Potenzial- oder bedarfsinduzierte Innovationen müssen zu einem Angebotsset an Dienstleistungen weiterentwickelt werden, das am Markt erfolgreich umgesetzt werden kann. Hierzu sind Geschäftsmodelle erforderlich.

Ein *Geschäftsmodell* umfasst auf der Nachfrageseite die komple-

---

[9] Vgl. *Pfeiffer, W.* (1971): Allgemeine Theorie der technischen Entwicklung, Göttingen: Vandenhoeck & Ruprecht.

xen Überlegungen der Markterschließung, ausgehend von einer adäquaten Markt- und Kundensegmentierung sowie der Definition der erwünschten bzw. nachgefragten Dienstleistungen. Auf der Angebotsseite geht es darum, eine stabile und zuverlässige Dienstleistungserstellung in hoher, gleichbleibender Qualität aufzubauen. Hiermit untrennbar verbunden ist die Konfiguration des Zuliefernetzwerks. Schließlich geht es darum, das innovative Lösungskonzept multidimensional zu bewerten und zwar durch eine ethische Beurteilung und durch eine ökonomische Bewertung auf der Grundlage einer Kosten- und Erlöskalkulation. Damit verbunden ist auch die Klärung der Finanzierung der FuE-Kosten sowie der Investitions- und der Anlaufkosten.

Innovationsbarrieren

Technische Neuerungen in der Sozial- und Gesundheitswirtschaft umzusetzen, ist alles andere als trivial. Die betroffenen Akteure stehen vor der Aufgabe, die etablierten Vorgehensweisen und ihre Ordnungssysteme umbauen zu müssen. Dies kommt dem Prozess einer schöpferischen Zerstörung im Schumpeter'schen Sinn gleich.[10] Daher gilt es, vier Kategorien von potenziellen Widerständen zu berücksichtigen, nämlich technisch-funktionale, organisatorisch-prozessuale, marktlich-wirtschaftliche und Akzeptanz-Barrieren.[11] Die Identifikation und anschließende erfolgreiche Überwindung von Innovationsbarrieren erfordert nicht nur die entsprechende Denkhaltung des Managements,[12] sondern auch die Verfügbarkeit von geeigneten Methoden und Konzepten.

Um die potenziellen Probleme und Widerstände möglichst frühzeitig und umfassend zu identifizieren, ist es von besonderer Bedeutung, bereits in frühen Phasen der Forschung und Entwicklung die potenziellen Zielgruppen einzubinden. Die bereits vorgestellte Aktionsfor-

[10] Vgl. *Schumpeter, J. A.* (1993): Kapitalismus, Sozialismus und Demokratie, 7. Aufl., Stuttgart: UTB.
[11] Vgl. zu den Innovationsbarrieren ausführlich: *Horneber, M.* (2011): Innovationsbarrieren beim Einsatz innovativer Assistenzsysteme. In: *Horneber, M / Schoenauer, H.* (Hg.): Lebensräume – Lebensträume. Innovative Konzepte und Dienstleistungen für besondere Lebenssituationen, Stuttgart: Kohlhammer.
[12] Warum sind manche Menschen erfinderisch und andere nicht? Es liegt an der Innovatoren-DNS! Vgl. hierzu *Dyer, J. H. / Gregersen, H. B. / Christensen, C. M.* (2010): Die Innovatoren-DNS. In: Harvard Business Manager, Februar 2010, S. 57–65.

schung ist hierzu eine geeignete Methode. Anhand zweier Projekte wird deren Einsatz im Folgenden dargestellt.

Praxisbeispiele und Forschungsprojekte

Wii – Play!

Im ersten Halbjahr 2010 wurde Bewohnerinnen und Bewohnern in drei Altenpflegeeinrichtungen der Diakonie Neuendettelsau zwölf Wochen lang eine Erweiterung der Freizeitaktivitäten durch die Wii-Konsole angeboten.[13] Zur *primären Zielgruppe* gehörten Bewohnerinnen und Bewohner in stationären Pflegeeinrichtungen (Pflegestufe I–III), im Servicewohnen (ohne Einstufung) sowie Menschen mit Demenz. Es haben insgesamt 102 Personen an 58 Veranstaltungen teilgenommen. Die *Sekundärzielgruppe* bildeten Pflege-, und Gerontofachkräfte, Ergo-, Physio- und Beschäftigungstherapeuten sowie ehrenamtliche Mitarbeitende.

Ziel war es, sich vor dem Hintergrund einer zunehmenden Computerspielnutzung älterer Menschen und der Anpassung des Marktes im Altenhilfesektor sowie der Entwicklung neuer Konzepte aus pflegerischer und pädagogischer Sicht mit innovativen technikgestützten Systemen auseinanderzusetzen. Durch das Projekt wurde unter anderem eruiert, wie viele ältere Menschen an der Freizeitgestaltung mit der Wii-Konsole interessiert sind. Ziel war es auch, das Verhalten und Erleben der einzelnen Spielerinnen und Spieler sowie der verschiedenen Gruppen während der Freizeitgestaltung mit den Wii-Videospielen zu erforschen und zu dokumentieren.

Die *Erfahrungen* aus diesem Aktionsforschungsprojekt waren so positiv, dass das Angebot auf weitere Einrichtungen der Diakonie Neuendettelsau ausgedehnt wird, aber auch für externe Interessenten zur Verfügung steht. Den Spielerinnen und Spielern wurde Spaß, Entspannung, Gemeinschaftssinn, Aktivität, Applaus und Anerkennung bereitet. Zusätzlich wurde die Kommunikation, Motivation, Bewegung, Erkennungsfähigkeit, Wahrnehmungs- und Merkfähigkeit sowie die Konzentration gefördert. Zugleich verbesserte sich die Feinmotorik der Teilnehmer.

---

[13] Das Projekt wurde im Rahmen einer Bachelor-Arbeit an der Evangelischen Fachhochschule Nürnberg wissenschaftlich begleitet. Vgl. hierzu ausführlich: *Pensky, N. / Horneber, M. / Gladysz, A.* (2011): Wii Play! – Nicht nur etwas für rüstige Senioren. Paper im Rahmen des 4. Deutschen AAL-Kongresses »Innovative Assistenzsysteme im Dienste des Menschen – Von der Forschung für den Markt«, Berlin 2011.

Kompetenzzentrum Wohnen – Beraten – Pflegen

Eine pilothafte Umsetzung und Erprobung eines komplexen technisch-organisatorischen Ideenbündels in der Praxis wird im neuen Münchener Kompetenzzentrum *Wohnen – Beraten – Pflegen* der Diakonie Neuendettelsau realisiert werden. Eine systematische, wissenschaftliche Begleitung hilft, valide Ergebnisse aus der Erprobungsphase zu gewinnen.[14] Auf dieser Grundlage kann dann überlegt werden, inwieweit die neuen Lösungen auch in anderen Einrichtungen eingesetzt werden können und sollen.

Im Mittelpunkt der *architektonischen Überlegungen* steht ein zukunftsorientiertes Wohnkonzept für demenziell erkrankte Menschen, das auch die Optimierung des Personaleinsatzes sowie Umwelt- und Energieaspekte umfasst. Die Architektur des bereits bestehenden Kompetenzzentrums für Menschen mit Demenz in Nürnberg, das von der Diakonie Neuendettelsau konzipiert und betrieben wird, ist hier wegweisend. Die *Lichttechnik* ermöglicht Lichtleitsysteme innerhalb des Zimmers oder auch auf dem Weg durch die Einrichtung. Die Beleuchtung kann über Bewegungsmelder gezielt gesteuert werden. Beleuchtungsstärke, dimmbare Lichtquellen bzw. die Anpassung der Helligkeit an das Tageslicht sind ebenso wichtig wie blendungsfreie Lichtverhältnisse. Sehr gute Erfahrungen wurden bereits mit Lichtfarben gemacht, die sich der Farbtemperatur und der Helligkeit des Tageslichts anpassen (zirkadiane Rhythmik). Im Bereich der *Ausstattung* kommt modernes Funktionsmobiliar zum Einsatz. Die Küchengeräte sind intelligent und gesichert (z.B. Herd mit Abschaltautomatik). Die Hygiene wird durch *Healthcare Interior* mit Nano-Technologie verbessert. Beispiele hierfür sind antibakterielle Fliesen im Bad, Anti-Fingerprint-Armaturen, luftreinigende Vorhänge, Teppiche und Polsterstoffe (oxydative Katalyse). Ein ganzes Paket an *Sicherheitstechnik* soll die Lebensqualität und die Arbeitsbedingungen verbessern helfen. Anzuführen sind eine intelligente Fluchttürsteuerung, ein elektronisches Zutrittskontrollsystem mit der Möglichkeit sich zu informieren, wer wann das Haus durch welchen Ein- oder Ausgang betreten oder verlassen hat. Der Einsatz von RFID-Technik und von WLAN-Ortung dient der Bestimmung des Aufenthaltsorts von Bewohnern aber auch von Ärzten oder Mitarbeitenden im Haus. RFID-Technik an Geräten dient deren Identifikation und

---

[14] Eingebunden sind u.a. das Fraunhofer IAO (Stuttgart) und das Fraunhofer IMS (Duisburg).

Standortbestimmung zum schnellen Auffinden, zur Überwachung von Wartungsintervallen aber auch zum Diebstahlschutz. Über Dashboards wird die Belegung von übergreifenden Räumen oder von Pflegebädern angezeigt. Über geeignete Sensorik werden Stürze erkannt und automatisch an die interne Notrufanlage gemeldet. Ebenso ist es möglich, Meldungen zu generieren, wenn definierte Bewegungen zu bestimmten Tageszeiten stattfinden (z. B. Patient verlässt nachts das Bett, Zimmer oder die Station). Touchscreens in den Zimmern erleichtern die Pflegedokumentation.

Auch bei diesem Vorhaben geht es darum, im Rahmen der Aktionsforschung ethisch vertretbare, hilfreiche und effektive Konzepte im Alltag von Mitarbeitenden und Bewohnern zu erforschen. Die Ergebnisse können später in andere stationäre Bereiche übertragen werden aber auch für ambulante Versorgungsformen nutzbar gemacht werden.

Thomas Kreuzer
Fundraising in Zeiten knapper Mittel – Was funktioniert?

Ich habe lange überlegt, was ich Ihnen heute vortrage und präsentiere. Ich habe mich schließlich gegen die x-te Einführung ins Fundraising entschieden und möchte Ihnen vielmehr ganz im Sinne der Ankündigung davon berichten, was im Fundraising »funktioniert«, welche Entwicklungen sich gegenwärtig abzeichnen, in welche Richtung wir gehen und was sich in den Organisationen tut. Denn das ist sehr viel.

Zugleich sind wir aber in der gesamten Branche gerade noch einmal am Sondieren, welche Fehlentwicklungen wir sehen, wo wir umsteuern müssen und was wir dringend korrigieren sollten. Auch davon möchte ich Ihnen berichten.

Ich möchte also das würdigen, was wir bislang im Fundraising in Deutschland erreicht haben; eine kurze Replik und Bestandsaufnahme leisten. Danach die inzwischen sich angesammelten Punkte benennen, an denen wir nicht weitergekommen sind oder noch nicht weit genug gekommen sind oder korrigieren sollten. Dann möchte ich Ihnen gern ein paar Vorschläge machen, in welche Richtung wir uns bewegen sollten. Und da hoffe ich, dass diese Perspektiven, die ich benenne, so grundstürzend sind, dass sie Ihren Widerspruch erregen. Konkretionen schließlich runden das Ganze ab. Daraus ergeben sich folgende Schritte: erstens Bestandsaufnahme. Zweitens Defizite. Drittens Desiderate. Viertens Konkretionen. Und danach Ihre Gegenrede!

Meine zentrale These lautet: Die Frage, was im Fundraising »funktioniert«, markiert die wichtigste Fehlentwicklung, in der wir uns gegenwärtig im Fundraising befinden. Fundraising ist in deutschen Nonprofit-Organisationen erfolgreich, wird immer flächendeckender eingeführt. Es werden Strukturen vorgehalten, Stellen geschaffen, Investitionen getätigt. Dort, wo es um langfristige Bindungen und Beziehungen zu den Unterstützern und Förderern geht, also um eine Kultur des Gebens, dort ist Fundraising langfristig erfolgreich. Dort aber, wo es nur »funktionieren« soll, führt es zu Phänomenen der

»Überfischung« und zu einer Zerstörung einer Fundraising-Kultur – und das auf Dauer.

1. Bestandsaufnahme oder: Was wir erreicht haben

Man kann sagen, dass der gemeinnützige Sektor in Deutschland im Blick auf seine Struktur und Finanzierung nur noch wenig Ähnlichkeiten mit dem Bild des Dritten Sektors hat, wie er sich uns vor zehn, gar fünfzehn Jahren präsentiert hat. Das hängt vor allem mit der starken Ökonomisierung des Nonprofit-Sektors insgesamt zusammen. Neben den öffentlichen oder semistaatlichen Einrichtungen haben immer mehr private Anbieter von Dienstleistungen den Markt bevölkert, und die bisherigen Verbände, Einrichtungen und Organisationen mussten sich kontinuierlich marktförmiger aufstellen. Auch im Blick auf die Finanzierung wurde zunehmend die private Einnahmensäule ausgebaut, wofür der gesamte Bereich des Fundraisings steht.

Dies kam und kommt der Einführung des Fundraisings in den Organisationen und Einrichtungen zugute. Das Fundraising steht förmlich für den Wandel und für die Umstrukturierungen im gemeinnützigen Sektor, weil die institutionellen und personellen Akteure des Fundraisings mit ihrer Arbeit diesen Bewusstseins- und Mentalitätswandel im gemeinnützigen Bereich verkörpern.

1.1 Unterstützende Strukturen

Gerade im kirchlichen Bereich ist diese Dynamik in besonderer Weise zu konstatieren – und längst auch zu spüren. Eine neue Studie von Christiane Sadtler im Auftrag der EKD führt sehr schön vor Augen, wie viel sich allein in den letzten vier Jahren im kirchlichen Fundraising getan hat. Zusammengefasst kann man sagen, dass die Einführung und der Ausbau des Fundraisings in den Bistümern und Landeskirchen sich mit hoher Geschwindigkeit entwickelt hat und entwickelt. Ich beziehe mich im folgenden Abschnitt auf die Studie von Frau Sadtler, Stand Frühsommer 2009.

In Hannover sind im Landeskirchenamt inzwischen rund sechs Vollzeitäquivalente mit Fundraising betraut, 20 Fundraising-Stellen wurden in den Kirchenkreisen eingerichtet, rund 100 Hauptamtliche wurden in einem zweijährigen Studiengang im Fundraising geschult, zudem gibt es jährlich Schulungen für 60–100 Ehrenamtliche. Der Sachmitteletat für Fundraising im Landeskirchenamt betrug in 2009 rund 85.000 Euro.

In Bayern wurde im Jahr 2005 in der Landeskirchenstelle in Ansbach das »Kompetenzzentrum Fundraising- und Stiftungswesen« eingerichtet. 4,2 Vollzeitäquivalente sind in Ansbach als Dienstleister für Gemeinden und Kirchenkreise tätig. Zwölf sogenannte Fundraising-Manager arbeiten auf Projektstellen an unterschiedlichen Orten in der Landeskirche, rund 70 Mitarbeitende aus Dekanaten und Gemeinden wurden seit 2002 im Fundraising geschult. Insgesamt investierte die Evangelisch-Lutherische Kirche in Bayern bislang rund zwei Millionen Euro in Fundraising-Qualifizierung und Personalstellen.

In Hessen-Nassau wurden 25 Stipendien für den Studiengang Fundraising ausgelobt, bislang haben 14 Hauptamtliche aus Dekanaten und Kirchengemeinden diese Stipendien in Anspruch genommen. Zudem wurden seit 2007 50 Ehrenamtliche, meist Kirchenvorsteher, geschult. Zudem wurden in zwei Dekanaten, Hochtaunus und Bergstraße, Pilotstellen eingerichtet, die verteilt auf drei Jahre mit einer Anschubfinanzierung von 200.000 Euro ausgestattet wurden.

Diese drei Landeskirchen Bayern, Hannover und Hessen-Nassau geben zurzeit das Tempo der Entwicklung vor, aber insgesamt ist – wie angeführt – in diesem Feld eine beachtliche Dynamik insgesamt zu verzeichnen. Es existieren Bonifizierungsprogramme und Fundraising-Preise, hier ist auch die Badische Landeskirche in vorderster Reihe zu nennen, des Weiteren Stiftungsinitiativen, die über sogenannte Matching Funds gefördert werden.

Die Kirchen sind nur ein Beispiel für die hohe Geschwindigkeit und Dynamik, mit der das Fundraising im gemeinnützigen Sektor Einzug hält. Beispiele aus dem Bereich der Caritas, Diakonie oder der Entwicklungszusammenarbeit würden ein ähnliches Bild ergeben. Wir sehen gegenwärtig, dass sich nahezu alle Dritte-Sektor-Organisationen, auf den unterschiedlichen Ebenen, sich längst auf den Weg der Professionalisierung begeben haben.

Häufig werden organisationsintern – wie auch immer sie konkret heißen – Dienstleistungsbüros gegründet, die Folgendes leisten und anbieten:

(1) Operatives Fundraising für zentrale Leuchtturmprojekte,
(2) Beratung und Consulting für (Unter-)Einrichtungen anbieten, um Konzepte zu entwickeln und um die jeweiligen Einheiten mit Fundraising-Know-how zu befähigen und mit Konzepten auf die Beine zu stellen,
(3) wichtige Vernetzungsarbeit, weil wir die Erfahrung machen, dass die Fundraising-Aktivitäten von einer Stelle koordiniert und begleitet werden müssen,

(4) elementare Bildungsarbeit durch Schulungen und Seminare,
(5) immer häufiger Angebote für die Planung, Umsetzung und Auswertung von Fundraising-Maßnahmen als interne Dienstleistungsagentur.

Dies zu den Strukturen. Im sonstigen Nonprofit-Sektor haben wir ähnlich positive Entwicklungen. Man kann zunächst mit diesen Ergebnissen zufrieden sein.

1.2 Investitionen in Human Ressources

Dies spiegelt sich naturgemäß in der anhaltenden Qualifizierung von Mitarbeitern sowie im Schaffen neuer Stellen. Wir verzeichnen hier einen beachtlichen Professionalisierungsschub. Allein im vergangenen Jahr wurden rund 100 Stellen über den Verteiler der Fundraising Akademie verschickt; davon wurden knapp 30 Stellen von Absolventen besetzt. Auch dies also wurde gemeinsam mit den anderen Lobbyorganisationen erreicht: die anhaltende Etablierung eines neues Berufsfeldes. Und auch hier sind die Kirchen zurzeit an vorderster Front und als Motor zu nennen, denn im kirchlichen Bereich wurden wohl die meisten Stellen geschaffen, vermutlich auch aufs Ganze gesehen die meisten Investitionen getätigt. Wenn die Organisation gut aufgestellt sind und die Projekte klar definiert, sollte man davon ausgehen, dass sich die Fundraising-Stelle nach zwei Jahren refinanziert.

Inzwischen sehen wir, dass sich das Anforderungsprofil zunehmend ausdifferenziert. Es werden nicht mehr nur Generalisten gesucht, sondern immer häufiger Personen mit spezifischen Kompetenzprofilen, für das Direktmarketing (Mailings) oder den Großspendenbereich, für die Stiftungsakquisition oder für Unternehmenskooperationen, als Eventmanager oder Datenbankexperte.

1.3 Fachliche Profilbildung

Dementsprechend hat sich auch das Fundraising als eigenständige Disziplin jenseits von Marketing und Öffentlichkeitsarbeit selbstbewusst aufgestellt. Das gilt im Blick auf Arbeitsmethoden und Instrumentarien. Das Fundraising behauptet auch in der Theorie immer mehr seine Selbstständigkeit. Aber dies gilt auch hinsichtlich der gemeinsamen Anstrengungen, ethische Richtlinien zu formulieren, über Fachgruppen kontextspezifische Themenstellungen anzugehen und vieles mehr. Ich kürze hier ab. Insgesamt betrachtet haben wir also auch an diesem Punkt, Fundraising als selbstbewusste Disziplin, ja als Profession voranzubringen, viel erreicht.

1.4 Kultur und gesellschaftliche Präsenz

Darüber, inwiefern das Spenden – wieder – selbstverständlicher Teil unserer Kultur geworden ist, gibt es unterschiedliche Deutungen. Im letzten Jahr haben uns erneut Bilder von Naturkatastrophen, wie z. B. aus Haiti, schockiert, und das freiwillige Geben in Not- und Katastrophensituationen war in der gesamten Gesellschaft erneut präsent, ähnlich wie nach dem Seebeben an Weihnachten 2004. Eine immer wieder bemerkenswerte Hilfsbereitschaft, die wir erleben und die in Form von Geldspenden an Hilfsorganisationen ihren Ausdruck findet. Aber so selbstverständlich dies scheint, so sehr scheint es doch noch immer als Ausnahmesituation wahrgenommen zu werden, wie auch Erdbeben Ausnahmesituationen sind. Wir haben eine punktuell hohe gesamtgesellschaftliche Präsenz des Spendens in Deutschland, zugleich aber wird das Geben im Bewusstsein der Bevölkerung insgesamt weiter als Ausnahmesituation wahrgenommen.

Ich fasse bis hierher zusammen: Fundraising ist aus dem Nonprofit-Sektor nicht mehr wegzudenken, dies zeigt sich in Strukturen, Akteuren, dem Fundraising als Disziplin sowie einer immer wieder medial unterstützten Präsenz des Gebens. Da hat sich sehr viel getan. Das ist gut. Doch zugleich haben wir vieles noch nicht erreicht. Oder haben Umwege oder Holzwege eingeschlagen. Und hier haben wir es mit strukturellen Defiziten zu tun, die nicht mit der Zeit von selbst verschwinden, sondern die wir proaktiv angehen müssen. Darum soll es jetzt gehen.

2. Defizite oder: Was wir noch nicht erreicht haben

Vielleicht sind Sie im vergangenen Abschnitt abgetaucht, weil Sie das Meiste schon irgendwie oder anders zugespitzt kannten oder selbst formulieren. Am Beginn des neuen Abschnitts deshalb ein paar Provokationen, bevor ich mit einer Systematisierung beginne:

Seit zehn Jahren hören wir, dass das Online-Fundraising sich durchsetzen wird. – Ich frage: Wann kommt dieser Durchbruch eigentlich?

Seit zehn Jahren hören wir, dass der Bildungs-, vor allem der Hochschulbereich zum Motor des Fundraisings in Deutschland wird. – Ich frage: Wann wird endlich das gewiss zehnjährige *lack of time* deutscher Hochschulen und Universitäten kompensiert und endlich ein relevanter Umsatz an Spenden gemacht, der vorzeigbar ist?

Seit zehn Jahren hören und – selbstkritisch gewendet – konstatieren wir, dass Fundraising Leitungsaufgabe ist. – Was ist eigentlich los, dass diese These inzwischen zur Pose erstarrt ist? Rückhalt in der Realität hat sie jedenfalls wenig.

Zur Ethik: Warum haben wir noch immer keine Ethik, die sich auf Augenhöhe mit gegenwärtigen ethischen Theoriebildungen begibt?

Man könnte diese Liste fortsetzen, doch mir geht es nicht um Selbstzersetzung, sondern darum, einige Merkwürdigkeiten zusammenzutragen, die uns doch angeblich so wichtig sind. Meine These lautet: Wir befinden uns gegenwärtig in einer Stagnation, die wir nicht mehr mit unseren bisherigen Strategien überwinden werden. Wir haben einen Boom im Gründen von Stiftungen. Das Großspenden-Fundraising nimmt in Deutschland immer mehr zu. Die Partnerschaften mit Unternehmen werden immer häufiger von den Unternehmen selbst gesteuert und sind erwünscht. All das »funktioniert«, aber es fehlt ein qualitatives Wachstum. Ich versuche eine Systematisierung:

2.1 Quantitatives versus qualitatives Wachstum

Wir erleben ein kontinuierliches Wachstum im Fundraising in Deutschland. Immer mehr Organisationen investieren in dieses Know-how. Aber wir haben keine Zunahme an Qualität. Es werden nur immer mehr Organisationen, die ins Fundraising einsteigen, aber weder nimmt das Spendenvolumen zu, noch haben wir neue Methoden, Kampagnen oder Ideen, die ein neues Niveau erreichen könnten. Wir wiederholen dasselbe, nur immer optimierter.

Organisationen steigen ins Fundraising ein. Sie sind erfolgreich in der Ansprache mit Spendenbriefen und mit dem Werben um Großspenden. Aber allmählich hat man den Eindruck einer »Überfischung«, weil die Zahl der Organisationen steigt, die Qualität des Fundraisings aber nicht nachhaltig ist.

Im letzten Jahr war die Fundraising Akademie an 15 Fundraising-Foren beteiligt. Der Zustrom hält an. Wenn ich recht sehe, hatten wir keine Veranstaltung unter 100 Besuchern. Der Zulauf ist konstant, aber auf den Veranstaltungen hören wir immer wieder, wie wir die Response-Quoten verbessern, die Spender noch besser binden, die Geldzuweisungen von Richtern und Staatsanwälten noch strategischer angehen können. Wir optimieren, aber der Qualitätssprung fehlt, der einen Mentalitätswechsel bedeuten würde – oder durch einen Mentalitätswechsel in der Gesellschaft zustande kommen könnte.

Wir können so weitermachen. Wir können als Fundraiser davon leben. Wir können als Agenturen davon leben. Auch als Fundraising Akademie. Aber ein qualitatives Wachstum erkenne ich nicht, und dies kann nur geschehen, wenn auch von den Fundraisern nicht nur die strategische Ausrichtung ins Auge gefasst wird, sondern ein Bewusstsein dafür entsteht, für welche gesellschaftliche und kulturelle Entwicklung sie stehen. Bis dahin erstarrt Fundraising zu einer hohlen Anwendung von Instrumenten – sodass man nur noch und immer wieder fragt: »Was funktioniert?«.

2.2 Mangelndes Verständnis der Leitungsebene

Obwohl in nahezu allen Publikationen und Einführungen ins Fundraising davon die Rede ist, dass dieses auf der Leitungsebene angesiedelt werden muss und zu einem erfolgreichen Fundraising diese Positionierung eine unhintergehbare Voraussetzung darstellt, sind wir noch immer nur unzureichend auf eben dieser Leitungsebene angekommen.

Auch wenn die Umstrukturierungen im Non-Profit-Sektor insgesamt, von denen ich am Anfang gesprochen habe, immer mehr Führungsetagen von Non-Profit-Organisationen zu Investitionen ins Fundraising nötigen, ist das Wissen in Führung und Leitung noch immer nicht auf dem Stand, auf dem es sein müsste. Das hängt natürlich auch damit zusammen, dass gerade in den ehrenamtlichen Gremien von Vereinen und Einrichtungen sich Personen in Leitungspositionen wiederfinden, die mit einem hohen idealistischen Überschuss ausgestattet sind und dieses ehrenamtliche Engagement in gemeinnützigen Einrichtungen gerade als »Gegenwelt« zur Ökonomisierung der Gesellschaft betrachten.

So sehr es auch stimmt, dass wir viele Leitungskräfte in ehrenamtlichen Kuratorien, Präsidien und Aufsichtsräten von gemeinnützigen Organisationen haben, die aus dem Profit-Bereich stammen, so richtig ist auch, dass wir es in der Führung und Leitung von Kirche und Non-Profit-Sektor mit einer bemerkenswerten Unkenntnis im Blick auf Marketing, Fundraising und Steuerung von Organisationen zu tun haben. Was fehlt, ist Board-Education.

Selbstkritisch gewendet bedeutet dies aber, dass es die Fundraising-Branche in den zurückliegenden Jahren trotz des anhaltenden Wachstums noch immer nicht angemessen geschafft hat, Führung und Leitung in die Fundraising-Strategien über internes, eigenes Marketing und Überzeugungsarbeit einzubinden. Deshalb – so meine These – ist auch die Forderung, Fundraising müsse strategische Leitungsaufgabe sein, allmählich zu einer Pose erstarrt; gerade dann, wenn wir uns angeblich im Blick auf das Fundraising insgesamt schon in einer Konsolidierungsphase befinden, diese elementaren Voraussetzungen aber nicht hinbekommen haben.

Nun, man kann mit einem gewissen Zynismus warten, bis sich die Staatsverschuldung derart auswirkt, dass gemeinnützige Einrichtungen zu mehr als 30 Prozent ihres Umsatzes auf private Mittel angewiesen sind! In jedem Fall sollte man Angebote für Führung und Leitung vorhalten, die Geschäftsführer und Aufsichtsgremien in Fundraising und Marketing schulen. Das ist notwendig, aber nach meiner Ansicht nicht hinreichend, weil wir es mit einem größeren Versäumnis zu tun haben, das kompensiert werden muss; dazu später mehr.

2.3. Mangelndes Verständnis bei Spendern und der Gesellschaft

Dem mangelnden Verständnis auf Leitungsebene entspricht ein unzureichendes Verständnis in der Gesellschaft. Die UNICEF-Krise hätte eigentlich Chancen geboten, zentrale Parameter des Fundraisings in der Gesellschaft und damit auch mit den Spendern zu diskutieren. Aber anstatt diesen Diskurs offensiv und auch öffentlich zu führen, hat sich nahezu die gesamte Fundraising-Branche während des UNICEF-Skandals weggeduckt.

Dies ist deshalb zu kritisieren, weil die Themen, um die es ging, längst über eine breite Debatte und über die Fundraising-Branche hinaus hätten geführt werden müssen, und das bis heute: die Frage nach ehrenamtlicher und hauptamtlicher Struktur von Non-Profit-Organisationen; die Frage nach angemessener Entlohnung und Provisionierung; die Frage nach den Kosten oder präziser nach Investitionen, die ein erfolgreiches Fundraising voraussetzt; die Frage nach den Verwaltungskosten – und man sollte endlich einmal von Betriebskosten sprechen! Sowie die Frage, wie viel Vorlauf an Investition eigentlich eine nachhaltige Projektdurchführung gerade im Bereich der Entwicklungszusammenarbeit benötigt, bis der erste Euro tatsächlich zu den bedürftigen Kindern kommt. (Ich wundere mich übrigens, dass in dieser Kritik immer unstrittig ist, dass zwischen 20 und 30 Cent für die Kosten eines Mailings an die Deutsche Post gehen!)

Worum es mir geht, ist Folgendes: Die Spender wurden nicht mitgenommen. Die Menschen in Deutschland leben und arbeiten in komplexen Systemen, kennen komplexe Betriebsabläufe, sind kundig über nötigen Investitionsbedarf in ihrem privaten und beruflichen Settings. Doch wenn es um das Spenden geht, wird mit ihnen umgegangen, als ob man unmündige, schützenswerte Wesen vor sich hätte, denen man die Wahrheit von Vorlaufkosten für nachhaltige Projekte und eines angemessenen Gehaltes nicht zumuten kann. Was wir brauchen, ist eine öffentliche Debatte über gute Qualität gemeinnütziger Arbeit, in der es um die angemessenen Kosten für gute Prozessqualität und angemessene Entlohnung für gute Mitarbeiterinnen und Mitarbeiter geht.

Dann kommen wir vielleicht auch allmählich von den Kampagnen weg, dass von einem Euro 100 Cent in die Projekte gehen. Ja, im Gegenteil: Im Sinne guter Qualität müsste man sagen: Wenn von einem Euro 100 Cent in die Projekte gehen, wurde zuvor keine ordentliche Recherche geleistet, keine solide Infrastruktur ausgebaut und wurden nur mittelmäßige Mitarbeiter eingestellt!

Diejenigen, die in dieser Gesellschaft für gute Zwecke strukturell bedingte Gehaltseinbußen von 15–20 Prozent Bruttogehalt hinnehmen, sind oft genug die wahren Helden und Heldinnen dieser Gesellschaft.

2.4. Fragmentierung der Gabe-Bereiche

Ich betrachte es daher mit zunehmender Sorge, dass wir gegenwärtig mindestens vier Bereiche des Engagements bzw. des Gebens haben, die sich immer stärker ausdifferenzieren und von einander abschotten: das Fundraising, die Stiftungen, den gesamten CSR-Bereich, der sich, vielfach direkt von den Unternehmen gesteuert, nahezu komplett hinter dem Rücken der Nonprofit-Organisationen entwickelt, und eine inzwischen eigene Donor-Community, die sich in formellen Netzwerken zusammenschließt.

Meine Anstrengungen, gerade auch in der Fundraising Akademie, bestehen darin, diese vier Bereiche zusammenzuführen, weil es letztlich um ein ähnliches oder dasselbe Thema geht: nämlich um Engagement.

Sie merken, dass es mir um eine gesamtgesellschaftliche Perspektive geht, weil ich inzwischen den eigenen kontextuellen Perspektiven der permanenten Optimierung misstraue. Natürlich können wir im Fundraising-Controlling nachlegen. Gewiss können wir die Wachstumsbereiche Bildung, Kultur und Gesundheit noch stärker ins Fundraising integrieren. Bestimmt können wir vertiefte, ausführlichere Studien zum Spendenverhalten und zur Wirkungsforschung in Auftrag geben. – Das alles ist richtig, es ist notwendig, das brauchen wir. Aber letztlich ist es ein Teil dieser stagnierenden Selbstreproduktion des eigenen Fundraising-Milieus, dessen Verständnis so dringend geweitet werden muss.

Die Zeit ist vorbei, in der wir im Fundraising immer nur instrumentenorientiert die Spender immer optimierter anschreiben und zur Kasse bitten. Im Grunde war dieser Ansatz immer schon falsch, weil er rein auf Umsatz und schnellen Erfolg gesetzt hat, auf das, was kurzfristig »funktioniert« – aber eine Kultur des Gebens ist dadurch nicht entstanden. Die Spender fühlen sich immer mehr von den Organisationen »angemacht«,

»angegrabscht« und »abgezockt«, obwohl sie die Projekte für sinnvoll und förderungswürdig halten und die Organisation eigentlich unterstützen würden! Wir brauchen einen Perspektivwechsel.

3. Perspektivwechsel oder: Was wir erreichen müssen

Ich habe meinen Vortrag damit begonnen, dass wir uns in einem rasant wachsenden Milieu befinden; diese Entwicklung verstetigt sich auch. Ich habe interne Defizite kritisiert, die ein sich gefährlich selbst abschottendes Fundraising-Milieu vorantreiben. Vielleicht ist diese Form des Sich-Abschottens zur Selbsterbauung wichtig, auch wenn mir dies viel zu psychologisch gesprochen ist.

Worum es mir geht, sind Perspektivwechsel, die wir anstrengen müssen und die wir bislang versäumt haben, damit wir das Fundraising in der Gesellschaft noch einmal anders und solider aufstellen und ihm Geltung verschaffen. Gerade nach diesem Teil hoffe ich auf Ihren Widerspruch und Ihre Gegenreden. Ich möchte einige Perspektivwechsel benennen, die wir dringend, doch bitte: immer auch gelassen angehen sollten:

3.1 Perspektive der Geber

Der Begriff des Fundraisings markiert die Perspektive der Nehmerorganisation, sei es eine gemeinnützige Einrichtung oder die Kirche. Wir haben diesen Begriff in den Nonprofit-Debatten eingeführt, sehen aber inzwischen an mehreren Stellen seine Grenzen: Die Unternehmen haben mit dem Begriff der Corporate Social Responsibility längst die Geberperspektiven eingebracht, die auf gesellschaftliche Verantwortung und zum Teil auf Kooperationen mit Non-Profits zielt.

Noch stärker aber nehmen wir diese Geber-Perspektive im Bereich der Großspenden wahr: Großspender, vermögende Personen, häufig Stifter, möchten nicht ihren Geldsack vor den Türen der Non-Profit-Organisation abstellen, die damit dann schon Gutes tun wird. Diese Major Donors möchten es auch nicht unbedingt mit »Fundraisern« zu tun haben, deren Interesse Akquisition und deren Strategie und Sprache das Marketing ist. Studien im Auftrag der Bertelsmann Stiftung zeigen sehr genau, dass wir es gerade im vermögenden Bereich mit Personen zu tun haben, die gestalten, Einfluss nehmen, mitreden möchten, die aber – so das durchgehende Ergebnis der Untersuchungen – zunächst relativ unberaten sind im Blick auf die Zwecke und ihr mögliches Engagement.

Was also in diesem Segment nötig ist und gebraucht wird, sind zunächst weniger Marketingexperten, sondern Engagementberater, die in der Lage sind, zuzuhören und damit die Motive und Motivationslagen der Geber zu ergründen. Was wir also im Fundraising brauchen, ist die Perspektive der »Ersten Person«, die Geberperspektive. Dementsprechend würde sich auch die Bedeutung des Fundraisings im Großspendenbereich verschieben, weil es immer weniger um Akquisition geht, sondern vielmehr um Engagementberatung, um herauszufinden, welche Beteiligung der Geber sich für sein Engagement wünscht. Und das kann dann vieles sein: Zeitspenden, Geldspenden, Kooperationen, Stiftungsfonds, Unterstiftungen, Namensstiftungen. Es würde uns allen gut tun, wenn sich das Fundraising künftig stärker als Engagementberatung verstünde, damit die Geberperspektive vorrangig ist und mit der Organisationsperspektive in Einklang gebracht werden kann.

3.2 Erweiterung des Fundraising-Begriffs im kirchlichen Kontext

Wenn wir im kirchlichen Bereich von Fundraising sprechen, beziehen wir uns auf die drei bis sechs Prozent zusätzlicher Einnahmen, die über private Mittel an die Kirche gehen. Von diesen freiwilligen Spenden ist dann zu unterscheiden die Kirchenfinanzierung über die Kirchensteuer sowie die Refinanzierung von Leistungen, die die Kirche für Staat und Gesellschaft erbringt.

Wenn es aber im kirchlichen Fundraising um die Gaben der Gemeinde geht, dann muss es um alle Gaben der Gemeinde gehen. Dann würde sich das Fundraising nicht nur auf die zusätzlichen freiwilligen Gaben beschränken, sondern alle Gaben der Gemeinde in den Blick nehmen – und damit auch die Kirchensteuer. Dann wäre der Fundraiser nicht das Rumpelstilzchen, der im Keller aus Heu Gold spinnt und damit sechs Prozent der Gesamteinnahmen für die Kirche erbringt, sondern das Fundraising wäre zuständig für die Stabilität der Gaben der Gemeinde als Ganzer und damit auch zuständig für die Stabilität der Kirchensteuer.

Dann aber ginge es im kirchlichen Fundraising nicht nur um das Einwerben zusätzlicher Spenden, sondern im Sinne von Stabilität und Wachstum der Kirchensteuer um die Bindung der Mitglieder an ihre Kirche, um Neumitgliedergewinnung und um Rückgewinnungsaktionen von Ausgetretenen. Dann würde Fundraising viel stärker als bisher mit den Formen der Mitgliederorientierung verschränkt, weil es um die Bindung und vor allem die Zufriedenheit aller Mitglieder geht, die freiwillig oder durch Steuern institutionalisiert für ihre Kirche geben. Diese Bedeutungsverschiebung des kirchlichen Fundraisings brauchen wir, um ein kohärentes Verständnis der eigenen Sache zu formen und um das Fundraising noch einmal anders im kirchlichen Kontext zu positionieren.

3.3 Interdisziplinarität

Ich hatte eben schon einmal bemerkt, dass sich das Fundraising nach meinem Eindruck gegenwärtig zu sehr abschottet, dass dies aber auch der eigenen Selbstvergewisserung geschuldet sein kann. Und das meine ich gar nicht polemisch. Was wir angehen müssen, ist eine konsequente Interdisziplinarität, die bislang auf der Stecke geblieben ist. Ja, es ist gut, dass Fundraising inzwischen als eigene, selbstbewusste Disziplin greifbar und sichtbar ist. Aber genauso stimmt auch: Wir müssen uns die Nachbardisziplinen systematisch erschließen und Kontakte aufnehmen. Als Beispiel nenne ich nur

- die nötigen kirchengeschichtlichen Tiefenbohrungen, damit wir ein präziseres Bild davon bekommen können, wie die Kirche in ihren unterschiedlichen Epochen finanziell ausgestattet war;
- die Schnittpunkte zur Organisationsentwicklung, die wir nur punktuell, aber noch immer nicht systematisch in den Blick genommen haben;
- die Schnittpunkte zur Marktforschung und zu den Milieustudien, die wir auch immer nur anreißen, aber uns nicht strukturell erschlossen haben;
- die Schnittpunkte zur Kybernetik, also den Steuerungswissenschaften, von denen immer nur geredet, wo das Gespräch aber noch immer nicht strukturiert aufgenommen worden ist.

Ich wünsche mir in der Fundraising-Branche viele Brückenbauer, Mauereinreißer, Über-den-Tellerrand-Gucker, damit wir das Fundraising in seiner thematischen Vernetzung noch einmal anders fundieren. Hier ist viel an Arbeit zu tun. Wir können es aber gemeinsam schaffen.

3.4 Kultur der Gabe

Diese Einsichten und Thesen laufen darauf hinaus, endlich einen gesellschaftlichen Diskurs über eine Kultur der Gabe zu führen. Wenn es stimmt, was Marcel Mauss behauptet, dass das Geben die eigentliche, oder wie er es nennt, die »totale« menschliche Handlung ist, von der sich alles andere Handeln ableiten lässt, dann kann das nicht ohne Entsprechung in der Gesellschaft bleiben.

Der Bundesverband Deutscher Stiftungen hat mit der Kampagne »Geben gibt« einen solchen Anstoß versucht, aber, offen gesagt, ich habe diese ambitionierte Kampagne öffentlich an keinem einzigen Punkt wahrgenommen, davon gehört oder gesehen. Dabei brauchen wir so etwas so dringend.

Diese Debatten würden das Geben in die entsprechenden gesellschaftlichen Sphären kommunizieren: in Politik, Wirtschaft, Gesellschaft, Wissenschaft und Kunst. Nur wenn wir es schaffen, das Geben als Kulturtechnik zu erinnern und wieder in Geltung zu setzen, nur dann schaffen wir auch einen qualitativen Sprung in der Fundraising-Branche. Gelingt diese Anstrengung nicht, verharren wir im Optimieren von Instrumenten. Es geht um eine Kultur der Gabe.

4. Konkretionen

Wenige Bemerkungen zum Schluss, wo wir anfangen sollten:

(1) Ganz konkret brauchen wir eine große gesellschaftliche Kampagne zur Kultur der Gabe.
(2) Daraus folgend: einen öffentlichen Diskurs über Kosten und Investitionen im Fundraising. Der Tabubruch schmerzt, aber er ist dringend nötig!
(3) Die Ökonomieorientierung und Marketingadaption der letzten Jahre war wichtig und richtig, gegenwärtig aber ist sie wesentlich mitverantwortlich für die Stagnation einer ganzen Branche. Mein Vorschlag: Die eigene Sprache und die eigenen Referenzsysteme überprüfen und wo nötig über Bord werfen.
(4) Damit zusammenhängend: Wir brauchen dringend Interdisziplinarität. Deshalb: Besuchen Sie im Jahr 2011 doch einmal eine Veranstaltung in anderen Professionsmilieus. Wir brauchen das für neue Perspektiven.
(5) Und schließlich: Werden Sie als Fundraiser Engagementberater!

Fundraising in Zeiten knapper Mittel – Was funktioniert? Ja, die Instrumente funktionieren. Aber wir müssen Sorge dafür tragen, dass wir auch in zehn Jahren noch Menschen für gemeinnützige Anliegen begeistern können!

Bernd Halfar
Wirkungsorientiertes Controlling in sozialwirtschaftlichen Organisationen

Controlling lässt sich als systematische und dauerhafte interne Beobachtung der Differenzen zwischen Istzuständen und Planzuständen von Organisationen verstehen. Controlling ist nicht Management, sondern liefert aufbereitete und verdichtete Informationen, um die Entscheidungsrationalität des Managements und Funktionalität des Unternehmens zu verbessern.

Nun benötigt das Controlling für seine Operationen der Beobachtung und Informationsverdichtung aus den Entscheidungsebenen der Organisation Hinweise darauf, welche Zielstellungen formuliert sind, wie diese Ziele operationalisiert sind, welche Zielerreichungsgrade noch als akzeptabel gelten und mit welchen Arbeitsprozessen und Inputfaktoren man diese Ziele erreichen will. Um überhaupt als System warmlaufen zu können, benötigt das Controlling somit präzise Angaben über die mittel- und kurzfristigen Ziele der Organisation. Doch welche Angaben bekommt der Controller in der Regel von den Leitungen und mittleren Managementebenen in sozialen Einrichtungen über die Organisationsziele? Welche Zielerreichungsgrade und welche Prozesseffizienzen sollen in sozialen Organisationen systematisch beobachtet werden?

Die Antwort ist unbefriedigend: Auch das Controlling in sozialwirtschaftlichen Organisationen wird fast ausschließlich mit klassischen Wirtschaftszielen versorgt und versorgt die Organisation dann entsprechend engspurig mit relevanten Finanzdaten über Auslastungsquoten, Personalquoten, Erlöse und Erträge, Kostenstrukturen, Deckungsbeiträge.

Ob jedoch eine sozialwirtschaftliche Organisation erfolgreich ist oder eben nicht, lässt sich nur zu einem Teil aus denjenigen Kennzahlen ablesen, die in einem »normalen« Wirtschaftsbetrieb wie gleißendes Licht den Erfolg beleuchten: die Rentabilität, der Gewinn, der Ertrag. Organisationen wie Wirtschaftsunternehmen, die letztlich gegründet und betrieben werden, um das eingesetzte Kapital möglichst rentabel einzusetzen, unterscheiden sich eben schon in den Zielstellungen von Organisationen im Sozialbereich, die zwar auch wirtschaftlich funktionieren müssen, aber bereit sind, ihre Rentabilität zu relativieren. Diese Relativierung einer ökonomischen Eindimensionalität geschieht durch Parallelorientierungen der Organisation an verschiedenen Bezugsgruppen und an verschiedenen Leistungszielen, die eine starke Sachzieldominanz aufweisen. Der Sozialbetrieb will eben nicht nur wirtschaftlich gut dastehen, sondern verzichtet durchaus auf einen Teil der möglichen Wirtschaftlichkeit, indem er andere, konkurrierende Ziele ebenso verfolgt. Betrachtet man diese soziale Logik in der Form eines Produktionsmodells, so finden wir bei sozialen Organisationen immer wieder Inputfaktoren, von denen mehr oder minder klar ist, dass diese ökonomisch keinen sonderlichen Sinn ergeben.

Wir finden Inputfaktoren in der Produktionsfunktion, die nicht wirtschaftlich, sondern organisationskulturell begründet sind. Traditionen, Routinen oder Leitbilder führen dann beispielsweise dazu, dass ehrenamtliche oder hauptamtliche Vorstände auch ohne ausgeprägte Wirtschaftskompetenz, aber mit einer theologischen Kompetenz ausgewählt werden. Einrichtungen beschäftigen in der Telefonzentrale hörgeschädigte Menschen als Telefonisten und organisieren die Taschengeldauszahlungen im Wohnheim für Menschen mit Behinderungen an der Kasse, damit ein zeitraubender persönlicher Kontakt zustande kommt. Beim Einkauf von Lebensmitteln gilt nicht zwingend der Grundsatz der Wirtschaftlichkeit, sondern man verzichtet ganz bewusst auf preisgünstige Beschaffungsalternativen und Mengen, weil die Beschaffungsform präferiert wird, wonach der mobilitätseingeschränkte Mensch lieber kleinere Mengen beim teureren Laden, den er erreichen kann, selbst einkaufen soll. Bei der Versorgung von Patienten wird ganz bewusst auf Sedierung und Segregation verzichtet, obwohl dadurch eine Vielzahl höchst anstrengender und personalintensiver Aktivitätenketten ausgelöst werden. Jeder Ökonom wird dazu raten, bei den Inputfaktoren und bei der Kombination dieser Inputfaktoren so zu verfahren, dass ein Zustand der technischen Effizienz erreicht wird. Technische Effizienz meint: Es gibt keine andere, effizientere Kombinationsform der Inputfaktoren. Doch die sozialwirtschaftlichen Unternehmen relativieren dieses Effizienzgebot ganz bewusst, weil schon die Art und Weise der Dienstleistungsproduktion selbst in der Sozialwirtschaft ein wichtiges Ziel ist. Wir können einer gewissen Paradoxie nicht ausweichen, die darin besteht, dass wir manche Ziele nur dann gut erreichen, wenn wir »ineffizient« arbeiten. Wenn das Organisationsziel der Partizipation besteht – wie zum Beispiel bei der Lebenshilfe –, dann sitzen natürlich betroffene Eltern in den Vorständen und die Mitarbeiter sitzen etwas länger in Dienstbesprechungen, weil alle einbezogen werden sollen.

Solche »organisationsgetriebene Ineffizienzen« werden durch »missionsgetriebene Ineffizienzen« ergänzt. Wenn es das Ziel der Organisation ist, wie zum Beispiel bei christlichen Trägern, in engem Kontakt mit Gott zu bleiben, dann sollte man einen Teil der Arbeitszeit zum Gebet heranziehen – wie viele Formblätter könnte man in dieser Zeit ausfüllen! Ob es immer effizient ist, das eine verlorene Schaf zu suchen? Schwund gibt es überall, könnte man sagen und die Durchschnittskosten entsprechend kalkulieren und mit den vermiedenen Suchkosten in Beziehung setzen.

Und wir sehen überall »berufskulturell getriebene Ineffizienzen«, die bewusst akzeptiert werden, obwohl sie, zumindest scheinbar, nicht zwingend einer technischen Produktionseffizienz entsprechen. Angesprochen werden hier die in manchen Organisationen unglaublichen Mengen an Supervision, Findungszeiten und Konfliktvermeidungskosten, aber auch die vielen kleinen alltäglichen Liebenswürdigkeiten im sozialen Berufsalltag. Und angesprochen werden natürlich die betriebswirtschaftlich eher merkwürdigen Zeitengagements für Tätigkeiten wie Dokumentation, Dienstbesprechungen, Strategiediskussionen. Auch bei der Betrachtung dieser berufskulturell-getriebenen Ineffizienzen aus Sicht des Controllings geht es nicht um ja oder nein, sondern um die Grenznutzenverläufe der Zeitbudgets.

Das Controlling muss solche Effizienzverluste wahrnehmen, ausrechnen und der Kultur der Organisation in Rechnung stellen – aber im Prinzip eben dann verteidigen, wenn sie durch bewusste Organisationsentscheidungen entstanden und begründet sind. Verteidigen heißt in diesem Zusammenhang, eigene Überlegungen zu einer spezifischen Dienstleistungsproduktivität der Sozialarbeit anzustellen. Letztlich begründet sich dadurch die Sozialökonomie als eine eigene Variante der Ökonomie. Die als Inputfaktoren in die Dienstleistungsproduktion eingehenden Faktoren müssen, das ist rationale Unternehmensführung, allesamt gut begründbar sein, aber die Begründungen müssen nicht zwangsläufig einer ökonomischen Effizienz genügen.

Das wirkungsorientierte Controlling in sozialwirtschaftlichen Organisationen begründet sich somit einerseits in diesen Besonderheiten der sozialen Dienstleistungsproduktion, weiterhin in den Überlegungen des sozialpolitischen Systems, die Finanzierung – oder zumindest Teile der Entgelte – wirkungsbezogen zu gestalten, und dementsprechend andererseits in der Notwendigkeit einer spezifischen Erfolgsrechnung sozialer Organisationen. Das Controlling wird somit raffinierter, spezifischer, informativer, aber auch fruchtbarer für das Sozialmanagement.

Die NPO-Spinne

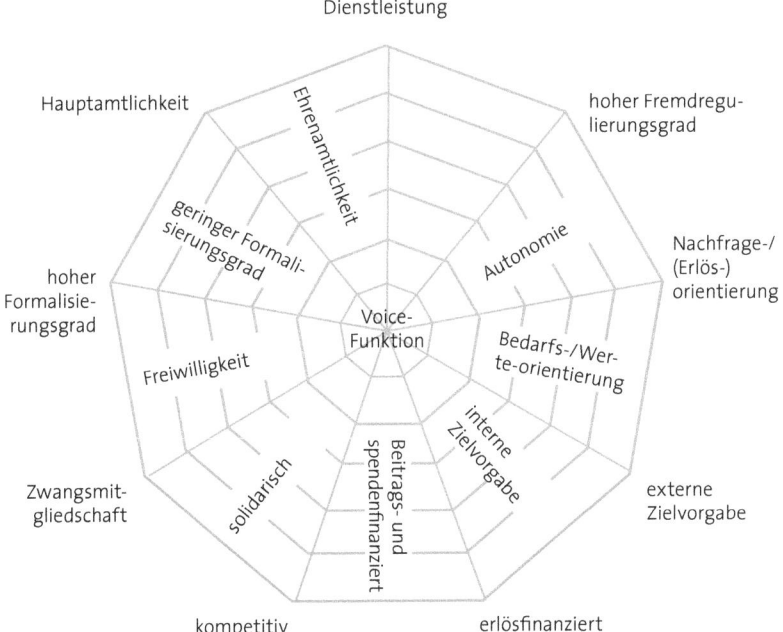

Ein wirkungsorientiertes Controlling für Organisationen der Sozialarbeit und Pflege, aber auch für den gesamten NPO-Sektor, bedeutet im Wesentlichen für die Organisationen eine methodische Erweiterung und für den Controller eine Rollenerweiterung seines beruflichen Selbstverständnisses. Natürlich gilt auch weiterhin die klassische Definition des Controllings: Controlling ist das, was der Controller tut. Der Zahlenknecht, der vor lauter eigengefertigten Verknüpfungen in seiner drei Meter nach rechts laufenden Excel-Tabelle seit Jahren keine Zeit gefunden hat, die Organisation nach qualitativen Zielen zu fragen, wird als Modell abgelöst vom kommunikativen Controller, der Zielformulierungen anstiftet, Indikatoren und Kennzahlen zur Messung vorschlägt, die methodischen Verfahren zur Wirkungsmessung kennt und in der Lage ist, wirtschaftliche und fachliche Ziele aufeinander zu beziehen und in guten Indikatoren abzubilden.

Diese bislang typische Arbeitsweise des Controllings, fachliche, sozialpolitische, qualitative, servicebezogene Ziele weitgehend auszublenden, ist jedoch nicht nur der dominanten Controllingkultur geschuldet, sondern erklärt sich auch aus theoretischen Lücken in der sozialökonomischen Theoriebildung. Erwähnt werden an dieser Stelle drei theoretische Probleme, deren Lösungen nicht trivial sind:

1. Einmal scheint im Dienstleistungssektor, bei sozialen Dienstleistungen jedoch in besonderem Maß, die in der Güterproduktion übliche »Constant Quality Assumption«-Vermutung nicht zu stimmen. Damit wird auch die Erstellung von Produktionsfunktionen für sozialwirtschaftliche Einrichtung höchst kompliziert, weil die prozentuale Veränderung einzelner oder mehrerer Input-Produktionsfaktoren eben nicht nur durch spezifische Elastizitäten die »Ausbringungsmenge« verändern, sondern die quantitative Änderung bei Inputfaktoren auch die Dienstleistungsqualität auf der Ergebnisseite tangiert.

2. Zum Zweiten wird die Produktivität sozialer Einrichtungen maßgeblich durch Prozesse der Kundenintegration beeinflusst. Der Klient als Informant und als Koproduzent muss an den richtigen Stellen des Dienstleistungsprozesses im richtigen Maß selbst zum Inputfaktor der Dienstleistung werden, deren Ergebnis er auch ist. Die Effizienz der Kundenintegration in Dienstleistungsprozesse zu beobachten, ist eine Herausforderung für das Controlling, weil in den Organisationskulturen der Sozialwelt ein Zuviel an Partizipation gar nicht vorgesehen ist. Genau solche Punkte benennen zu können, sind Aufgabe des Controllers: Welches Maß an Kundenintegration wäre effizient, welches Maß an Kundenintegration leistet sich die Organisation – und ist die Differenz Ergebnis einer bewussten Entscheidung oder Ergebnis von ungewollten Organisationsprozessen? Solche und ähnliche Differenzen in der Art, wie die Organisation arbeitet, zu beobachten, könnte über die NPO-Spinne geleistet werden, die an anderer Stelle ausführlich beschrieben ist.

3. Ein drittes theoretisches Problem besteht darin, dass wir die Wertschöpfung von unterstützenden Managementleistungen nicht ausreichend gut kennen. Aus Sicht des Controllings ist nicht die Anwesenheit von Managementbereichen wie Qualitätsmanagement, IT-Management, Facility-Management, Fort- und Weiterbildung, Risikomanagement, Supervision oder Marketing ein Problem – schließlich lassen sich alle diese und weitere Managementbereiche gut begründen –, sondern die Beurteilung des Wertschöpfungsbeitrags der jeweiligen Managementmenge.

Kundenintegration

Bei den Prozessen interessiert besonders die Kundenintegration:

Wenn das Controlling also die spezifische Effizienz der Dienstleistungsprozesse beobachten und darüber berichten kann – dieser Controllingblick richtet sich maßgeblich in das Innere der Organisation –, so steht jetzt die Entwicklung eines (außen-)wirkungsorientierten Controllings an.

Wir unterscheiden hier vier Wirkungsebenen:

- *Output:* quantitative Leistungsmenge, die letztlich die Basis für qualitative Wirkungseffekte (Impact, Outcome, Effect) darstellt. Der Output ist das mengenmäßige Produktionsergebnis der Organisation. Output ist eigentlich ein begrifflicher Zwitter: Er bezeichnet sowohl eine Seite der (quantitativen) Wirkung und gibt gleichfalls, in Bezug auf die Inputs, einen Hinweis auf die interne Effizienz der Organisation.
- *Outcome:* gesellschaftliche Wirkungen und Nutzen (objektive kollektive Effektivität), den die von der Organisation erstellten Güter oder Dienstleistungen haben. Die Leistungen der Organisation wirken sich bei verschiedensten Adressatengruppen, bei Dritten, in der Gesellschaft, allgemein: im Gemeinwohl, aus. Outcome bezieht sich somit auf die »Wider Effects«.
- *Effect:* unmittelbare, objektiv ersichtliche und nachweisbare Wirkung (objektive Effektivität) für einzelne Stakeholder. Abgebildet werden hier zielgruppenspezifische, intendierte, von der Wahrnehmung und Deutung der Zielgruppen unabhängig bestehende Wirkungen.

- *Impact:* subjektiv erlebte Wirkung des Leistungsempfängers bzw. der Stakeholder (subjektive Effektivität) und somit eine Reaktion der Zielgruppen auf Leistungen (Output) und/oder auf die (objektiven) Wirkungen (Effects) der Leistungen. Impacts als subjektive Reaktionen sind Einstellungen, Urteile, Zufriedenheitsäußerungen, aber auch die Änderung bzw. Stabilisierung von Verhaltensweisen.

Wirkungsebenen

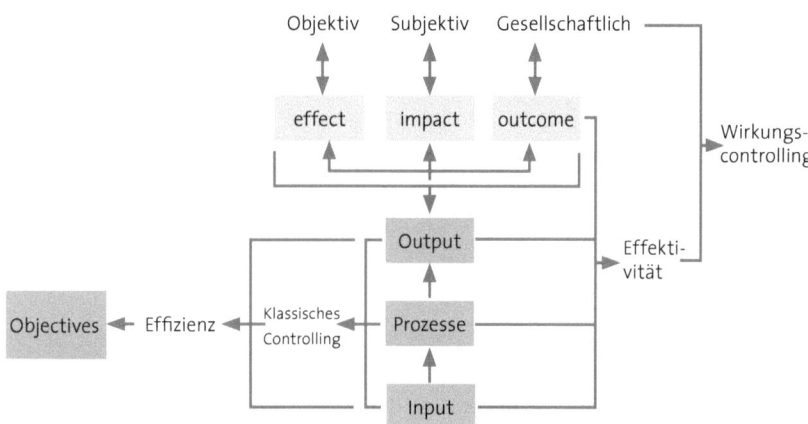

Für diese einzelnen Wirkungsebenen sollte das Controlling nun für die einzelnen Stakeholdergruppen zentrale Erfolgsziele in Erfahrung bringen, diese in Indikatoren und Kennzahlen übersetzen und geeignete Messmethoden vorschlagen. Ein solches wirkungsorientiertes Controllingmodell könnte folgendermaßen aussehen:

Direkte Wirkungs- empfänger Primary Customer	Stellvertreter Stakeholder Gesellschaft Umwelt	Finanziers	Mitglieder/interne Stakeholder
Ziele mit Mengenbezug (Output)			
Wirkungsdefinition Indikator Messung	Wirkungsdefinition Indikator Messung	Wirkungsdefinition Indikator Messung	Wirkungsdefinition Indikator Messung
Ziele mit gesellschaftlicher Wirkung (Outcome)			
Wirkungsdefinition Indikator Messung	Wirkungsdefinition Indikator Messung	Wirkungsdefinition Indikator Messung	Wirkungsdefinition Indikator Messung

Ziele mit subjektiven Wirkungen (Impact)			
Wirkungsdefinition Indikator Messung	Wirkungsdefinition Indikator Messung	Wirkungsdefinition Indikator Messung	Wirkungsdefinition Indikator Messung
Ziele mit objektiver Wirkung im Adressatenkreis (Effect)			
Wirkungsdefinition Indikator Messung	Wirkungsdefinition Indikator Messung	Wirkungsdefinition Indikator Messung	Wirkungsdefinition Indikator Messung

Bei der Umstellung auf ein wirkungsorientiertes Controlling könnte folgender Fahrplan als Referenz dienen:

1) Spinnenworkshop: Selbstverständnis auf Spinnendimensionen.
2) Anstiftung der Managementebenen, operationalisierte Ziele zu formulieren.
3) Aufbau einer stakeholderbezogenen Wirkungsmatrix mit Indikatoren und Messverfahren.
4) Ermittlung, welche Leistungsprozesse zur Zielerreichung notwendig sind.
5) Ermittlung der gewollten und akzeptierten »Ineffizienzen«.
6) Ermittlung – auf Basis der Leistungsentgelte – der »erlaubten Kosten«, des Risikoabschlages und der Zielkosten.
7) Klärung etwaiger Differenzen durch Kostenmanagement und / oder Erlössteigerung und / oder »Ineffizienz-OE« und / oder durch Zielanpassung.
8) Budgetierung und Einspeisung ins klassische Finanzcontrolling und Reporting.
9) Analyse der Wirkungen und Wirksamkeit.
10) Berechnung der Standardkosten des Dienstleistungsprodukts Workshop »NPO-Spinne« zur Ermittlung der IST-Werte und der Differenzen zu den Planwerten auf den Spinnendimensionen.
11) Reporting: »Interne Wirksamkeit« und »Externe Wirkungen«.
12) Übertrag relevanter Indikatoren auf die Balanced Scorecard.
13) Erstellung einer Sozialbilanz als »Social Return on Investment«.

Klaus Schellberg
Die regionalökonomische Wirkung von Sozialunternehmen

Sozialunternehmen sind nicht nur sozial, sondern auch Unternehmen

Der Wert eines Sozialunternehmens besteht in seiner sozialen Wertschöpfung bei der jeweiligen Zielgruppe und für das Sozialklima einer Gesellschaft. Es ist das Wesen einer sozialen Dienstleistung, soziale Wirkung zu erzielen.

Sozialunternehmen sind aber nicht nur »sozial«, sondern eben auch »Unternehmen«. Sie bieten Arbeitsplätze für Menschen – in der Europäischen Metropolregion Nürnberg sind dies allein 200.000 Sozialunternehmen sind Abnehmer für Wirtschaftsgüter und Dienstleistungen und damit regionaler Wirtschaftsfaktor. Außerhalb der direkten Zielgruppe eines solchen Unternehmens – den Pflegebedürftigen, Menschen mit Behinderung usw. –, sind diese Wirkungen ähnlich einschneidend und bedeutsam wie die Wirkungen auf das soziale Klima. Ein Arbeitsplatz vor Ort, die Nachfrage beim örtlichen Handwerker oder im Handel sind für die Menschen einer Region entscheidende Faktoren des Wohlstandes und der Lebensqualität.

Diese regionalökonomische Wirkung steht neben den anderen Wirkungen eines Sozialunternehmens:

Durch die soziale Dienstleistung an sich werden die Lebensverläufe und -entwürfe von Zielgruppen, ihren Familien und ihrem engeren sozialen Umfeld verändert. Diese Wirkung lässt sich durch soziale Wirkungsindikatoren, etwa die Verbesserung von Lebensqualität, Integration etc. messen. Die Veränderung von Lebensverläufen und -entwürfen haben eine gesellschaftliche Wirkung auf die Erträge und Kosten der Gesellschaft, etwa Gesundheitskosten oder Kosten der Arbeitslosigkeit. Letztlich kann die soziale Sicherheit und die Versorgung mit sozialen Dienstleistungsangeboten das Klima der Gesellschaft verändern. Insofern ist diese regionalökonomische Wirkung eine Wirkungsdimension des Sozialunternehmens.

Im Rahmen der Studie »Sozialwirtschaft in der Europäischen Metropolregion Nürnberg« widmete sich eine Teiluntersuchung der Entwicklung und Anwendung eines regionalökonomischen Modells, mit dem die Wirkung von Sozialunternehmen auf die Beschäftigten, die Nachfrage sowie die Einnahmen und Ausgaben der öffentlichen Hand untersucht werden sollte. Hierzu wurden idealtypische Einrichtungen analysiert, die sich nach Anteil der regionalen Finanzierung, Einrichtungsgröße und Arbeitsform unterschieden.

Das regionalökonomische Modell

Ein Sozialunternehmen arbeitet mit öffentlichen Mitteln der Region, im konkreten Fall der jeweiligen Kommunen und des überörtlichen Trägers der Eingliederungshilfe, den jeweiligen (bayerischen) Bezirken. Dies ist der primäre Input, der in der regionalökonomischen Analyse betrachtet wird.

Das Sozialunternehmen zieht aber durch seine Aktivität und seinen sozialen Auftrag weitere Inputs an, insbesondere

- öffentliche Mittel aus anderen Regionen oder überregionalen Sozialleistungsträgern (Bundesagentur für Arbeit, Pflegekasse, Krankenkasse, Berufsgenossenschaft)
- Umsätze durch Selbstzahler oder Zuzahlungen
- Umsätze aus wirtschaftlichen (Neben-) Betrieben
- Fördermittel von weiteren öffentlichen oder privaten Trägern (Mittel des europäischen Sozialfonds, Mittel der Aktion Mensch, von Stiftungen und Fördergemeinschaften) sowie
- private Spenden.

Aus diesen Quellen kann ein Sozialunternehmen seinen Gesamtumsatz generieren.

Dieser Gesamtumsatz führt zu verschiedenen Wirkungsketten:

(1) Nachfragewirkung

Ein Sozialunternehmen tritt als Nachfrager von Produkten, Leistungen und Investitionsgütern gegenüber der regionalen Wirtschaft auf. Hinzu kommen Nachfrageeffekte durch Verfügungsbeträge, Taschengelder u. a. sowie durch Nachfrageeffekte einer erhöhten Besucherfrequenz. Durch das Personal sowie die bei Zulieferern induzierte Beschäftigung entsteht zusätzliches Einkommen, das zum Teil als Nachfrage in der Region auftritt.

(2) Beschäftigungswirkung
Das Sozialunternehmen ist Arbeitgeber. Durch die erhöhte Nachfrage wird wiederum ein Teil in Beschäftigung umgewandelt. Die Beschäftigung der Zielgruppe wird nicht betrachtet.

(3) Fiskalische Wirkung
Sozialunternehmen sind in der Regel als gemeinnützig anerkannt und zahlen daher nur in geringem Umfang Steuern. Allerdings verursachen sie Veränderungen bei den kommunalen Anteilen an der Einkommenssteuer und Umsatzsteuer sowie den Schlüsselzuweisungen. Weiterhin nimmt die Kommune durch die höhere Wirtschaftsleistung mehr Steuern ein und durch die Beschäftigung wird Arbeitslosigkeit vermieden.

Die Einrichtungen

Es wurden fünf Einrichtungen untersucht:

(1) Ein Anbieter aus dem Bereich Pflege und Gesundheit. Der überregionale Finanzierungsanteil ist sehr hoch. Die Lage ist in einem ländlichen Gebiet am Rande einer Großstadt. Der Gesamtumsatz beträgt 935.000 Euro jährlich mit 34 Mitarbeiter/-innen (Stellen).

(2) Ein Wohlfahrtsverband mit Angeboten im Bereich Pflege, Jugendhilfe, Altenhilfe in einem Mittelzentrum im ländlichen Raum. Der regionale Finanzierungsanteil ist im mittleren Bereich. Der Umsatz beträgt 13,6 Millionen Euro mit 497 Mitarbeiter/-innen.

(3) Ein Verbund von Kindertagesstätten mit einem mittleren regionalen Finanzierungsanteil. Der Umsatz beträgt 2,6 Millionen Euro mit 124 Mitarbeiter/-innen. Die Lage ist in einer Großstadt.

(4) Eine »Komplexeinrichtung« der Eingliederungshilfe mit stationärem Wohnangebot und Werkstatt. Der regionale Finanzierungsanteil ist sehr hoch. Mit 230 Mitarbeiter/-innen werden 10,2 Millionen Euro Umsatz erwirtschaftet.

(5) Eine Einrichtung der Eingliederungshilfe mit ausschließlich überregionaler Finanzierung, aber auch hohem überregionalem Einzugsbereich. Hier erwirtschaften 316 Mitarbeiter/-innen einen Gesamtumsatz von ca. 30,2 Millionen Euro jährlich.

Die Beschäftigungswirkung

Die Beschäftigungswirkung konnte unterteilt werden in die direkte Beschäftigungswirkung in der Region und die induzierte Wirkung in der regionalen Wirtschaft. Dabei wurden die rein regionalen Beschäftigungsanteile (Wohnort der Mitarbeiter / -innen in der Region) und überregionale Einpendler unterschieden.

Außer der sehr spezialisierten Reha-Einrichtung arbeiten alle Einrichtungen mit einem sehr hohen Anteil – ca. 80 Prozent – an Mitarbeitern und Mitarbeiterinnen aus der Region. Die Sozialunternehmen schaffen also Beschäftigung wirklich vor Ort.

Der Gesamteffekt der Beschäftigung der einzelnen Einrichtungen in der Region (d. h. bei Beschäftigten mit Wohnort in der Region) liegt im Schnitt bei dem 1,5-fachen der direkten Beschäftigung, wobei der Effekt beim Wohlfahrtsverband im ländlichen Raum und beim Pflegeanbieter im ländlichen Raum am höchsten sind (1,77 bzw. 1,64). Jeweils rund die Hälfte des Effektes geht auf die direkte Beschäftigung beim Sozialunternehmen zurück.

Die Einkommenswirkung

Die Sozialunternehmen schaffen ein regionales Nettoeinkommen pro geschaffener Stelle von ca. 27.000 Euro jährlich, unter Berücksichtigung von induzierten Wirkungen. Dieses Einkommen wurde mit einem Einsatz von öffentlichen regionalen Mitteln geschaffen, die im Schnitt bei 14.400 Euro jährlich lagen. Insgesamt wurden also mit einem Einsatz von einem Euro durch die jeweilige Kommune bzw. den jeweiligen Bezirk ein Einkommen in der Region von 1,89 Euro geschaffen.

Die Wirkung ist dabei sehr stark schwankend, je nach regionalem Sozialleistungsträgeranteil. Sie ist jedoch auch bei dem Wohlfahrtsverband und den Kindertagesstätten über eins, d. h. es wird durch die öffentlichen Mittel mehr regionales Einkommen geschaffen als die öffentliche Hand ausgibt.

Die Nachfragewirkung

Den größten Kostenanteil in einem Sozialunternehmen stellen die Personalkosten mit ca. 67 Prozent dar. Die Vorleistungen und Investitionen liegen meist um die 30 Prozent. Die regionale Beschaffung liegt meist um die 35 Prozent.

Es entstanden aus 12,9 Millionen Euro eingesetzter regionaler Mittel eine regionale Nachfrage von 24,8 Millionen Euro. Es wurden also aus einem eingesetzten Euro eines regionalen Sozialleistungsträgers eine Nachfrage von rund 1,92 Euro.

Die fiskalische Wirkung

Die direkten und indirekten Rückflüsse eines Sozialunternehmens an die öffentliche Hand machen rund 21 Prozent der eingesetzten Mittel der regionalen öffentlichen Hand aus (wobei die Finanzierung des Bezirks über Umlagen nicht gesondert berechnet wurde). Dieser Effekt speist sich zu kleinen Teilen aus Steuern der Sozialunternehmen und durch Veränderungen der Steueranteile und Schlüsselzuweisungen der Sozialunternehmen. Ein gewisser Effekt entsteht durch die Steuern der Unternehmen der Region. Der Großteil entsteht durch vermiedene Kosten der Arbeitslosigkeit. Insofern ist der regionale fiskalische Effekt keine entscheidende Größe.

Sozialunternehmen – ein Gewinn für die Region

Die Untersuchung bestätigte viele »gefühlte« wirtschaftliche Wirkungen von Sozialunternehmen. Sozialunternehmen wirken in die Region hinein. Sie sind auch in städtischen Regionen ein Beitrag zur lokalen Wirtschaft. Dabei ist die Wirkung als Arbeitgeber am höchsten, die fiskalische Wirkung am geringsten.

Für die jeweilige Region ist der Nettoeffekt der überregional finanzierten Sozialunternehmen naturgemäß am höchsten. Doch selbst eine Kindertagesstätte schafft insgesamt hohe Nettoeffekte für die Region.

Die Untersuchung konzentrierte sich dabei auf wirtschaftliche Daten. Es deuten sich interessante Beschäftigungseffekte an, etwa durch die mittlere Qualifikationsstruktur und den hohen Teilzeitanteil.

Ausgeklammert, weil mit diesen Methoden nicht untersuchbar, wurden Fragen des Einflusses auf den Standort und die Wirtschaftsförderung. Die Existenz von Sozialunternehmen und die Versorgung mit einer Infrastruktur sozialer Dienstleistungsanbieter könnten die Bereitschaft von Wirtschaftsunternehmen, sich anzusiedeln und die Bereitschaft von Fachkräften zum Zuzug in die Region, beeinflussen. Die Erkenntnis der wirtschaftlichen Bedeutung von Sozialunternehmen kann auch dazu führen, dass Regionen oder Kommunen dies als ihre wirtschaftliche Entwicklungsperspektive definieren – vom »Silicon Valley« zum »Social Valley«.

Wolfgang Wasel
Sozialraumorientierung rechnet sich – Mehrwert ermitteln[1]

Zusammenfassung

Sozialraumorientierung ist zurzeit eines der herausragenden Konzepte der sozialen Arbeit. Trotz der großen Akzeptanz gelingt es vielfach nicht, Sozialraumorientierung in der Praxis umzusetzen. Dafür sind viele Gründe verantwortlich: Die hohe Komplexität des Modells, die ungelöste Frage, wer den Sozialraum steuert, indifferente Finanzierungsstrukturen und rechtliche Unsicherheiten. Neben diesen Gründen ist eine wesentliche Frage zur Durchsetzung der Sozialraumorientierung, ob die Sozialraumorientierung rentabel ist. Es gilt für alle Beteiligten, egal ob Shareholder oder Stakeholder, den Mehrwert im Rahmen der Sozialraumorientierung herauszustellen. Rentabilität soll anhand des sozioökonomischen Effektes auf der Basis des Social Return on Investment nachgewiesen werden kann. Der Nachweis soll am Beispiel eines sozialraumorientierten Quartiersprojektes erfolgen.

1. Sozialraum als Gelegenheitsmodell

Das große Interesse an dem Sozialraummodell, wie es von Budde und Früchtel (2005)[2] ausformuliert wurde, liegt in der praktischen und theoretischen Relevanz für die Sozialarbeitswissenschaft. Budde und Früchtel (2005) gehen zu recht davon aus, dass das Sozialraummodell eine Form von Sozialarbeit beschreibt, die im Idealfall den politischen, theoretischen und praktischen Überlegung zu Inklusion und Teilhabe am nächsten kommt (UN-Charta für behinderte Menschen, 2009; Vertrag

[1] Der Artikel ist ein Exzerpt aus der Veröffentlichung: *Wasel, W.*: (2009) Sozialraum und Rentabilität. Nachrichten des Deutschen Vereins, S. 25–32.
[2] Vgl. *Budde, W. / Früchtel, F.* (2005): Sozialraumorientierte soziale Arbeit – ein Modell zwischen Lebenswelt und Steuerung. Nachrichten Deutscher Verein, S. 238–242.

von Nizza, 2000; Nationale Strategien zur Umsetzung von Teilhabe, 2008). Das Sozialraummodell arbeitet konsequent mit den Stärken des Systems, aber auch der Einzelpersonen, zum Teil fallspezifisch, zum Teil fallunspezifisch. Notwendige Voraussetzung dabei ist, dass sich Organisationen im Umfeld des Sozialraums flexibel und dynamisch auf die Bedarfe einlassen und notwendige Anpassungen vornehmen. Ebenso notwendig ist eine raumbezogene Steuerung, die finanzielle und organisatorische Momente umfasst. Daher vereint das Sozialraummodell konsequent die konzeptionellen Grundüberlegungen der Sozialarbeit, Lebensweltorientierungen und Gemeinwesenarbeit ebenso wie Momente der Steuerung (Good Governance) und der Organisationsentwicklung. Sie umfasst interessanterweise nicht nur Netzwerkarbeit und Case Management, sondern sieht die Handlungsdimension auf einer Linie zwischen fallspezifischer und fallunspezifischer Arbeit.

2. Sozialraum und die Schwierigkeiten der Umsetzung

Trotz der scheinbar unschlagbaren Plausibilität des Sozialraumkonzeptes gelang es bis heute nicht, die Sozialraumorientierung weitreichend in die Praxis umzusetzen. Neben einigen Versuchen, die vor allem in der Jugendhilfe getätigt wurden (Stadt Stuttgart, Landkreis Reutlingen, Stadt Mühlheim etc.), muss konstatiert werden, dass die praktische Umsetzung des Sozialraummodells nach wie vor in den Anfangsstadien steckt oder im Extremfall gar eine deutliche Abkehr vom Konzept vorgenommen wurde. Obwohl man davon ausgehen kann, dass dafür unterschiedliche Gründe verantwortlich sind und diese je nach Standort und Umsetzungsversuch in ihrer Bedeutung sehr stark variieren werden, fallen bei der Betrachtung möglicher Widerstände einige Schwierigkeiten direkt ins Auge. Nach wie vor ist bereits die Erfassung des Modells in seiner Komplexität nur schwer möglich. Insbesondere die politischen Ebenen werden sich aufgrund ihrer häufig fehlenden fachlichen Kompetenz nur schwer in die Konzepte eindenken können. Verstehen ist aber eine Grundvoraussetzung, um politische Akzeptanz zu erlangen. Die politische Ebene wird die Komplexität des Modells vermutlich erst über die Anschaulichkeit voll erfassen, begreifen und akzeptieren können. Dies setzt aber notwendigerweise Modellprojekte in bestimmten Feldern voraus, die erfolgreich wirken.

Wollen wir diese Widerstände überwinden, muss es uns gelingen, für alle diese Beteiligten einen Mehrwert herauszustellen. Sozialraum muss sich lohnen. Das gilt für Betreiber, Kostenträger und Betroffene. Sehr vereinfacht gesprochen, gilt es den Homo sozio-ökonomicus bei all den beteiligten Shareholder und Stakeholder direkt anzusprechen. Die Konzeptionen »sozialer« Rentabilität fokussieren nicht nur die Finanzen, sondern darüber hinaus auch fachliche Komponenten und Bedürfnisse. Die Betrachtung des Sozialraums aus Rentabilitätserwägungen muss den sozio-ökonomische Effekt herausstellen.

3. Quartiersmodell als Basis einer sozialraumorientierten Rentabilitätsanalyse

Lebensräume für Jung und Alt

Ausgehend von den demografischen und ökonomischen Rahmenbedingungen sollten die »Lebensräume für Jung und Alt« einen Kontrapunkt zu den »klassischen« Formen der Altenhilfe setzen:

1. Es wurde das Ziel verfolgt, im Zeitalter familienentbindender Strukturen mit der Schaffung der Lebensräume für Jung und Alt ein familienergänzendes System zu formen. Jung und Alt sollten generationsübergreifend zusammen wohnen.
2. Im Gegensatz zu den klassischen Formen der Altenhilfe sollten hier Finanzstrukturen gefunden werden, die unabhängig von den sozialen Sicherungssystemen funktionieren.
3. Man wollte dem Bedürfnis der meisten Menschen nachkommen, selbständig, sicher und in einem ganz normalen Lebensumfeld älter zu werden.

Mit den »Lebensräumen für Jung und Alt« hat die Stiftung Liebenau[3] ein Modell entwickelt, das auf diese Herausforderungen eine Antwort bietet. In überschaubaren Wohnanlagen an mittlerweile 25 Standorten im süddeutschen Raum und in Österreich sind im wahren Wortsinn »Lebensräume« entstanden, in denen verschiedene Generationen miteinander leben können und wollen. Die Größe der Wohnanlagen variieren von 13 bis 85 Wohneinheiten. Summarisch begleitet die St. Anna-Hilfe[4] mehr als 700 Wohneinheiten. Die Wohnungen sind mit 1,5 bis vier Zimmern und 40 bis 100 Quadratmetern für junge und ältere

---

[3] Die Stiftung Liebenau ist ein gemeinnütziges Sozial-, Gesundheits- und Bildungsunternehmen mit ca. 5500 Mitarbeitern.
[4] Die St. Anna-Hilfe gGmbH ist eine Tochtergesellschaft der Stiftung Liebenau.

Bewohner/-innen, Alleinstehende, Paare oder Familien interessant. Sie sind über Aufzüge zu erreichen, haben eine barrierefreie Ausstattung, rollstuhlgeeignete Bäder und keine Türschwellen und sind damit auch für die Pflege geeignet.

Gemeinwesenarbeit als sozialraumorientierte Altenhilfe

Gemeinwesenarbeit und Servicezentrum sind das Herz der Lebensräume. Eine lebendige Gemeinschaft braucht Zeit zum Wachsen und sie braucht Pflege. Deshalb sind in den Lebensräumen Gemeinwesenarbeiterinnen eingesetzt. Die Fachkräfte, zum größten Teil Sozialarbeiterinnen oder Sozialpädagoginnen, stehen als Ansprechpartnerinnen für die Bewohner/innen in allen wohnungsbezogenen und persönlichen Angelegenheiten zur Verfügung. Sie beraten, unterstützen gemeinschaftliche Aktivitäten und vermitteln nachbarschaftliche oder professionelle Hilfen. Gemeinwesenarbeit versteht sich als professionelle soziale Tätigkeit mit einem eigenständigen methodischen Ansatz, der sich von Einzelfallhilfe oder der Gruppenarbeit unterscheidet und stark systemisch orientiert ist. Ihre Arbeit ist *Care-* und *Casemanagement* und Basis einer sozialraumorientierten Altenhilfe.

Die Kosten der Lebensräume

Jeder Bewohner und jede Bewohnerin in den Lebensräumen trägt die Kosten seiner/ihrer Eigentums- oder Mietwohnung und sorgt für die Finanzierung seines Lebensunterhalts. Die Gemeinwesenarbeit – das heißt, die Beratung und die Vermittlung von Dienstleistungen – ist kostenlos. Werden professionelle Pflegedienstleistungen in Anspruch genommen, werden diese von dem ambulanten Dienst nach den Kostensätzen der Pflegeversicherung berechnet.

Der Sozialfond – eine Stiftung für das Gemeinwesen

Zur Finanzierung der Lebensräume gilt es, die Gemeinwesenarbeit finanziell abzusichern. Dazu wurde ein Modell gewählt, das unabhängig von der sozialen Pflegeversicherung oder anderen Mitteln öffentlicher Haushalte dauerhaft die Finanzierung gewährleistet. Zur Finanzierung der Gemeinwesenarbeit haben die Stiftung Liebenau und die jeweilige Gemeinde vor Ort einen Sozialfonds gegründet, einen Kapitalstock, in den Verkaufserlöse der Wohnungen, Mitteleinlagen der Gemeinde und Spenden einfließen. Ein Grundlagenvertrag legt fest, dass die Mittel aus diesem Fonds (Zinsertrag) direkt und ausschließlich den Bewohner/innen der Lebensräume zugutekommen.

4. Sozioökonomische Mehrwertanalyse von Quartiersprojekten

Im Rahmen des Modellprojektes »Soziales neu gestalten« (SONG) haben sich sechs Unternehmen, vier operativ tätige Sozialunternehmen, die Bank für Sozialwirtschaft und die Bertelsmann Stiftung zusammengeschlossen mit dem Ziel, die bestehenden Modellprojekte im Quartier der operativ tätigen Unternehmen zu evaluieren (Netzwerk: Soziales neu gestalten, 2008).[5]

Im Rahmen dieser Evaluation sollten fünf Eckpunkte gesetzt werden:

- Transparenz über Good-Practice-Modelle der Netzwerkpartner erzielen,
- (Gemeinsame) Probleme in Quartiersprojekten erkennen und lösen,
- Mehrwert gemeinschaftlicher Wohnprojekte messen (Social Return on Investment),
- Politikberatung und Transfer in die Fläche bieten und
- Networking und Binnenwirkung bei den Netzwerkpartnern ermöglichen.

Bei allen vier operativen Projekten handelt es sich um Quartiersprojekte. Eines davon ist mit den Lebensräumen oben explizit beschreiben. Sie gleichen sich in folgender Weise:

- Stärkung von Eigenverantwortung und Eigeninitiative der Quartiersbewohner
- Förderung von sozialen Netzen und neuen Formen des Hilfemix
- Entwicklung neuer Kooperationsformen und Gemeinwesenarbeit
- Erschließung neuer Pflegearrangements im Quartier

Die unten beschriebene Rentabilitätsanalyse bezieht sich auf die Grundgesamtheit aller vier Projekte. Da alle vier Projekte zu beschreiben zu viel Raum eingenommen hätte, bezog ich mich exemplarische in der Beschreibung eines sozialraumorientierten Modells auf die Lebensräume für Jung und Alt.

---

[5] Die Netzwerkpartner sind das CBT (Caritas Betriebsführungs- und Trägergesellschaft mbH) in Köln, die Bank für Sozialwirtschaft in Köln, die Bertelsmann Stiftung in Gütersloh, die Bremer Heimstiftung, das Evangelische Johanneswerk in Bielefeld und die Stiftung Liebenau.

Rentabilitätsmessung über die Methodik des Social Return on Investment (SROI)

Die vorliegende Untersuchung nach dem Konzept des SROI ist der Versuch, methodisch den realen sozioökonomischen Nutzen neuer Wohn- und Lebensformen im Quartier zu erfassen. Dabei stützt sich die Methode auf drei Betrachtungsebenen, die zunächst eine qualitative Betrachtung des Nutzens im Visier hat und anschließend diesen Nutzen aus sozioökonomischer und ökonomischer Sicht versucht zu analysieren:

- Social Value: nicht monetär quantifizierbarer Zusatznutzen
- Socio-Economic Value monetär quantifizierbare Zusatzkosten/-erträge
- Economic Value: betriebswirtschaftliches Ergebnis im engeren Sinne

Als qualitative Indikatoren für den Social Return on Investment wurden erfasst:

- Nachbarschaftliches Engagement
- Zeitverwendung und Aktivitäten in der Nachbarschaft
- Nutzung von Quartier und städtischem Umfeld
- Wohnqualität, soziales Umfeld und Zufriedenheit

Als Indikatoren für die quantitative Messung und Erfassung des Economic und Socio-Economic Return on Investment wurden herangezogen:

- der Gesundheitszustand, Pflege- und Unterstützungsbedarf
- die Kosten

Zur ökonomischen und sozioökonomischen Betrachtung wurde eine strukturierte Befragung durchgeführt (eine detailliertere Ausführung findet sich in: Netzwerk: Soziales neu gestalten, 2008). Die vier Modelle wurden für die beiden ökonomischen Analysen an acht verschiedenen Standorten untersucht und mit 222 Personen durchgeführt. Zum Vergleich und zur Analyse der Fragestellung wurde eine Kontrollgruppe nach dem Prinzip Matched Samples gebildet. Demnach wurde versucht, eine Kontrollgruppe zu bilden, die mit Ausnahme derselben Wohn- und Lebensform (unabhängige Variable) sich in allen wesentlichen soziodemografischen Variablen gleichen (N = 268). Zur Erhebung der qualitativen Daten wurden 48 Personen an fünf Standorten in 45-minütigen Interviews zur Erfassung des Netzwerkes im Quartier befragt. Eine Kontrollgruppe wurde nicht gebildet.

5. Zentrale Ergebnisse der Rentabilitätsanalyse
Ergebnisse des Social Return (nicht quantitativer Zusatznutzen)

Hohe Elastizität durch Mehrfachsicherung

In der Befragung zum Netzwerk der Quartierskonzepte ergab sich der vermutete Effekt. Menschen verfügen über ein hohes Maß an Beziehungen. In der genauen Betrachtung dieser Beziehung ist es aber nicht nur die nominale Anzahl an Beziehungen, sondern ihre besondere Form, die herauszuheben ist. Es stellte sich in der Befragung heraus, dass sie besonders stabil sind, nicht brüchig oder oberflächlich. Eine Vielzahl von Befragten gab an, dass ihre Beziehung vornehmlich auf hoher Akzeptanz und Sympathie beruht und im Gegensatz zu Tauschgeschäften sonstiger Art damit eine zutiefst menschliche aber eben auch stabilere Form besitzt. Die Stabilität wird durch ihre Elastizität und mehrere verbundene Ebenen erreicht. So gibt es eine Vielzahl an Parallelvernetzungen und Reflexion eigenen Potenzials in der Netzperspektive: Ich bin nicht nur als Handwerker gefragt, sondern auch als Nachbar, Moderator, Stimmungskanone etc. und kann mich dementsprechend einbringen. Damit überschneiden sich mehrerer Funktionslogiken. Statt tayloristischer Kompetenzverwaltung wirken Personen über mehrere Funktionen im Gemeinwesen als Lehrer, Handwerker, Moderatoren in Personalunion.

Hohe Versorgungs- und Lebensqualität

Die Bewohner unterstützen sich in körperlichen, geistigen und sozialen Belangen. Damit entlasten sie die Beziehung zu ihren Angehörigen, was insbesondere im Alter ein wichtiges persönliches Anliegen scheint. Die Quartiersprojekte eröffnen auch eine völlig neue Beziehungsperspektive. Es werden neue Bekanntschaften und Tätigkeitsfelder auf der sicheren Basis baulicher und sozialer Architektur erschlossen. Dabei wird deutlich, dass zwischen Unterstützern und Unterstützungsempfängern nicht scharf zu trennen ist. Beide haben beide Rollen.

Milieuspezifische Emanzipationschancen

Die meisten Beteiligten sind Frauen, die in »helfenden« Berufen und/oder im Haushalt sowie für die Familie tätig sind. Dabei wird besonders augenfällig, dass über die Form des Miteinanders eine neue Kultur geschaffen wird. Gemeinsinn und Pflichterfüllung sind verbreitete Werte, in einem Kontext der Modernisierung solidarischer Formen. Die gezielte Auswahl neuer Bewohner trägt zu einer Homogenisierung herrschender Wertorientierungen bei. Deswegen spricht man zu recht vor Ort häufig von einer Lebensschule, die Unabhängigkeit und Engagement fördert.

Ergebnisse des Economic Return

Gesundheitszustand / Pflegebedarf

Gesundheitszustand und Pflegebedarf unterscheiden sich zum Befragungszeitpunkt, obwohl vor Einzug keine signifikanten Unterschiede in den Stichproben bestanden haben. Dies spricht für einen prognostizierten Pflegeverzögerungseffekt. Notwendigerweise korreliert dies hoch mit dem Hilfebedarf. Aus dem unterschiedlichen Gesundheitszustand in den Gruppen zum Befragungszeitpunkt resultiert auch unterschiedlicher Hilfebedarf

Kosten

Gesundheitszustand/Pflegebedarf wurde in zwei Szenarien (unterschiedliche Zusammensetzung der Vergleichsgruppen) betrachtet:

Variante 1: Gesundheitszustand und Pflegebedarf zum Einzugszeitpunkt gleich: positive Effekte in der gesundheitlichen Entwicklung werden den Projekten zugerechnet.

Variante 2: Gesundheitszustand und Pflegebedarf zum Befragungszeitpunkt gleich: positive Effekte in der gesundheitlichen Entwicklung werden als exogen betrachtet.

Betrachtet man die Kosten, ergeben sich in Abhängigkeit der Attributionsunterschiede deutlich voneinander abweichende Effekte.

Variante 1: signifikante Kostenvorteile in den Gesamtkosten

Variante 2: deutlich geringere Kostenvorteile; signifikante Unterschiede nur für die Älteren (> 50)

Als mögliche Ursachen für Kostendifferenzen sind folgende Ursachen zu nennen:
- Einbezug stationärer Pflege / schwerer Pflegefälle: Betrachtungen ohne stationär Pflegebedürftige und ihre Pendants weisen keine signifikanten Unterschiede mehr auf
- Bessere Gesundheitsentwicklung / geringere Pflegeinzidenz (Unterschiede zwischen Variante 1 und 2)
- Geringere Notwendigkeit von Unterstützung durch bessere Infrastruktur

- Höhere Bedeutung von unentgeltlichen Hilfeleistungen in der Programmgruppe (z. B. Nachbarn)

Hilfebedarf in der täglichen Lebensführung
Der Hilfebedarf ist in der Programmgruppe insgesamt geringer. Signifikante Unterschiede ergeben sich aber nur bei den Älteren in Variante 1. Von diesen wird aber auch die Nachbarschaftshilfe stärker in Anspruch genommen.

Zusammengefasst ergeben die drei Betrachtungsweisen ein in sich schlüssiges und durchweg positives Bild für die Quartiersprojekte. Der Economic Value, die betriebswirtschaftliche, individuelle Perspektive des Bewohners und Trägers, zeigt geringere Gesamtkosten. Damit machen Quartiersprojekte aus Rentabilitätserwägung Sinn. Der Socio-Economic Value, die volkswirtschaftliche Perspektive, zeigt reduzierte Kosten für die Sozialversicherungsträger und Träger sonstiger öffentlicher Unterstützungsmaßnahmen. Damit sprechen die Indizien für positive wirtschaftliche Effekte im Quartier. Und auch der Social Value zeichnet das Bild eines «Plus» an Lebensqualität. Wir haben also geringere durchschnittliche Nettokosten und eine bessere Bewertung des Wohnens und des sozialen Umfeldes.

6. Sozialraum braucht Rentabilität

Wie über die Methodik des SROI gezeigt, haben wir hier den Versuch gestartet darzustellen, dass Sozialraumkonzepte mit einem hohen Mehrwert versehen sein können. In der Konsequenz: Sozialraum und Rentabilität schließen sich nicht aus, sie ergänzen sich. Präziser, sie bedürfen einander, um den Sozialraum zum Leben zu erwecken.

In diesem Artikel unternahmen wir den Versuch darzulegen, warum wir die Sozialraumorientierung in der Altenhilfe für ein zukunftsfähiges Modell halten. Ausgehend von den Ergebnissen der SROI-Analyse postulierten wir, dass sich die Interessen der Beteiligten in sozio-ökonomischen Effekten wiederfinden. Wir haben beschrieben, wie eine solche Sozialraumorientierung aussehen kann. Dabei konnte wir über den SROI-Ansatz den Nachweis führen, dass sich Quartiersprojekte, die den Anspruch verfolgen, Sozialraum zu gestalten, für alle Beteiligten lohnen. Das gilt in zweifacher Hinsicht: sozial und ökonomisch. Rentabilität und Sozialraum schließen sich also nicht aus. Das Gegenteil ist der Fall, betrachten wir »soziale« Rentabilität zeigt sich, dass Sozialraum sich »rechnet«.

Verwendete und weiterführende Literatur

Budde, W./ Früchtel, F. (2005): Sozialraumorientierte soziale Arbeit – ein Modell zwischen Lebenswelt und Steuerung. Nachrichten Deutscher Verein, Wiesbaden: Vs Verlag S. 238–242.
Hinte, W. (2005): Sozialraumorientierung: Bemerkungen zu einer missglückten Rezeption. Nachrichten Deutscher Verein, Wiesbaden: Vs Verlag, S. 359–362.
Hinte, W. (2007): Fachliche Grundlagen und Chancen sozialräumlicher Ansätze in der kommunalen Jugendhilfe. In Sozialraumorientierung – ein ganzheitlicher Ansatz. Werkbuch für Studium und Praxis, Freiburg: Lambertus-Verlag, S. 24–44.
Kuhn, Th. S. (2007): Die Struktur wissenschaftlicher Revolution, Frankfurt: Suhrkamp.
KEG, Kommission der Europäischen Gemeinschaften (2000): Ein Europa schaffen, das alle einbezieht, Mitteilung der Kommission, KOM (2000) 79 endgültig, Brüssel.
Münder, J. (2001). Sozialraumorientierung und das Kinder- und Jugendhilferecht. In: Sozialpädagogisches Institut im SOS-Kinderdorf e.V. (Hg.): Sozialraumorientierung auf dem Prüfstand, München, S. 6–124.
Netzwerk: Soziales neu gestalten (2008). Zukunft Quartier – Lebensräume zum Älterwerden. Soziale Wirkung und »Social return«, Gütersloh: Bertelsmann.
Popper, K. (1934): Die Logik der Forschung, Wien: Springer.

Renate Salzmann-Zöbeley
Wohnen, Pflegen, Betreuen – Neue Angebote für Menschen im Alter

Wohnen im Viertel bei der GEWOFAG: Versorgungssicherheit in der eigenen Wohnung

Die demografische Entwicklung stellt unsere Gesellschaft vor große Herausforderungen. Immer älter werdende Menschen benötigen neue Wohn-, Lebens- und Versorgungsstrukturen. Die Allermeisten möchten auch bei eingeschränkter Mobilität, im Falle von Behinderung, Krankheit oder Pflegebedürftigkeit in ihrer vertrauten häuslichen Umgebung bleiben. Das Wohnungsunternehmen GEWOFAG, ein Tochterunternehmen der Landeshauptstadt München mit gut 34.000 Wohnungen hat unter ihren Mietern eine große Anzahl älterer Menschen. Daher rückt sie die Lebensqualität dieser Mietergruppe besonders ins Blickfeld. Seit fast vier Jahren verfolgt die GEWOFAG mit ihrem Projekt »Wohnen im Viertel« das Ziel, den Mietern ein Verbleiben in ihrer Wohnung zu ermöglichen, auch wenn sie sich nur eingeschränkt oder gar nicht mehr selbst versorgen können. Sie orientiert sich dabei am »Wohnen mit Versorgungssicherheit ohne Betreuungspauschale« des Bielefelder Modells, das im Jahr 2005 auf der Herbsttagung der Bayerischen Wohnungswirtschaft vorgestellt wurde. Hier handelt es sich um ein Modell unter Federführung eines Wohnungsunternehmens und nicht um ein Engagement eines sozialen Dienstleisters.

Die Landeshauptstadt München spielt eine Vorreiterrolle bei der innovativen Versorgung älterer Menschen. Daher musste bei der Umsetzung eines solchen Modells bedacht werden, dass Vorbilder aus anderen Städten erst einmal auf Vorbehalte treffen, die es zu überwinden gilt.

Bei der GEWOFAG herrschte ein Mangel an Wissen und Gespür für die Bedürfnisse alter Menschen. Auch in technischer Hinsicht war das Unternehmen eher auf Schönheit der Ausführung bedacht als auf Funktionalität für den Nutzer. Im Jahr 2007 schuf die GEWOFAG daher die »Fachstelle Wohnen im Alter«, eine Koordinationsstelle im Unternehmen, die in allen Bereichen darauf achten soll, dass die Belange alter Menschen gewahrt werden. Eine solche Stelle ist unabdingbar, weil nur so die Wichtigkeit des Themas vermittelt werden kann und die Sache nicht im Alltag des Wohnungsgeschäftes untergeht.

Einer der zentralen Aufträge an die Fachstelle war die Umsetzung des Bielefelder Modells in München. Im März 2007 begannen wir gemeinsam mit der Beraterin aus Bielefeld die Suche nach Kooperationspartnern und geeigneten Bauobjekten.

In München gibt es Stadtviertel, keine »Quartiere«. So hieß das Projekt, das dann auch ein eigenes Logo bekam: »Wohnen im Viertel«. In der Folge haben wir mehrere Reisen nach Bielefeld in unterschiedlicher Zusammensetzung unternommen und intensive Beratung aus Bielefeld erhalten. Bis heute hilft uns Frau Brechmann dabei, Fehler zu vermeiden oder sie produktiv zur Weiterentwicklung zu nutzen. Das Grundkonzept haben wir in verschiedenen Runden von Fachleuten aus Wohlfahrtspflege, städtischen Dienststellen und politischen Arbeitskreisen vorgestellt.

Grundzüge des Konzeptes WiV

Für jedes Wohnviertel wird ein schwellenfreies Wohnprojekt aufgebaut für eine Gemeinschaft von sechs bis zehn behinderten oder pflegebedürftigen Menschen mit einem erheblichen Bedarf an Unterstützung. Die Versorgungssicherheit wird durch die dauerhafte Anwesenheit eines kooperierenden ambulanten Dienstes sichergestellt. Sie gilt auch für alle anderen Mieter im Umkreis von 800–1000 Metern rund um das Wohnprojekt. Dafür müssen die Mieter keine Betreuungspauschale bezahlen. Diese Versorgungssicherheit wird durch eine mit dem Kooperationspartner abgestimmte Belegung der Projektwohnungen gewährleistet. Die GEWOFAG ihrerseits sorgt für barrierefreie Zugänglichkeit der Wohnanlagen und passt die Wohnungen an die Bedürfnisse der Mieter an.

Ein Bewohnercafé oder Nachbarschaftstreff sowie eine Pflegewohnung auf Zeit oder Gästewohnung ergänzen das Angebot in jedem Projektstandort. Der ambulante Dienst hat die Aufgabe, die erforderlichen Dienstleistungen selbst zu erbringen oder zu organisieren, indem er die vor Ort tätigen Profis vernetzt und bürgerschaftliches Engagement erschließt. So bietet er unseren Mietern ein vielfältiges Dienstleistungsangebot aus einer Hand. Mit dem Kooperationspartner schließen wir eine schriftliche Kooperationsvereinbarung ab, die Ziele, Rechte und

Pflichten beider Seiten festlegt. Öffentlichkeitsarbeit und Qualitätssicherung müssen als gemeinsame Aufgaben miteinander abgestimmt werden. Die Federführung des WiV-Projektes liegt bei der Geschäftsführung der GEWOFAG. Die Fachstelle Wohnen im Alter koordiniert alle Aktivitäten, lädt zu regelmäßigen Abstimmungsgesprächen ein und protokolliert sie. Die Vereinbarung wird von der obersten Leitung beider Partner unterzeichnet, um Nachhaltigkeit zu gewährleisten.

Der erste Kooperationspartner bei Wohnen im Viertel war der ASB München. Das gemeinsame Projekt wurde installiert in einem Neubau im Osten der Stadt in einer Lärmschutzbebauung am Mittleren Ring, die nach vorne in der Nacht spektakulär wirkt, nach hinten aber ruhige Innenhöfe hat und ideale Bedingungen schafft für die Terrasse des Bewohnercafés. Dieses Projekt konnten wir im Januar 2008 eröffnen, ein gutes halbes Jahr nach Beginn unserer Planungen.

Bereits ein halbes Jahr später, im Juni 2008, startete das zweite Projekt in Harlaching, einer Gartenstadt im Süden von München. Hier kam uns allerdings der fast schon makabre Zufall zuhilfe, dass in einer Altenwohnanlage mit 400 Wohnungen in kürzester Zeit zehn Wohnungen frei wurden, weil die Bewohner mit der üblichen ambulanten Versorgung nicht mehr auskamen und deshalb umziehen mussten. In diesen frei werdenden Wohnungen konnten wir das Bewohnercafé und die Pflegewohnung auf Zeit unterbringen und hatten ausreichend Projektwohnungen, um das Projekt starten zu können. Kooperationspartner ist hier die Sozialstation Berg am Laim und Trudering gGmbH, die unser Modell in einer der Vorstellungsrunden gesehen und sofort Interesse angemeldet hatte. Inzwischen sind drei weitere Projekte im Bau, zwei im Neubau und eines im Bestand. In einem denkmalgeschützten Bereich werden die Erdgeschosse zweier gegenüberliegender Häuser zu 13 weitgehend barrierefreien Wohnungen, einem Nachbarschaftstreff und einer Pflegewohnung auf Zeit umgebaut. Mit dem Denkmalschutz wurde ein Plan abgestimmt, die Grünfläche zwischen den Häusern aufzuschütten, um das Hochparterre zu umgehen und einen barrierefreien Zugang zu schaffen – eine sehr pfiffige, aber sehr teure Lösung. Die Eröffnung ist geplant für Mai 2011.

Vorteile für die Mieter

»Wohnen im Viertel« kommt den immer wieder geäußerten Wünschen älterer Menschen entgegen, im Alter dort bleiben zu können, wo man sich auskennt und wo vertraute Menschen leben.

»Wohnen im Viertel« ist nur umsetzbar, wenn alle Sozialgesetzbücher parallel als Quelle der Refinanzierung genutzt werden. Für den ambulanten Dienst heißt das, dass er einen Mix an Klienten versorgt: jüngere und ältere, kranke und behinderte Menschen, Alleinstehende und Familien. Zu diesem Zweck muss er sein Angebot diversifizieren und seine Mitarbeiterstruktur ausweiten. Das bürgerschaftliche Engagement ist eine unverzichtbare Säule von WiV und muss über eine Koordinatorin in das Team integriert werden. Angesichts der prekären Arbeitsmarktsituation für Pflegekräfte dürfte diese Diversifikation als Wettbewerbsvorteil zu bewerten sein.

Das Wohnungsunternehmen seinerseits steuert auf eine gezielte Mischbelegung seiner Wohngebiete zu und entfernt sich damit von der Gettoisierung einzelner Mietergruppen.

Ausblick in die Zukunft

Das erfolgreiche Projekt hat dazu geführt, dass zehn weitere Projekte geplant und vorbereitet werden. Wir werden dafür zehn Millionen Euro in den nächsten neun Jahren investieren. Das können wir uns deshalb leisten, weil unsere Eigentümerin in den nächsten Jahren auf die Dividendenauszahlung verzichtet, allerdings verlangt, dass wir die entsprechenden Summen in die energetische Sanierung unseres Bestandes und in soziale Projekte stecken. Natürlich sind auch Probleme aufgetreten und noch nicht alle sind gelöst:

Vermietung der Pflegewohnung auf Zeit

Aus Bielefeld wurde uns berichtet, dass man sie uns aus der Hand reißen wird. In München haben aber die Krankenhäuser auf das Angebot nur sehr selten zurückgegriffen. Das Problem ist noch nicht wirklich gelöst.

Finanzierung der Projekte

Alle Kostenträger, Pflegekassen wie Sozialhilfeträger, mussten von der neuen Versorgungsart überzeugt werden: im Vergleich zur stationären Unterbringung, die aufgrund der Vorhaltekosten immer teurer ist, und im Vergleich zu einer ambulanten Versorgung, die nur partielle Versorgung bietet, insofern eben nicht vergleichbar ist und zudem keine Sicherheit auf Dauer gewährleistet. Es hat sich in München bewährt, dass sich die Kooperationspartner gemeinsam auf den Weg zu den Kostenträgern gemacht haben, um ein Ergebnis zu erzielen – für alle Verhandlungsparteien eine ganz neue und heilsame Erfahrung.

Belegungstempo der Projektwohnungen

Das städtische Wohnungsamt musste seine Abläufe auf das neue Projekt der GEWOFAG einstellen, ein zäher und ein noch nicht endgültig geregelter Prozess. Eine positive Entwicklung ist aber festzustellen. Man muss also ständig Überzeugungsarbeit leisten für einen neuen Denkansatz. Wir haben die Erfahrung gemacht, dass wir konzeptionell in den Planungsabteilungen der Stadt sehr schnell überzeugen können. Die Landeshauptstadt fördert das Modell in Teilen sehr großzügig. Auf der operativen Ebene ist es aber ungleich schwieriger, denn da geht es darum, sich bei der täglichen Arbeit vom gewohnten Denkschema zu lösen und außerhalb der gewohnten Routine ganz neue Aspekte zu berücksichtigen.

Die notwendige Öffentlichkeitswirkung erzielt man am besten mit begleitenden Maßnahmen in mehrere Richtungen:

- Zum Ersten müssen Presse, Funk und TV informiert und gewonnen werden. Hier war professionelle Unterstützung durch fachkundige PR-Profis unverzichtbar, und zwar von Anfang an. Es muss eine geneigte Öffentlichkeit entstehen, die das Konzept begeistert unterstützt, sodass es immer schwerer wird, sich der Idee zu widersetzen.
- Zum Zweiten müssen Partner davon überzeugt werden, dass das ein tolles Modell ist. Neben den Kostenträgern sind das vor allem unternehmerisch denkende Kooperationspartner, ambulante Dienste, die risikobereit und daran interessiert sind, mit uns gemeinsam neue Wege zu gehen.
- Zum Dritten müssen eventuelle Nutzer erfahren, dass es dieses Modell gibt.
- Zum Vierten und Letzten müssen die eigenen Mitarbeiter hinter der Idee stehen, Werbung dafür machen und ihr eigenes Handeln auf diese Zielgruppen ausrichten.

Zusammengefasst sorgen wir dafür, dass das Thema Wohnen im Alter ständig präsent ist. Wir wollen unsere Mieter überzeugen, dass sie sich an uns wenden können, wenn sie aufgrund ihres Alters Probleme mit der Wohnung haben, und dass wir uns darum kümmern.

Fazit

Im Kampf um die Einführung der lebenslangen Versorgungssicherheit ohne Betreuungspauschale hat man mit mancherlei Widerständen zu kämpfen, mit anderen Meinungen und Vorurteilen in der eigenen Stadt und im eigenen Unternehmen und mit der Trägheit der Systeme.

Es interessieren sich immer mehr Städte und vor allem immer mehr Wohnungsunternehmen – über die BRD hinaus – für unser Wohnen im Viertel und machen damit klar, dass es Sache der Wohnungswirtschaft ist, sich um das Wohnen im Alter zu kümmern und nicht alleine eine Angelegenheit der freien Wohlfahrtspflege oder anderer sozialer Dienstleister.

»Ambulant vor stationär« ist einer der wichtigsten sozialpolitischen Grundsätze. Als Alternative zur stationären Unterbringung wurden bisher ambulant betreute Wohngemeinschaften angeboten und alte Menschen damit reduziert auf einen Raum in einer Großwohnung mit Gemeinschaftsküche und Gemeinschaftsessraum. »Wohnen im Viertel« bietet eine realistische Alternative und ist ein zukunftsweisendes Modell, mit dem man der demografischen Entwicklung Paroli bieten kann, und ein zutiefst menschliches Modell, weil es den Menschen dort bleiben lässt, wo er sich zu Hause fühlt – in seinem Viertel und in einer eigenen Wohnung. Wir sind von folgender Erkenntnis überzeugt: »Nichts ist mächtiger als eine Idee, deren Zeit gekommen ist!«

Heiko Zillich
Das Persönliche Budget –
Totgesagte leben länger?!

Vorbemerkung

Das Persönliche Budget ist eines der Reizthemen im Bereich der Behindertenhilfe in den letzten Jahren. Für die einen stellt es den lange ersehnten Hoffnungsträger dar, eine Möglichkeit, die eigene Lebenssituation endlich verbessern zu können. Dabei werden eine ganze Reihe an Erwartungen und Hoffnungen auf diese Leistungsform projiziert. Andere hingegen sehen im Persönlichen Budget in erster Linie eine extrem arbeitsaufwendige, komplizierte und verunsichernde Form, etwas Bestehendes und Funktionierendes dem vermeintlichen Zeitgeist anzupassen.

Eines ist jedoch unbestritten: Das Persönliche Budget polarisiert und wirkt zumindest in der Debattenkultur als Thema noch recht lebendig.

Obwohl das Persönliche Budget seit Anfang 2008 deutschlandweit Gesetz ist, zeigte sich im Rahmen des Projektes zum Persönlichen Budget beim Lebenshilfe Landesverband-Bayern, dass Interessierte vielfach noch auf erhebliche Mengen an Unsicherheit und zuweilen auch Unkenntnis stoßen. Das verdeutlicht sich auch an den Zahlen der Nutzer. Nur etwa zwei Prozent der Empfänger von Eingliederungshilfe erhalten diese in Form eines Persönlichen Budgets. (Deutschlandweit gibt es derzeit ca. 10.000 Budgetnehmer.) Bei den anderen möglichen Rehabilitationsträgern, wie z. B. der Deutschen Rentenversicherung, der Agentur für Arbeit, den Krankenkassen oder der Unfallversicherung kommen noch einmal einige Hundert Budgetnehmer dazu. In der trägerübergreifenden Variante, wie es der Gesetzgeber ursprünglich vorgesehen hat, sind nur wenige Einzelfälle bekannt. Aufgrund der überwiegend im Zuständigkeitsbereich der Sozialhilfeträger angesiedelten Budgets wird in diesem Artikel, sofern nicht anders ausgewiesen, von dieser Situation ausgegangen.

Das Persönliche Budget – nachhaltig und sozial?

Die ConSozial 2010 stand unter dem Titel »Sozial wirtschaften – nachhaltig handeln«.

Dieses Motto bietet in Bezug auf das Thema des Vortrages eine interessante Perspektive. Was bedeutet »Sozial wirtschaften« mit Persönlichen Budgets, und welche Aspekte beinhaltet dabei das »nachhaltige Handeln«?

Soziales Wirtschaften bedeutet in diesem Zusammenhang unter anderem, die sozialen Hilfen so auszugestalten, dass sie tatsächlich das erbringen, wofür sie eingeführt wurden, nämlich die festgestellten Bedarfe zu decken. Es geht also um die Effektivität der Hilfen.

Das definierte Ziel der Eingliederungshilfe ist gesetzlich dahingehend normiert, den behinderten Menschen die Teilnahme am Leben in der Gemeinschaft zu ermöglichen (§ 53 Abs. 3 Satz 2 SGB XII). Die gesetzliche Regelung des Persönlichen Budgets fügt dem als Zielsetzung noch hinzu, dem »Leistungsberechtigten in eigener Verantwortung ein möglichst selbstbestimmtes Leben zu ermöglichen« (§ 17 Abs. 2 Satz 2). An dieser Vorgabe muss und kann sich das Persönliche Budget messen lassen. Der Fokus des »sozialen Wirtschaftens« liegt unter dieser Prämisse betrachtet also völlig bei der Ergebnisqualität, zunächst unabhängig von den eingesetzten Mitteln.

Der Begriff der Nachhaltigkeit wird unterschiedlich definiert, für den heutigen Themenkomplex bietet sich die einfache Deutung an, die Ressourcen heute so (effizient) einzusetzen, dass auch morgen noch ein Handeln möglich ist. Effizienz beschreibt im Allgemeinen das Verhältnis des Ergebnisses zu den eingesetzten Mitteln.

Effizient zu handeln bedeutet also, entweder ein vorgegebenes Ergebnis (z. B. Teilhabeziel) mit möglichst geringem Mitteleinsatz zu erreichen oder mit einem festgelegten Mitteleinsatz ein möglichst gutes Ergebnis zu erzielen. Dafür ist der Wettbewerb zwischen den Leistungserbringern ein geeignetes Mittel, um die erbrachten Leistungen in Richtung Effizienz zu bewegen.

Hierbei ist noch zu beachten, dass es unterschiedliche Prioritäten gibt. Der leistungsberechtigte Mensch wird vor allem an einer effektiven Leistungserbringung (Ergebnisqualität) interessiert sein. Wichtig ist, dass der Bedarf gedeckt ist. Wie viel Geld ein Leistungsträger dafür investieren muss, steht dabei sicher nicht im Vordergrund.

Die Leistungsträger hingegen dürften ein wesentlich stärkeres Interesse haben, dass neben der erforderlichen Ausführung der Leistung die eingesetzten Mittel möglichst gering sind, also effizient verwendet werden. Es wird also deutlich: Die Zielsetzung muss sein, effektive Hilfen zu ermöglichen, die ein hohes Maß an Effizienz aufweisen. Nur so ist ein nachhaltiges und soziales Wirtschaften vorstellbar.

Systemwechsel mit dem Persönlichen Budget

Im Sachleistungsbezug (der Eingliederungshilfe), der ja immer noch für nahezu alle behinderten Menschen die Regel darstellt, sind aufgrund der gesetzlich vorgeschriebenen Vereinbarungen die Rahmenbedingungen abgesteckt. Die Ergebnisqualität der Leistung ist, wie die Ziele, Inhalte, die Struktur- und die Prozessqualität, in der Leistungsvereinbarung geregelt. Der dem Träger zur Verfügung stehende Mitteleinsatz ist in der Entgeltvereinbarung festgelegt. Bei anderen Rehabilitationsträgern werden die Vereinbarungen anders genannt, die Systematik ist jedoch vergleichbar.

Dieses seit vielen Jahren funktionierende System ist so ausgelegt, dass es sowohl dem behinderten Menschen die Deckung seines Bedarfes, als auch den Leistungsträgern eine ausgehandelte, effiziente Leistungserbringung ermöglichen soll. Wozu also dann noch ein Persönliches Budget?

An dieser Stelle ist es hilfreich, das »System Persönliches Budget« mit dem »System Sachleistung« im herkömmlichen sozialrechtlichen Leistungsdreieck zu vergleichen.

Gültiges »Sachleistungssystem«

```
        Mensch mit
        Behinderung
       /            \
Anspruch auf      Ausführung der
  Leistung         Sachleistung
(§ 53 SGB XII)
   /                      \
Leistungs- ─────── Leistungser-
 träger              bringer

Vereinbarungen über Inhalt,
Umfang, Qualität der Leistung und
der Vergütung (§ 75ff SGB XII)
```

Ergänzendes »Budgetsystem«

```
            Mensch mit
            Behinderung
           / | | \
Anspruch auf    Vertrag über Inhalt,
  Leistung      Umfang, Qualität der
(§ 53 SGB XII) und   Leistung
Ausführung als PB
 (§ 17 SGB IX,       Leistungser-
  BudgetV)           bringer (LE 1)
     |
Leistungs-           Leistungser-
 träger              bringer (LE 2)
                          |
                     Leistungser-
                     bringer (LE 3)
```

Aus den Grafiken sind mehrere zum Teil weitreichende Unterschiede zu erkennen: Die Vereinbarungen über Inhalt, Umfang und Qualität der Leistungen finden nicht mehr maßgeblich auf der Ebene Leistungsträge–Leistungserbringer statt, sondern individuell mit der anspruchsberechtigten Person. Das zentrale Element dabei ist die Zielvereinbarung, in der die vereinbarten Ziele, die mithilfe des Persönlichen Budgets erreicht werden sollen, sowie die Maßnahmen der Qualitätssicherung aufgeführt sind. Gerade in dem Spannungsfeld zwischen völlig selbstverantworteter Verwendung des Budgets im Sinne der Zielerreichung und dem legitimen Streben des Leistungsträgers nach qualitativ guten Leistungen entstehen häufig innovative Lösungsmöglichkeiten. Weiterhin ist angedeutet, dass es neben den großen Leistungserbringern weitere (LE 2 und LE 3) Leistungserbringer geben kann, die bislang in dieser Funktion noch gar nicht vorkamen. Auf die (potenziellen) Auswirkungen dieser systemischen Veränderung auf die Effektivität und die Effizienz der Leistungen wird in den auf den folgenden Seiten vorgestellten Beispielen eingegangen werden.

Zu der soeben beschriebenen Veränderung im System der Leistungserbringung (z. B.: *Wer* erbringt die Leistung?) sollte noch eine andere Betrachtung hinzugenommen werden, nämlich die der Passgenauigkeit der Leistungen (*Welche* Leistung wird erbracht?).

In der aktuellen Diskussion zur Weiterentwicklung der Eingliederungshilfe wird im breiten Konsens der Wechsel von der »institutionenzentrierten Hilfe« hin zu einer konsequent »personenzentrierten Hilfe« gefordert[1]. Gemeint ist damit nicht, dass sich die Hilfen für Menschen mit Behinderungen bislang nicht an den Personen orientiert haben, sondern dass das Hilfesystem in Kategorien (z. B. Menschen mit geistiger Behinderung) und Leistungstypen aufgeteilt war und noch immer ist.

Zur besseren Verständlichkeit kann eine vereinfachte grafische Darstellung dienen.

Jeder Mensch mit Behinderung hat einen ganz individuellen Hilfebedarf. Dies wird in der Grafik dargestellt als unterschiedliche Punkte auf der »Bedarfslandkarte«. Jeder Punkt steht für einen Menschen, dessen Hilfebedarf (inkl. den berechtigten Wünschen) sich von dem anderer Personen unterscheidet. Die Grenzen der »Bedarfslandkarte« sind dabei so individuell wie die Menschen selbst.

---

[1] Vgl. Beschlussprotokoll des ASMK 2009 unter www.stmas.bayern.de/wir/asmk2009/index.htm, zuletzt aufgerufen am 14.1.2011.

Heiko Zillich

In dem vielfach und langjährig erprobten Modell des sozialrechtlichen Leistungsdreiecks wird den unterschiedlichen Hilfebedarfen durch Angebote sogenannter Leistungstypen Rechnung getragen (in Bayern beispielsweise gibt es insgesamt 24 Leistungstypen innerhalb der Eingliederungshilfe, z. B. W-E-G für »Wohnen ohne Tagesbetreuung für geistig behinderte Erwachsene«). Diese Leistungstypen, deren Rahmenbedingungen in den bereits erwähnten Verträgen zwangsläufig ohne Berücksichtigung der individuellen Person geregelt sind, erweisen sich jedoch nicht für jeden Menschen zu jeder Zeit als optimal geeignet.

In der grafischen Darstellung der »Bedarfslandkarte« stellt sich folgendes Bild dar, fügt man die Leistungstypen exemplarisch als definierte Bereiche der Bedarfsdeckung hinzu:

»Bedarfslandkarte« mit Leistungstypen

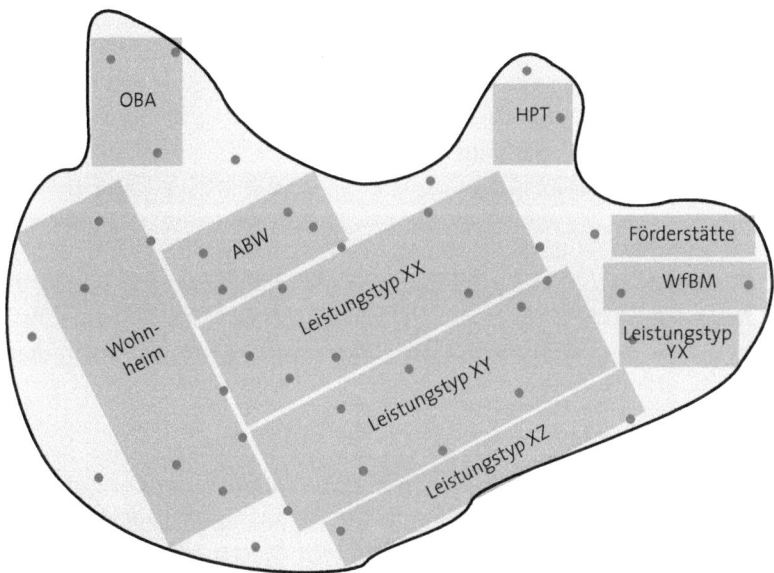

Hieraus wird sichtbar, dass ein Großteil der Menschen ihren Bedarf innerhalb der definierten Leistungstypen decken kann, andere Menschen jedoch einen anderen Bedarf anmelden, als durch die Leistungstypen abgedeckt wird.

Beispiele dafür sind in der Praxis häufig bekannt, z. B. das schlichte Fehlen von gewissen Leistungstypen innerhalb einer Region, nicht ausreichende Platzkapazitäten oder individuelle Bedarfe, die nicht gedeckt werden können, da sie mit vorgeschriebenen Qualitätsmerkmalen (wie z. B. Fachkräfteschlüssel) unvereinbar sind. Nicht zuletzt um diese Lücken im Sachleistungssystem zu schließen, bietet sich eine Lösung mithilfe eines Persönlichen Budgets an, das per Definition eine personenzentrierte Leistung darstellt.

Das Persönliche Budget beinhaltet dabei v. a. dank des Instruments der Zielvereinbarung das Potenzial, durch individuelle Lösungen die Effizienz der Leistungserbringung zu erhöhen und somit die Effektivität bei gleichen eingesetzten Mitteln zu steigern. Anders ausgedrückt: Manche Menschen mit Behinderung haben dadurch die Chance, für sie subjektiv passendere oder umfangreichere Leistungen zu erhalten.

»Inspiration zum Nachahmen« oder »alter Wein in neuen Schläuchen«?

Um diese aus der Theorie abgeleitete Behauptung zu verdeutlichen, sollen im Folgenden einzelne Teilaspekte genauer betrachtet und durch real existierende Budgetbeispiele aus der Zuständigkeit unterschiedlicher Rehabilitationsträger verdeutlicht werden.

Erschließung bislang nicht vorhandener adäquater Leistungsangebote:

Beispiel Sozialhilfeträger: Frau S. ist eine junge Frau (28 Jahre), die bei ihren Eltern lebte und tagsüber eine Förderstätte besuchte. Frau S. suchte einen Wohnheimplatz. Das nahegelegene Wohnheim kam für sie jedoch nicht in Frage, da der Leistungsträger der Auffassung war, dieses Wohnheim sei eine Einrichtung für Werkstattmitarbeiter und sie könnte dort nicht ihrem Hilfebedarf entsprechend betreut werden. Die Alternative war ein »Wohnheim für schwerst mehrfach und geistig behinderte Erwachsene« mit eigener Tagesstruktur. Frau S. hätte ihre Förderstätte verlassen müssen, um in dem Heim (Altersdurchschnitt der Bewohner 53 Jahre), das kein Zwei-Milieu-Prinzip der Trennung von Wohn- und Arbeitsbereich kennt, einzuziehen. Durch ein Modellprojekt zum Persönlichen Budget kam die Familie auf die Idee, neben der Förderstätte als Sachleistung für die Wohnbetreuung ein Persönliches Budget zu beantragen. Schließlich ergab sich die Möglichkeit für Frau S., mithilfe von selbst eingestellten und aus dem Persönlichen Budget bezahlten Assistentinnen in eine eigene kleine Wohnung zu ziehen.

Ähnliche Bedarfslagen wie die von Frau S. gibt es zuhauf. Gerade die gute Erreichbarkeit von passenden Hilfen des Sachleistungssystems im ländlichen Raum ist aufgrund der geringen Nachfrage kaum zu gewährleisten. In diesen Fällen bietet sich die Suche nach individuellen Lösungen an, die häufig gar nicht anders als durch ein Persönliches Budget finanziert werden können.

Erweiterung des Wunsch- und Wahlrechtes:

Beispiel Deutsche Rentenversicherung: Herr B. erblindet im Alter von 45 Jahren. Seinen Beruf kann er glücklicherweise weiterhin ausüben, nur benötigt er eine Fahrtkostenhilfe zur Arbeit und nach Hause, da er in einem kleinen Dorf wohnt und es dort praktisch keinen ÖPNV gibt. Die täglichen Fahrten mit dem Taxi summieren sich auf 1200 Euro im Monat. Herr B. hat allerdings das Angebot von seinem Nachbarn, der gerade in den Ruhestand getreten und auf der Suche nach einer sinnvollen Beschäftigung ist, ihn mit seinem Privatauto zur Arbeit zu fahren. Herr B. beantragt die Leistung als Persönliches Budget. Die Zielformulierung in der Zielvereinbarung lautet: Erreichen der Arbeitsstelle. Als Budget wird ein Betrag in Höhe von 600 Euro vereinbart. Herr B. kann nun flexibel mit seinem Nachbarn, mit dem er sich gerne austauscht, die Fahrten vereinbaren, sein Nachbar ist glücklich über eine sinnvolle Nebenbeschäftigung, und der Leistungsträger spart sich 50 Prozent der Kosten.

Auch bei dieser Budgetlösung, die vor allem unter dem Aspekt der Effizienz eine Win-win-Situation darstellt, bestände ohne den »Umweg« einer Zielvereinbarung keine Möglichkeit, diese passgenaue Leistung zu erhalten. Den besonderen Wünschen des Leistungsberechtigten konnte dadurch entsprochen werden.

»Umgehen« vorgeschriebener Qualitätsmerkmale:

Grundsätzlich ist es sehr zu begrüßen, dass es für die einzelnen Leistungen definierte Qualitätskriterien (Beschreibung der Maßnahmen zur Struktur-, Prozess- und Ergebnisqualität) gibt. Mit dem Hintergrund, dass dadurch gewährleistet wird, dass jede bewilligte Leistung ein definiertes Mindestmaß an Qualität aufweist, kann es allerdings in Einzelfällen auch zur Einschränkung der Möglichkeit führen, die gewünschte bzw. passende Leistung an sich zu beziehen. Dazu folgendes Beispiel:

Beispiel Unfallversicherung: Frau S., eine Schreinerin, verletzt sich während der Arbeit an der Hand so schwer, dass sie fortan nicht mehr in diesem Beruf arbeiten kann. Der Leistungsträger würde eine Umschulung, beispielsweise zur Bürokauffrau, finanzieren. Die Motivation der berufsunfähigen Schreinerin hingegen, die Umschulung zu machen, hält sich in Grenzen, sie würde viel lieber doch noch auf Lehramt studieren und unterrichten. Allerdings fehlen ihr die finanziellen Voraussetzungen, um ein Studium aufzunehmen. Im Gespräch mit den Rehaberatern der Unfallversicherung zeichnet sich eine Lösung ab. Frau S. beantragt ein Persönliches Budget. In der Zielvereinbarung wird als Ziel der Maßnahme der erfolgreiche Abschluss einer Qualifizierungsmaßnahme, die ihr eine neue berufliche Perspektive bietet, ausgehandelt. Als Budgetbetrag ist die Summe vereinbart, die die Umschulung in einer entsprechenden Einrichtung (Berufsförderungswerk) kostet. Dieses Budget, aufgeteilt in monatliche Raten über vier Jahre, ermöglicht es Frau S., das Lehramtsstudium aufzunehmen und eine andere, für sie passendere Art der »Umschulung« zu machen.

Die hier gefundene Budgetlösung ermöglicht es der Rehabilitandin, die Form der Umschulung zu machen, für die sie am meisten motiviert ist und bei der sie für sich die höchsten Chancen auf eine dauerhafte Wiedereingliederung sieht. Das Wunsch- und Wahlrecht wird ernst genommen. Der Fokus der Betrachtung liegt völlig auf der Ergebnisqualität, die Struktur- und Prozessqualität tritt in diesem Fall in den Hintergrund. (Was gut ist, denn Hochschulen sind nicht ausgelegt, die Struktur- und Prozessqualität z. B. eines Berufsförderungswerkes zu gewährleisten.) Letzten Endes wird mit diesem Beispiel (wie auch in anderen noch folgenden) der prinzipiell richtige Grundsatz, dass das Persönliche Budget keine neue Leistungsart ist, sondern nur eine veränderte Form der Abwicklung der Leistungen ist, konterkariert. Im Leistungsgesetz findet sich für dieses Beispiel kein Leistungstatbestand »Hilfe zur Durchführung eines Hochschulstudiums« o. Ä., und doch gibt es die Möglichkeit, in diesem individuell zu begründenden Einzelfall eine effektive Verwendung des Betrages durch eine entsprechende Zielvereinbarung zu regeln.

Flexibilität in der Leistungserbringung:

Beispiel Sozialhilfeträger (Studienassistenz): Herr A. benötigt aufgrund seiner autistischen Störung eine in Gestützter Kommunikation ausgebildete Person zum Austausch mit der Umwelt. Er hat gerade sein Abitur bestanden und möchte nun Germanistik studieren. Dazu benötigt er eine Unterstützung, eine sogenannte Studienassistenz. Der Leistungsträger erkennt diesen Bedarf an. Eine Zielvereinbarung wird, solange sich nichts an der Situation ändert, für die ganzen drei Jahre des Bachelor-Studiums gewährt. Der Bedarf wird so eingeschätzt, dass Herr A. 9 Monate im Jahr studiert, bei 20 Tagen à 8 Stunden im Monat. Diese Stundenzahl wird mit einem Betrag für eine in gestützter Kommunikation ausgebildete Kraft multipliziert und ergibt ein Jahresbudget. Dieses ermöglicht Herrn A., seine Assistenten flexibel und nach Bedarf einzusetzen, beispielsweise vermehrt vor Prüfungen oder in der vorlesungsfreien Zeit, um aufgrund von Krankheit verpasste Lerninhalte nachzuholen.

Diese Flexibilität, die passenden Personen zu den benötigten Zeiten einsetzen zu können und dabei die Sicherheit und den Planungszeitraum der gesamten drei Jahre zu haben, bietet keine andere Leistungsform.

Auswahl der Leistungserbringer:

Beispiel Sozialhilfeträger (ambulant statt stationär): Herr G., 30 Jahre, lebte 10 Jahre aufgrund seiner sogenannten geistigen Behinderung in einem Heim. Er wollte nach dieser Zeit gerne in einer eigenen Wohnung leben, jedoch nicht gleichzeitig umziehen und die gewohnten Bezugspersonen verlieren. Ein Jahr später bewohnt Herr G. seine eigene Wohnung (die er mithilfe der Grundsicherung finanziert), wird ambulant durch eine Mitarbeiterin des Wohnheimes in seiner selbstständigen Lebensweise begleitet und kann nach Absprache an gewissen Gruppenaktivitäten seiner ehemaligen Mitbewohner weiterhin teilnehmen.

Diese Unterstützung finanziert Herr G. aus seinem Persönlichen Budget, das etwas geringer ausfällt als der Betrag, den der Leistungsträger zuvor für die stationäre Maßnahme bezahlt hat. Nach einem Jahr in der neuen Wohnung kommt er mit dem anfangs so herausfordernden Alltag, dem Einkaufen, Kochen und Waschen etc. so gut zurecht, dass er nun mehr Geld für die Unterstützung bei der Teilnahme an sozialen Aktivitäten hat.

Die Möglichkeit, in dieser Situation selbst die Leistungserbringer der Unterstützung auszuwählen und von den bekannten Mitarbeitern des Wohnheimes weiter betreut zu werden, bietet Herrn G. eine Perspektive, die er ansonsten für sich vielleicht nicht sehen würde. In diesem Kontext wird häufig das Arbeitgebermodell genannt, in dem Menschen mit Behinderungen ihre Assistenten selbst einstellen können und damit sämtliche Arbeitgeberfunktionen übernehmen. Dies stellt die konsequenteste denkbare Mitbestimmung bei der Auswahl der Leistungserbringer dar.

Sinnvolle »Ergänzung« zu abgeschlossenen Leistungskatalogen:

Beispiel Bundesagentur für Arbeit: Herr M. ist körperbehindert. Die täglichen Fahrten zu seiner Arbeitsstelle, die bereits von der BA übernommen wurden, stellten ihn vor eine zeitliche Herausforderung. Da er morgens bis zu zwei Stunden benötigt, um fertig zu sein, beantragt er bei seinem Arbeitgeber die Möglichkeit, zumindest an zwei oder drei Tagen pro Woche von zu Hause aus zu arbeiten. Der Arbeitgeber akzeptiert diese Regelung, jedoch benötigt Herr M. dazu einen entsprechend ausgestatteten Computerarbeitsplatz. In dieser Situation gab es jedoch keine Grundlage, dafür eine Förderung zu erhalten. In einem Klärungsgespräch stellte sich folgende Lösung heraus: Herr M. beantragt die Fahrtkostenhilfe als Persönliches Budget und finanziert sich mit dem Geld, das er an den Tagen, an denen er von zu Hause aus arbeitet, einspart, seinen Computerarbeitsplatz.

In dem Beispiel von Herrn M. trägt die Budgetlösung zu einer spürbaren Erleichterung seines Alltags bei. Aus leistungsrechtlicher Sicht hätte er keinen Anspruch auf die eingekaufte Leistung der Computerausstattung, dennoch war es möglich, eine sinnvolle »Ergänzung« zu den im Gesetz vorhandenen Leistungstatbeständen für Herrn M. zu ermöglichen.

Hervorzuheben ist, dass diese Lösungen nicht mehr Geld kosten, jedoch für den Leistungsberechtigten einen höheren Wert besitzen.

Eine ganz ähnliche Möglichkeit läge im Zuständigkeitsbereich der Krankenversicherung, z. B. bei den Heilmitteln (§ 32 SGB V): Nach diesem Paragraf dürfen Heilmittel (also z. B. Maßnahmen der Physio- oder Ergotherapie) nur im Rahmen der in der sogenannten Heilmittelrichtlinie aufgeführten Leistungen genehmigt werden. Diese Richtlinie soll garantieren, dass nur Leistungen mit hohem therapeutischem Nutzen verordnet werden können. Leistungen wie z. B. die Hippotherapie, die viele Eltern für ihre Kinder als hoch wirksam erkennen und bereits privat finanzieren, sind darin nicht aufgeführt. Das Instrument der Zielvereinbarung würde sämtlichen Handlungsspielraum gewähren, um in gut begründeten Einzelfällen bei klarer Beschreibung der Qualitätskriterien von der möglicherweise kontraproduktiv einschränkenden Richtlinie abzuweichen. Damit könnte bei gleichen eingesetzten Mitteln die Effektivität der Hilfen erhöht werden.

Diese beispielhaft Aufzählung von gelungen Beispielen könnte leicht erweitert werden.

Das Persönliche Budget bietet mit seiner per se personenzentrierten Ausrichtung und dem Instrument der Zielvereinbarung die besten Chancen, Menschen mit Behinderungen zu befähigen, genau ihrem Bedarf entsprechende Leistungen zu organisieren und dadurch ein Leben mit einem höheren Maß an Selbstbestimmung und mehr Teilhabemöglichkeiten zu gestalten. Gleichzeitig bietet es bereits heute die Möglichkeit, neue soziale Angebote zu entwickeln, die ansonsten derzeit nur auf den Vorschlagspapieren der Arbeits- und Sozialminister zur Reform der Eingliederungshilfe zu finden sind. Daraus sind neben der bereits erwähnten personenzentrierten Finanzierung der Leistung auch die Entwicklung eines flexiblen und durchlässigen Hilfesystems (Erleichterung bzw. Auflösung der Übergänge zwischen den Kategorien ambulant, teilstationär und stationär) hervorzuheben.

Was sind nun die Konsequenzen daraus?

Für Leistungserbringer:

Es wird zukünftig mehr Wettbewerb und Markt im sozialen Bereich geben. Bisherige Systemgrenzen werden sich aufweichen und Menschen mit Behinderungen zunehmend in der Rolle der Kunden nach individuellen Leistungen nachfragen. Ein Sozialdienstleister wird es sich schlecht leisten können, das eigene Konzept aus der häufig monopolistisch geprägten Leistungsdreiecklogik langfristig unverändert weiterzuführen.

Für Leistungsträger:

Gerade in Zeiten, in denen die Haushaltslage keine großen Spielräume bietet, wird es notwendig werden, die vorhandenen Mittel so effizient wie nur möglich einzusetzen und die Chance zu nutzen, mit dem Persönlichen Budget personenzentrierte und -finanzierte Lösungen zu ermöglichen, die in der traditionellen Sachleistung so nicht möglich wären.

Für Leistungsberechtigte:

Für Menschen mit Behinderung, die an einer selbstbestimmten und an ihrer Person orientierten Hilfe mehr interessiert sind als an einfachen, dabei für sie sicheren Hilfearrangements und für die der Rollenwechsel hin zu einem zahlenden Kunden attraktiv ist, wird auch zukünftig das Persönliche Budget als Alternative interessant sein.

Zusammengefasst lässt sich für das Persönliche Budget Folgendes festhalten und prognostizieren:

Das Persönliche Budget wirkt. In der Auswertung des Modellprojektes der Bundesregierung erklärten 90 Prozent der Budgetnehmer, dass das Persönliche Budget eine gute Sache für sie sei und sie es trotz aller noch vorhandenen Widrigkeiten erneut beantragen würden. Die Teilhabechancen von Menschen mit Behinderungen erhöhen sich dadurch tatsächlich, wie in den Beispielen verdeutlicht wurde. Aus den bisherigen Erfahrungen kann gelernt werden, dass es einzelne engagierte Personen braucht, die das Persönliche Budget für sich bzw. ihre Betreuten auch gegen Widerstand durchsetzen. Die Vielzahl der mittlerweile bekannt gewordenen Budgetlösungen spricht für sich, und es wäre nicht verwunderlich, wenn sich bald mehr als nur vereinzelte Leistungsträger sowie -erbringer auf die Fahne schreiben, das Persönliche Budget schon immer unterstützt zu haben.

Karl Stengler
Behinderung und Migration – Besonderheiten und Probleme im Leistungszugang für Menschen aus traditionell-islamischen Milieus

Es hat sicherlich nichts mit dem gerade stattfindenden Integrationsgipfel bei der Bundeskanzlerin in Berlin zu tun, dass sich für dieses nicht ganz einfache Thema auf der ConSozial 2010 mehr Menschen interessieren, als ich eigentlich vermutet hatte.

Vielleicht sind ja unter Ihnen auch einige, die ihre Position zu dem Thema mehr aus dem zurzeit herrschenden Mainstream heraus entwickelt haben und nun darauf gespannt sind, was es hier an Besonderheiten oder anderen Perspektiven zu berichten und zu diskutieren gilt.

Um Ihnen den Einstieg in die Thematik einfacher zu machen, hatte ich Sie gebeten, aus den jeweilig unterschiedlichen Perspektiven von Mitarbeiter und Leitung einige Fragen, die etwas mit unserem heutigen Diskurs tun haben, zu beantworten.

Bei der Beschäftigung mit diesem Fragebogen eben musste Ihnen deutlich geworden sein, dass wir heute über einen Personenkreis reden, der unter Integrationsgesichtspunkten seit Kurzem – mehr populistisch als real – als integrationsunwillig oder als Integrationsverweigerer bezeichnet wird.

Wir erleben ja gerade in unserer Republik – aber nicht nur hier, sondern auch in den Niederlanden, in Frankreich und besonders nachdenklich eben auch in Dänemark – eine Debatte darum, wie Mitglieder einer Gesellschaft ganz unterschiedlicher kultureller Herkunft und Identität miteinander umgehen, aufeinander zugehen, gemeinsam gesellschaftliches Miteinander gestalten können, sollen oder auch sogar müssen.

Diejenigen unter uns, die aus gutem Grunde an einer multikulturellen, durch Einwanderung geprägten Gesellschaft festhalten, befinden sich in einer nicht geahnten Rechtfertigungssituation. Merkwürdigerweise deswegen, weil es unbestritten ist, dass unsere Gesellschaft allein aus Gründen des demografischen Wandels dringend auf Einwanderung / Zuwanderung angewiesen ist. Von dem Aufschrei aufgrund des Fachkräftemangels will ich in diesem Kontext überhaupt nicht sprechen.

Insofern stellt eine offene Debatte, ein nicht durch Vorurteile oder Stammtischdebatten geprägter Diskurs – jeder von uns kennt eine Reihe von Beispielen missglückter Integrationsversuche – heute im zunehmenden Maße einen Drahtseilakt gesellschaftspolitischer Art dar. Gerne wird man hierbei in die Ecke von Sozialromantik und Träumerei eingeordnet, obwohl alle in unserer Republik wissen, dass wir hier über einen seit Jahrzehnten anwachsenden Bevölkerungsanteil sprechen, der nicht am Rande unserer Gesellschaft, sondern mitten unter uns lebt.

Dies mag eine Grafik verdeutlichen, die ich einer Aufstellung im Magazin der Wochenzeitschrift Die ZEIT entnommen habe, und die eindrucksvoll die Verteilung der Population mit Migrationshintergrund in unserer Republik darstellt. Ebenfalls äußerst eindrucksvoll ist die Tatsache, dass in fast allen Fällen die Nationalflagge der Türkei an erster Stelle steht und damit deutlich macht, dass es sich hier um den zahlenmäßig größten Personenkreis in unserer Republik handelt.

Viele von uns haben mittlerweile vergessen oder auch verdrängt, aus welchen Gründen Eltern oder Großeltern der heute hier lebenden Generation junger türkischer Migrantinnen und Migranten zu uns ins Land kamen. Es ist noch nicht sehr lange her, da unterhielten große Firmen Anwerbungsbüros im Osten der Türkei, also in den Landstrichen, auf die heute in der Integrationsdebatte mit hochgezogenen Augenbrauen und einer gehörigen Portion bildzeitungsgeprägten Stammtischwissens herabgeguckt wird. Seinerzeit waren sie als Arbeitskräfte in unseren Industriezentren mehr als nur willkommen, ja sogar begehrt.

Das, was heute der Ruf nach Fachkräften und insbesondere Ingenieuren ist, bedeutete damals die Anwerbung williger, billiger, zumeist männlicher Arbeitskräfte aus diesem Gebiet.

Hier sei Max Frisch zitiert, der einmal sagte: »Wir holten Arbeitskräfte, und es kamen Menschen.«

Der Staatsrechtler Ernst-Wolfgang Böckenförde hat in einem richtungsweisenden Interview in der Frankfurter Rundschau vom 1. November 2010 mit dem Titel »Freiheit ist ansteckend« genau auf diese Situation aufmerksam gemacht. Herr Böckenförde, selbst Richter am Bundesverfassungsgericht über mehr als ein Jahrzehnt, hat in diesem Interview jedem, der meint, dieser Personenkreis gehöre nicht in unsere Gesellschaft, eine Reihe von wichtigen Thesen und Wahrheiten in das Stammbuch geschrieben. Ich empfehle jedem von Ihnen, sich mit seinen Gedanken, die in diesem Artikel deutlich geworden sind, vertraut zu machen.

Die Population, über die wir heute also nachdenken wollen, ist quantitativ nicht unbedeutend – das hatte ich mit Blick auf die grafische Darstellung der Statistik deutlich gemacht –, denn sie ist schon seit mehreren Generationen in der Bundesrepublik verwurzelt und hat meistens ihre kulturellen religiösen Identitäten nicht nur nicht aufgegeben, sondern im Sinne einer Exklave gepflegt.

Nun ist die Gesamtgruppe der Migranten mit muslimischen Hintergrund natürlich nicht generell durch eine traditionell islamisch ausgerichtete, kulturell-religiöse Identität gekennzeichnet. Aber ein Großteil dieser Bevölkerungsgruppe ist es und lebt so.

In dieser Bevölkerungsgruppe ist daher das Verständnis von und der Umgang mit Behinderungen immer in der fest verwurzelten traditionell-islamischen Kultur zu sehen. Nur kurz gestreift, wird es als eine im weitesten Sinne familiäre Aufgabe und Verpflichtung betrachtet, Menschen mit Behinderungen zu versorgen. Hilfe von außerhalb der Familie hierzu in Anspruch zu nehmen, entspricht nicht der traditionellen Vorgehensweise und der gelebten sozialen Kultur.

Das ist schließlich auch in dem Kontext zu sehen, dass viele Menschen dieser Bevölkerungsgruppe die deutsche, bundesrepublikanische Administration nicht als hilfreiche Partnerin, sondern als sanktionierende, kontrollierende und einengende Verwaltung erlebt und begriffen haben. Administration und Ausländerverwaltung werden prinzipiell synonym gesehen. Insofern hat die Sozialadministration der Bundesrepublik hier einen ganz besonders schweren Ausgangspunkt, will sie dazu heranreifen, den Menschen – und hier geht um die Menschen mit Behinderung und ihre Angehörigen – situationsadäquate, individuell zugeschnittene Assistenzleistungen anzubieten.

Wir reden aber nicht über einen Bevölkerungsanteil, der sich mehr als Nischenthema zeigt, sondern darüber, dass es in dieser Bevölkerungsgruppe statistisch gesehen genauso viele Menschen mit Behinderung geben muss, wie in der Gesamtbevölkerung und das sind nach den neuesten Daten der Bundesstatistik 8,7 Prozent, also 7,1 Millionen anerkannte schwerbehinderte Menschen. Wir alle wissen, dass diese Statistik nur ein Teil der Bevölkerung mit Behinderung abbildet, weil er nur diejenigen umfasst, die im Besitz eines Schwerbehindertenausweises sind. Und das sind noch lange nicht alle Menschen mit Behinderung, vor allen Dingen nicht diejenigen, die unter einer psychischen Erkrankung bzw. seelischen Behinderung zu leiden haben.

Jedenfalls kann an dieser Stelle festgestellt werden, dass es sich um eine quantitativ wie qualitativ äußerst relevante Gruppe von Menschen unserer Republik handelt, um die es sich auch unter ökonomischen Gesichtspunkten zu kümmern lohnt.

Aber: Denken Sie an ihre persönliche Position zu den zwölf Fragen zu Beginn! Der Zugang ist nicht einfach, er fordert Ihnen einiges ab und hat zur Konsequenz, dass Sie »hinten anders rauskommen« als Sie »vorne reingekommen sind«. Das gilt für Ihre Mitarbeiterschaft genauso wie für Ihre Institution bzw. Organisation als Ganzes.

Das soll Sie nicht abschrecken. Nur, Sie können es auch sein lassen. Sie können der Auffassung sein, dass sich diese Personengruppen doch selbst organisieren sollen und vielleicht auch einen eigenen islamischen Wohlfahrtsverband gründen und dann für ihre Angelegenheiten – nicht nur unter wohlfahrtsverbandlichen Gesichtspunkten – selbst sorgen sollen.

Dann sind wir das los und können alle Klippen und Untiefen, die in dieser Arbeit stecken, den Gruppen selbst überlassen.

Ich meine, das ist zu kurz gedacht. Wir vergeben uns hier der Chance, Menschen und ihren kulturellen Organisationen mit Respekt und Wertschätzung begegnen zu können. Über vorsichtige Annäherung kann ein ganz entscheidender Beitrag dazu geleistet werden, Menschen mit dem, was unsere Gesellschaft an Solidarität und sozialer Gemeinschaft ausmacht, nicht nur bekannt, sondern vor allem vertraut zu machen.

Wenn Sie dem so folgen wollen, dann bedeutet das, dass Sie sich Zugangskonzepte und veränderte Assistenzstrukturen ausdenken müssen, dass Sie dieses mit den Imamen der türkischen Gemeinden in aller Ausführlichkeit und in allem Respekt bereden müssen und dass Sie sich selbstverständlich auch gefallen lassen müssen, dass deren Vorstellungen von Zugang und personeller Kompetenz ihre Arbeit sowie ihre Assistenzstruktur beeinflussen werden.

Einige Beispiele dazu haben Sie auf dem Fragebogen gefunden. Diese müssen nicht generell so zutreffen; es ist aber klug und gut, sich von vornherein auf solche Situationen einzustellen, um zu wissen, wie weit man gehen oder wie weit man sich auch ein Stück weit entwickeln will. Herausfinden, wo die eigenen Grenzen zu ziehen sind. Solche Klarheit kann man dann in Gesprächen mit den Imamen vermitteln und damit ein hohes Maß an Transparenz der eigenen Aktivitäten herstellen.

Ist dies geschafft, hat man eine äußerst spannende Arbeit vor sich, weil man Familien mit behinderten Angehörigen der unterschiedlichsten Art und Schwere der Behinderung begegnet, die sonst in sozialer Arbeit mit Menschen mit Behinderungen nur sehr selten präsent sind. Fachliche Zugänge werden beeinflusst von kulturell-religiösen Vorstellungen und Prägungen. Dies fällt uns bar jeder Sozialromantik schwer. Handelt es sich doch hier um kulturell-religiöse Vorstellungen, die erst einmal nur sehr schwer mit unserer christlich-abendländischen Tradition und Sozialisation in Übereinstimmung zu bringen sind. Das zu konstatierende Bild der Stellung eines Mannes in der Familie, die Position der Frau in Familie und Gesellschaft stimmen mit vielen unserer Vorstellungen nicht überein.

All dies taugt jedoch nicht dazu, in der Distanzierung oder sogar negativen Haltung zu verharren beziehungsweise sie nur bestätigt zu finden, sondern ruft dazu auf, ein Miteinander zu wagen, das von dem ernsthaften Bemühen geprägt ist, ganz individuelle, auf Respekt fußende Assistenzen für Menschen mit Behinderungen und ihre Familien zu organisieren und zu realisieren.

Schaffen wir das, haben wir einen meines Erachtens großen Beitrag auf dem Schritt von Integration geschafft und uns ein äußerst interessantes und lehrreiches Arbeitsfeld erschlossen.

Fragebogen zur Einstimmung
Teil 1 für Sie in der Rolle als Mitarbeiterin und Mitarbeiter

Bitte lassen Sie sich von den Fragen nicht irritieren.
Sie sollten bitte so antworten, wie Sie es als Realität einschätzen.
Die Antworten sind nicht auf Ihre Person zurückzuverfolgen.

Nr.	Frage	Ja	Nein	Weiß nicht
1	Können Sie sich vorstellen, mit einer Kollegin zusammenzuarbeiten, die in einem traditionell moslemisch geprägten Milieu verwurzelt ist?	☐	☐	☐
2	Sind Ihnen Regeln des sozialen Umganges aus dem traditionell moslemisch geprägten Milieu bekannt?	☐	☐	☐
3	Haben Sie jemals vor Beginn einer Kontaktaufnahme mit einer Familie den Rat eines Imam eingeholt?	☐	☐	☐
4	Erscheint es Ihnen sinnvoll zu sein, vor Realisierung eines ambulanten Betreuungsprojektes für Menschen mit Behinderungen die Zustimmung des Imams der Moschee einzuholen, in dessen Bezirk Sie bzw. Ihre Organisation tätig sein wollen?	☐	☐	☐
5	Kommen Sie der fordernden Bitte nach geschlechterspezifischer Trennung der Betreuung nach?	☐	☐	☐
6	Hat die moslemische Gemeinde/die Moschee in Ihrem Bereich ein Mitspracherecht bei der Einstellung von Mitarbeiterinnen und Mitarbeitern?	☐	☐	☐
7	Folgen Sie einer Ablehnung bzw. eines zurückhaltend geäußerten Widerstandes gegen eine geplante Einstellung? – siehe Frage 6 –	☐	☐	☐
8	Richten Sie Ihre Arbeit auf die besonderen moslemischen Festtage aus?	☐	☐	☐
9	Halten Sie es für sinnvoll, Möglichkeiten des Gebets an Ihrem Arbeitsplatz oder in Ihrer Beratungsstelle einzurichten?	☐	☐	☐
10	Halten Sie das auch für umsetzbar gegenüber Ihren Kolleginnen und Kollegen und in Ihrer Organisation?	☐	☐	☐
11	Haben Sie Probleme, mit einer vom Verfassungsschutz beobachteten Organisation zusammenzuarbeiten?	☐	☐	☐
12	Sollten sich die Menschen, die in einer Form der Isolation in unserer Gesellschaft leben, nicht selber helfen, ihre Hilfen selbst aufbauen?	☐	☐	☐

Fragebogen zur Einstimmung
Teil 2 für Sie in der Rolle eines Leistungserbringers/Trägers

Bitte lassen Sie sich von den Fragen nicht irritieren.
Sie sollten bitte so antworten, wie Sie es als Realität einschätzen.
Die Antworten sind nicht auf Ihre Person zurückzuverfolgen.

Nr.	Frage	Ja	Nein	Weiß nicht
1	Können Sie sich vorstellen, Mitarbeiterinnen und Mitarbeiter einzustellen, die in einem traditionell moslemisch geprägten Milieu verwurzelt sind?	❏	❏	❏
2	Sind Ihnen Regeln des sozialen Umganges aus dem traditionell moslemisch geprägten Milieu bekannt?	❏	❏	❏
3	Haben Sie jemals vor Beginn eines Projektes oder ähnlichem den Rat eines Imam eingeholt?	❏	❏	❏
4	Erscheint es Ihnen sinnvoll zu sein, vor Realisierung eines ambulanten Betreuungsprojektes für Menschen mit Behinderungen die Zustimmung des Imams der Moschee einzuholen, in dessen Bezirk Sie bzw. Ihre Organisation tätig sein wollen?	❏	❏	❏
5	Kommen Sie der fordernden Bitte nach geschlechterspezifischer Trennung der Betreuung nach?	❏	❏	❏
6	Hat die moslemische Gemeinde/die Moschee in Ihrer Organisation ein Mitspracherecht bei der Einstellung von Mitarbeiterinnen und Mitarbeitern?	❏	❏	❏
7	Folgen Sie einer Ablehnung bzw. eines zurückhaltend geäußerten Widerstandes gegen eine geplante Einstellung? – siehe Frage 6 –	❏	❏	❏
8	Richten Sie die Arbeit Ihrer Organisation auf die besonderen moslemischen Festtage aus?	❏	❏	❏
9	Halten Sie es für sinnvoll, Möglichkeiten des Gebets an Arbeitsplätzen einzurichten?	❏	❏	❏
10	Halten Sie das auch für umsetzbar gegenüber Ihren Mitarbeiterinnen und Mitarbeitern und in Ihrer Organisation?	❏	❏	❏
11	Haben Sie Probleme, mit einer vom Verfassungsschutz beobachteten Organisation zusammenzuarbeiten?	❏	❏	❏
12	Sollten sich die Menschen, die in einer Form der Isolation in unserer Gesellschaft leben, nicht selber helfen, ihre Hilfen selbst aufbauen?	❏	❏	❏

Barbara Mittnacht
Wissenschaftspreis der ConSozial

Nachhaltige Qualitätsentwicklung in der häuslichen Pflege – theoretische Grundlagen und empirische Analysen

»Was versteht man unter Qualität in der Pflege?« und im Anschluss: »Was ist gute Pflegequalität?« sind Kernfragen der Pflegewissenschaft – auch und gerade mit Blick auf die häusliche Pflege. Diskussionen darüber werden in Deutschland seit über 15 Jahren von Politik, Interessenvertretungen, Verbänden, Pflegewissenschaft und Pflegepraxis intensiv geführt. Aufgrund des bereits sichtbaren demografischen und sozialen Wandels und der tief greifenden Auswirkungen wurde der Diskurs über Qualitätsentwicklung – zuletzt in den Debatten über die Pflegereform – immer wieder neu entfacht. Begleitende sozialstrukturelle Trends wie die Zunahme allein lebender älterer Menschen und der Rückgang familialer Unterstützungspotenziale lassen vermuten, dass künftig immer mehr hilfe- und pflegebedürftige Menschen auf ein berufliches, freiwilliges und kommerzielles Unterstützungs- und Dienstleistungsnetzwerk angewiesen sind[1].

Dieses im Pflegesektor als »häusliches Pflegearrangement« bezeichnete Setting wird prägend für die weitere Entwicklung sein und ist mit der Forderung verbunden, die bisherige inhaltliche Ausrichtung der Qualitätsentwicklungsdebatte grundsätzlich zu überdenken.[2]

---

[1] Vgl. *Naegele, G.* (2006): Aktuelle Herausforderung vor Ort – ein Überblick. In: Bertelsmann Stiftung (Hg.): Demographie konkret – Seniorenpolitik in den Kommunen. Mit zwölf vorbildlichen Beispielen aus der Praxis. Gütersloh: Verlag Bertelsmann Stiftung. S. 8–23; *Blinkert, B. / Klie, T.* (2006): Der Einfluss von Bedarf und Chancen auf Pflegezeiten in häuslichen Pflegearrangements. In: Zeitschrift für Gerontologie und Geriatrie, 06/39, S. 423–428.

[2] Vgl. *Blinkert, B. / Klie, T.* (2004): Gesellschaftlicher Wandel und demografische Veränderungen als Herausforderung für die Sicherstellung der Versorgung von pflegebedürftigen Menschen. In: Sozialer Fortschritt, 11–12, S. 319–325; *Deutsches Zentrum für Altersfragen (DZA)* (2005). Runder Tisch Pflege. Arbeits-

Benötigt wird ein outcome-orientierter Qualitätsbegriff, der eine theoretisch angeleitete Bewertung von Qualität im Handlungsfeld Pflege und eine Beurteilung der individuellen Lebenssituation von hilfe- und pflegebedürftigen Menschen in häuslichen Pflegearrangements erlaubt und dabei vor allem die Ergebnisqualität in den Mittelpunkt stellt. Vorherrschende Qualitätsentwicklungsansätze, Methoden und Instrumente sind aber einem vorrangig ökonomisch, sozialrechtlich, pflegefachlich sowie medizinisch-naturwissenschaftlich geprägten Qualitätsansatz verpflichtet, der lebensweltorientierte Aspekte, die das Handlungsfeld häusliche Pflege maßgeblich charakterisieren, zu stark außer Acht lässt. Ein weiteres Problem ist die verbreitete Ad-hoc-Festlegung von (Qualitäts-)Kriterien und (Qualitäts-)Indikatoren auf Konsensbasis.[3] Dabei wird in der Regel auf keinen wissenschaftlichen Rahmen referenziert, der erklärt, was Kennzeichen »guter Pflegequalität« sind und wie selbige zustande kommt. In der Konsequenz mangelt es in Deutschland an empirischen Befunden und Übersichtsarbeiten, die einen theoretischen Erklärungsrahmen für Zusammenhänge und Hintergründe sowie über die Wirkungen von Qualitätsentwicklungsmaßnahmen im Handlungsfeld häusliche Pflege einbinden.[4]

Aus pflegewissenschaftlicher Sicht setzt die Beantwortung der Frage »Was ist gute Pflegequalität?« einen systematischen Rückgriff auf ein theoretisches Konstrukt voraus. Die diesem Beitrag zugrunde liegende Arbeit (Mittnacht 2010) überträgt daher das sozialwissenschaftliche Paradigma »Nachhaltigkeit« auf den Bereich der häuslichen Pflege. Mit dem Nach-

gruppe 1: Empfehlungen und Forderungen zur Verbesserung der Qualität und der Versorgungsstrukturen in der häuslichen Betreuung und Pflege. Bundesministerium für Familie, Soziales, Frauen und Jugend (BMFSFJ) und Bundesministerium für Gesundheit und soziale Sicherung (BMGS). Berlin; *Beikirch, E. / Klie, T.* (2007). Nationale Qualitätsniveaus. Multidisziplinäre Strategien zur Qualitätsentwicklung in Pflege und Betreuung. In: Zeitschrift für Gerontologie und Geriatrie, 03/40, S. 147–157.

[3] Vgl. *Görres, S.* (1999): Qualitätssicherung in Pflege und Medizin. Bestandsaufnahme, Theorieansätze, Perspektiven am Beispiel des Krankenhauses. Bern, Göttingen, Toronto, Seattle: Huber; *Schwerdt, R.* (2002): Einleitung: Freundliche, vorausschauende Zugewandtheit: Befragungsergebnisse über das Erleben guter Pflege aus Betroffenensicht und ihre Implikationen für die Theorieentwicklung der Pflege. In: *Schwerdt, R.* (Hg.): Gute Pflege: Pflege in der Beurteilung von Menschen mit Pflegebedarf. Stuttgart: Kohlhammer. S. 13–48.

[4] Vgl. *Roth, G.* (2007): Qualitätsprobleme in der Altenpflege: Versuch einer soziologischen Aufklärung. In: PrInterNet, 01, S. 42–51.

haltigkeitsparadigma kann ein in vielen Kontexten schon äußert gewinnbringend eingesetzter Erklärungsansatz für die Pflege adaptiert werden. Er hilft, zentrale Handlungsfelder zu identifizieren und konkrete Handlungsempfehlungen auszusprechen. Die Übertragung erfolgte in einem zweistufigen Prozess: Zunächst wurden Kriterien abgeleitet, die erfüllt sein müssen, will man in einem Handlungsfeld von einer nachhaltigen Entwicklung sprechen. Folgende Nachhaltigkeitskriterien konnten dabei identifiziert werden: gesellschaftliche Teilhabe, Selbstbestimmung, Partizipation und Lebensqualität. Zur Feststellung des Zielerreichungsgrades galt es im Anschluss spezifische Indikatoren abzuleiten, die als empirisch überprüfbare »Anzeiger« für die genannten Nachhaltigkeitskriterien im Kontext häuslicher Pflegearrangements fungieren. Diese Ableitung spezifischer Indikatoren für das Handlungsfeld häusliche Pflege erfolgte unter Rückgriff auf theoretische Konstrukte und Begriffe aus der Pflege- und Sozialwissenschaft sowie der Sozialgerontologie, um intersubjektiv nachvollziehbare Bewertungen zum Stand von Qualitätsentwicklungsprozessen abgeben zu können. Das Ergebnis kann man wie folgt zusammenfassen: Auch wenn für eine differenzierte Analyse zum Teil noch empirisch belastbares Datenmaterial fehlt, macht eine Literaturauswertung deutlich, dass eine nachhaltige Qualitätsentwicklung im Kontext häuslicher Pflegearrangements in der Bundesrepublik Deutschland noch am Anfang steht.

Kriterien- und Indikatorenset

Kriterium	Indikator
Teilhabe am gesellschaftlichen Leben	■ Versorgungsgrad mit barrierefreiem Wohnraum ■ Versorgungsgrad mit personenbezogenen sozialen Diensten ■ Vorhandensein einer Beratungsstruktur
Selbstbestimmung / Autonomie	■ Grad der Mitgestaltung eigener Lebensumstände ■ Beteiligungsgrad an spezifischen Pflegemaßnahmen ■ Grad der Unterstützung, eigene Ressourcen für die Aufrechterhaltung eines häuslichen Pflegearrangements zu mobilisieren ■ Grad der Informiertheit über mögliche Handlungsoptionen
Partizipation / Kooperation	■ Beteiligungsgrad freiwillig Engagierter im Rahmen von häuslichen Pflegearrangements ■ Kooperationsgrad der Akteure in institutionellen Versorgungs- und Betreuungsstrukturen ■ Ausprägungsgrad der Zusammenarbeit von Freiwilligen und Professionellen
Lebensqualität	■ Grad des Vorhandenseins geeigneter Instrumente zur Erfassung von Lebensqualität bei Hilfe- und Pflegebedürftigen ■ Ausprägungsgrad von Lebensqualitätserhebungen im Kontext häuslicher Pflegearrangements

Ein Blick auf die einzelnen Kriterien und ihre korrespondierenden Indikatoren zeigt, dass sich der Grad der Ausprägung unterschiedlich darstellt. Hinsichtlich der Kriterien »Gesellschaftliche Teilhabe« und »Partizipation« lassen sich positive Entwicklungstrends erkennen. Bei den Indikatoren »Versorgungsgrad mit barrierefreiem Wohnraum« und »Versorgungsgrad mit personenbezogenen sozialen Diensten« ist ein dynamischer Prozess in Gang gekommen, den es weiter zu befördern gilt. Der Ausprägungsgrad beim Indikator »Kooperationsgrad der Akteure in institutionellen Versorgungs- und Betreuungsstrukturen« hat sich – nicht zuletzt aufgrund gesetzlicher Regelungen – in den vergangenen Jahren positiv entwickelt. Auch beim Indikator »Beteiligung freiwillig Engagierter« weisen die Ergebnisse auf einen positiven Trend hin. Inzwischen existiert in Deutschland eine beachtliche Anzahl an entsprechenden Betreuungsstrukturen und Konzepten. Dabei ist insbesondere die systematische Einbindung der verfügbaren Hilfeangebote freiwillig Engagierter in die Regelversorgung sowie eine stärkere Partizipation an den Organisations- und Kommunikationsabläufen in den professionellen Kooperationsnetzwerken notwendig. Dass dies gelingen kann, zeigen die Ergebnisse des Modellprogramms »Altenhilfestrukturen der Zukunft«, in denen Qualifizierungs- und Qualitätskonzepte entwickelt wurden, die sich durchaus bewährt haben.[5] Beim Indikator »Vorhandensein einer Beratungsstruktur« wird deutlich, dass sich über die gesetzliche Verpflichtung nach §7 SGB XI hinausgehende regionale trägerunabhängige Beratungsstellen in den Bundesländern etabliert haben, die im Sinne einer nachhaltigen Qualitätsentwicklung sowohl quantitativ als auch qualitativ weiter ausgebaut und verstetigt werden sollten.

Erhöhter Handlungsbedarf besteht dagegen mit Blick auf das Kriterium »Selbstbestimmung«. Der Ausprägungsgrad ist bei den vier Indikatoren »Grad der Mitgestaltung eigener Lebensumstände«, »Beteiligungsgrad beim Einsatz von spezifischen Pflegemaßnahmen«, »Grad der Unterstützung, eigene Ressourcen für die Aufrechterhaltung eines häuslichen Pflegearrangements zu mobilisieren« sowie »Grad der Informiertheit über Handlungsoptionen« jeweils schwach. Die analysierten Studien und Forschungsberichte zeigen zwar, dass Hilfe- und Pflegebedürftige aktiv versuchen, an Aushandlungs- und Entscheidungsprozessen bei den praktischen

---

[5] Vgl. *Klaes, L. / Raven, U. / Reiche, R. / Schüler, G.* (2004): Altenhilfestrukturen der Zukunft. Abschlussbericht der wissenschaftlichen Begleitforschung zum Bundesmodellprogramm. Bundesministerium für Familie, Senioren, Frauen und Jugend (BMFSFJ) (Hg.). Bonn.

Dingen des Pflege- und Lebensalltags mitzuentscheiden. Das Ausmaß der Beteiligung hängt dabei im Wesentlichen vom jeweiligen Bewältigungsstil, der Beziehungsqualität, von der Konstellation des Arrangements sowie der Zugehörigkeit zu einem sozialen Milieu ab. Unzureichende Informationen über Handlungsoptionen oder Wahlmöglichkeiten, enge finanzielle Spielräume sowie bestimmte Formen häuslicher Pflegearrangements grenzen jedoch die Möglichkeiten der Hilfe- und Pflegebedürftigen ein, möglichst selbstbestimmt in Aushandlungs- und Entscheidungsprozessen zu agieren. Hinsichtlich der Beteiligung Pflegebedürftiger an spezifischen Pflegemaßnahmen kann festgehalten werden, dass die professionellen Akteure in der Pflegepraxis gegenwärtig von dieser Möglichkeit kaum Gebrauch machen. Ein wichtiger Handlungsansatz für eine nachhaltige Qualitätsentwicklung im Kontext häuslicher Pflegearrangements besteht daher in der Etablierung des wegweisenden Empowerment-Konzepts. Gerade mit Blick auf den demografischen Wandel können durch solche partizipative Strategien insbesondere isolierte Hilfe- und Pflegebedürftige befähigt werden, die Selbstkontrolle und Selbstverantwortung über ihre persönliche Lebensgestaltung (wieder) zu erlangen. Für das Kriterium »Lebensqualität« und die Indikatoren »Vorhandensein von Instrumenten zur Erfassung von Lebensqualität« sowie »Ausprägungsgrad von Lebensqualitätserhebungen« sind die Untersuchungsergebnisse ernüchternd. In Deutschland gibt es gegenwärtig keine spezifischen Instrumente zur Erhebung von Lebensqualität bei Hilfe- und Pflegebedürftigen im Kontext häuslicher Pflegearrangements. Dementsprechend liegen zum jetzigen Zeitpunkt auch noch keine Befunde über den Stand der Lebensqualität in diesem Bereich vor.

Ausprägungsgrad der Indikatoren

Indikator	Ausprägungsgrad	Kennzeichen (Auswahl)
Versorgungsgrad mit barrierefreiem Wohnraum	mittel	■ Institutionelle Regelungen zum barrierefreiem Bauen ■ Wohnberatungsstellen (Quantität / Qualität)
Versorgungsgrad mit personenbezogenen sozialen Diensten	mittel	■ Soziale Dienste (Quantität / Qualität) ■ Angebotsstruktur bei professionellen Pflegedienstleistungen, pflegeergänzenden und haushaltsnahen Dienstleistungen
Vorhandensein einer neutralen Beratungsstruktur	niedrig	■ Wohnortnahe Beratungsstrukturen (Quantität / Qualität) ■ Inanspruchnahme der Beratungsstellen durch Hilfe- und Pflegebedürftige

Indikator	Ausprägungsgrad	Kennzeichen (Auswahl)
Grad der Mitgestaltung eigener Lebensumstände	niedrig	■ Beteiligung an Aushandlungs- und Entscheidungsprozessen
Grad der Informiertheit über Handlungsoptionen	niedrig	■ Wissen bei den Hilfe- und Pflegebedürftigen über Art und Umfang von Dienstleistungs-, Unterstützungs- und Hilfeangeboten
Grad der Unterstützung, eigene Ressourcen zu mobilisieren	niedrig	■ Einsatz des Empowerment-Konzepts in der häuslichen Pflege
Beteiligungsgrad beim Einsatz von spezifischen Pflegemaßnahmen	niedrig	■ Beteiligung im Rahmen des Einsatzes von Qualitätsentwicklungsinstrumenten und -methoden (Pflegeprozess, Pflegestandards, Pflegevisite)
Grad der Beteiligung freiwillig Engagierter	mittel	■ Angebotsspektrum an freiwilligen Hilfeleistungen ■ Inanspruchnahme der Angebote freiwillig Engagierter durch Hilfe- und Pflegebedürftige
Kooperationsgrad der Akteure in institutionellen Versorgungs- und Betreuungsstrukturen	hoch	■ Gesetzliche Grundlagen zur sektorenübergreifenden Versorgung ■ Vorhandensein sektorenübergreifender Versorgungs- und Betreuungsstrukturen
Grad der Zusammenarbeit von Freiwilligen und Professionellen	niedrig	■ Zusammenarbeit der freiwillig Engagierten mit dem professionellen Versorgungs- und Betreuungsnetz
Vorhandensein von Instrumenten zur Erfassung von Lebensqualität	niedrig	■ Instrumente zur Erhebung von Lebensqualität
Ausprägungsgrad von Lebensqualitätserhebungen	niedrig	■ Lebensqualitätserhebungen im Kontext häuslicher Pflegearrangements

Quelle: eigene Darstellung

Aus der Perspektive der Pflegepraxis lauten die Schlussfolgerungen aus der Analyse wie folgt: Die Qualitätsentwicklung in der häuslichen Pflege sollte stärker auf kommunikative, beratende und edukative Qualitätskonzepte, eine Stärkung der Selbstorganisation der Hilfe- und Pflegebedürftigen im Sinne des Empowerment, die Gewinnung von freiwilligen Helfern und deren fachlicher und organisatorischer Einbindung sowie auf einen stärkeren Aus- und Aufbau von Kooperationsnetzwerken im Sinne von Case Management setzen. Diese stark an der Lebenswelt der

Hilfe- und Pflegebedürftigen orientierten Aufgabenfelder stellen neue Anforderungen an die beruflich Pflegenden und machen Kompetenzen wie hermeneutisches Fallverstehen, Reflexionsfähigkeit, Flexibilität und das Arbeiten in Teams erforderlich.[6]

Aus der Perspektive der Pflegewissenschaft lautet das Ergebnis, dass grundsätzlich Nachholbedarf an einer theoriefundierten Qualitätsforschung besteht. Mit dem Ansatz, das sozialwissenschaftliche Nachhaltigkeitsparadigma als Grundlage für die Auswahl von Kriterien aus der sozialen und institutionellen Dimension heranzuziehen, um im Anschluss theoriegeleitete Qualitätsindikatoren zu konzipieren, leistet diese Arbeit einen Beitrag zur Entwicklung eines theoriefundierten und outcomeorientierten Qualitätsbegriffs für das Handlungsfeld häusliche Pflege. Ein solches Qualitätsverständnis trägt zum Verstehen und Erklären von Phänomenen, Positionen und Strukturen im Kontext häuslicher Pflegearrangements bei. Mit dieser Vorgehensweise wurde der bisher einseitig ausgerichtete ökonomische, medizinisch-naturwissenschaftliche sowie pflegefachliche Qualitätsansatz um lebensweltorientierte Qualitätsaspekte erweitert. Das Indikatorenset liefert einen Erklärungsrahmen, um Aussagen über den Status einer nachhaltigen Qualitätsentwicklung im Kontext häuslicher Pflegearrangements abgeben zu können. Eine theoretisch fundierte und empirisch überprüfte nachhaltige Qualitätsentwicklungsstrategie kann dabei der Politik, der Pflegeselbstverwaltung sowie der Pflegepraxis als Orientierungshilfe dienen.

---

[6] Vgl. *Görres, S. / Böckler, U.* (2004): Innovative Potenziale und neue Handlungsfelder für zukünftige Dienstleistungen in der Pflege. In: Pflege, 02/17, S. 105–112; *Darmann, I.* (2005): Pflegeberufliche Schlüsselprobleme als Aushandlungspunkt für die Planung von fächerintegrativen Unterrichtseinheiten und Lernsituationen. In: PrInterNet, 06, S. 329–335.

Ergebnisse der Besucher- und Ausstellerbefragung

Axel Geißendörfer
Die ConSozial 2010 – Aus Sicht der Besucher und Aussteller

Eine systematische Befragung der Besucher und Aussteller ist fester Bestandteil der ConSozial. Die Befragungsergebnisse sichern die Qualität der Veranstaltung und ermöglichen eine bestmögliche Ausrichtung der künftigen Konzepte an den Bedürfnissen der Kongress- und Messebesucher sowie der Aussteller. Mit der unabhängigen Durchführung wurde das Institut für Praxisforschung und Evaluation an der Evangelischen Hochschule Nürnberg (www.evhn.de/evaluation) beauftragt. Die Besucher wurden anhand strukturierter Leitfäden befragt, die Aussteller gaben ihre Bewertung schriftlich auf standardisierten Fragebögen ab. Die Kongressteilnehmer konnten darüber hinaus jede Veranstaltung individuell schriftlich bewerten. Ergänzt werden die Befragungsergebnisse durch statistische Auswertungen des Besucherbüros und der NürnbergMesse.

Die Besucher und ihre Bewertung

Die Basis für die hier dargestellten Ergebnisse bildet die Befragung von 377 Besuchern, die nach dem Zufallsprinzip ausgewählt wurden. Wie in den vorangegangenen Jahren wurden an beiden Veranstaltungstagen Interviews mit den Besuchern geführt. Auf eine ausgewogene Geschlechter- und Altersverteilung sowie eine Berücksichtigung von Kongress- und Messebesuchern wurde geachtet. In die individuelle Bewertung der Kongressveranstaltungen sind insgesamt 1.407 Fragebögen eingeflossen.

Die Teilnehmerstruktur

Mit 4.769 Besuchern von Kongress und Messe übertraf die diesjährige Veranstaltung die hohen Zahlen der ConSozial 2008, die bisher als Einzelveranstaltung die meisten Besucher angezogen hatte. Nur die Gemeinschaftsveranstaltung ConSozial und Deutscher Fürsorgetag im letzten Jahr hatte mehr Besucher zu verzeichnen.

Die Zahl der nicht bayerischen Besucher lag unter den Kongressteilnehmern bei gut 40 Prozent, in der Messe etwas darunter. Baden-Württemberg, Hessen, Niedersachsen und Nordrhein-Westfalen stellten die meisten Besucher aus anderen Bundesländern. Weiterhin vertreten waren Besucher aus Österreich, der Schweiz und Großbritannien.

Der Anteil der Besucher, die die ConSozial bereits kennen, d.h. bereits in den Vorjahren zu den Besuchern der ConSozial gezählt haben, ist auf 57 Prozent gestiegen.

Zu ihrer Beschäftigungssituation gaben 78 Prozent der befragten Besucher an, dass sie derzeit berufstätig sind. Ohne Beschäftigung waren 5 Prozent. Der Anteil der Studierenden und in Ausbildung befindlichen befragten Besucher lag bei 17 Prozent.

Berufliche Stellung

Von den berufstätigen Besuchern sind 70 Prozent mit einer Leitungsfunktion betraut oder als Fachreferenten und -berater tätig. Über 63 Prozent der Leitungskräfte sind Einrichtungsleiter bzw. Geschäftsführer. Als Fachkräfte im pädagogischen, psychologischen und pflegerischen Bereich arbeiten 22 Prozent der Befragten. Verwaltungskräfte und Lehrkräfte machen 5 Prozent bzw. 3 Prozent der Besucher aus.

Berufliche Stellung der Besucher

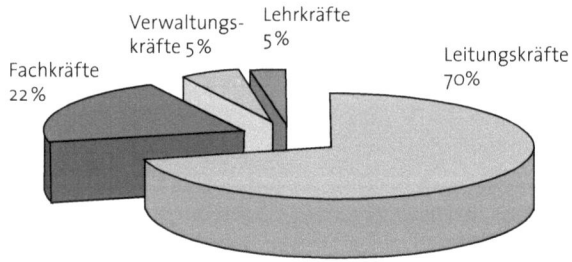

Entscheidungen über größere Anschaffungen treffen 54 Prozent der berufstätigen Befragten allein oder zusammen mit anderen. Beratend an Kaufentscheidungen beteiligt sind 25 Prozent.

Aus dem Bereich der Behindertenhilfe kamen 21 Prozent der Befragten, aus der Kinder- und Jugendhilfe 18 Prozent. Weitere wichtige Arbeitsfelder ist die berufliche Bildung und Rehabilitation sowie die ambulante und stationäre Pflege mit 11 Prozent. In der Sozialplanung/-politik sind 7 Prozent der Besucher tätig. Forschung und Hochschule sind mit 3 Prozent und Informatik/Software/Technik mit 2 Prozent vertreten. Die Gruppe der sonstigen Arbeitsfelder (11 Prozent) setzt sich unter anderem zusammen aus Öffentlicher Verwaltung, Beratung und arbeitsfeldübergreifenden Aufgaben.

Als Anstellungsträger dominierten die frei-gemeinnützigen Verbände und Einrichtungen mit 56 Prozent deutlich. Die kommunalen und staatlichen Träger stellten einen Anteil von 25 Prozent. Selbstständige oder Mitarbeiter von Firmen waren mit 10 Prozent und privatwirtschaftliche Sozialdienstleister mit 6 Prozent vertreten. Von 3 Prozent der Besucher wurden Aus- und Weiterbildungseinrichtungen als Anstellungsträger genannt.

Beurteilung des Kongresses

Die detaillierte Beurteilung der Kongressveranstaltungen erfolgte, wie schon im letzten Jahr, über einen separaten Fragebogen, der in den Vortragsräumen ausgelegt war. Die Teilnehmer konnten ihre Einschätzungen auf einer sechsstufigen Schulnoten-Skala abgeben. Alle Veranstaltungen fanden wie in den letzten Jahren eine sehr hohe Akzeptanz und erhielten durchschnittlich die Note 2,0. Die Fachvorträge wurden mit einem Durchschnittswert von 1,7 noch um 0,1 Punkte besser als im Vorjahr bewertet.

Durchschnittliche Bewertung der Fachvorträge
(6-stufige Skala nach Schulnotenprinzip)

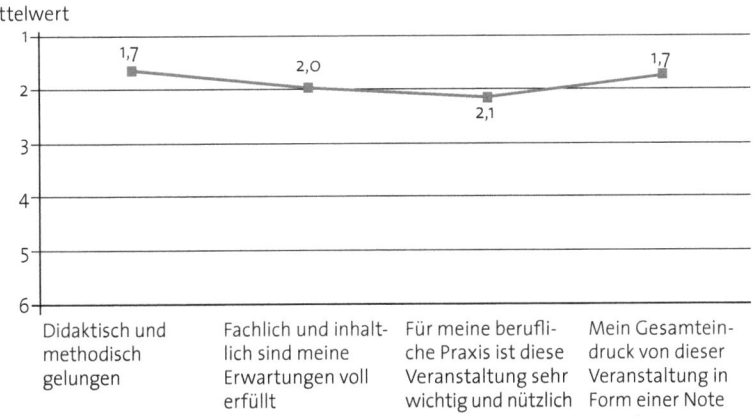

Die vielfältigen Best-Practice-Veranstaltungen konnten den Erwartungen ebenso gut gerecht werden. Der Gesamteindruck wurde wie im Vorjahr durchschnittlich mit 2,2 bewertet. Die Detailauswertungen der Einzelveranstaltungen wurden den Verantwortlichen zur Verfügung gestellt und fließen in die Planung der nächsten ConSozial.

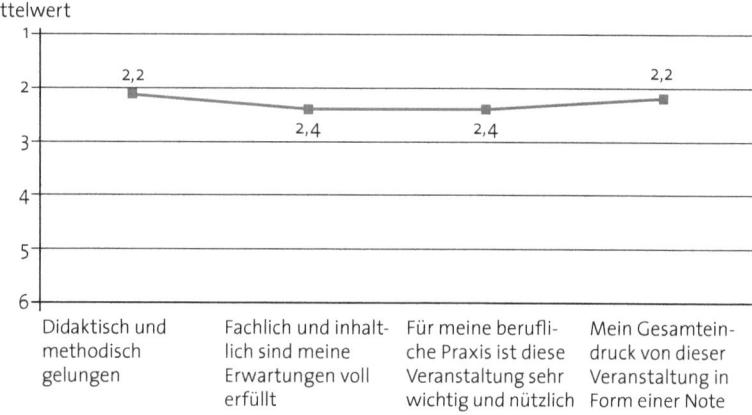

Durchschnittliche Bewertung der Best-Practice-Veranstaltungen
(6-stufige Skala nach Schulnotenprinzip)

Auch in den Interviews mit den Besuchern erfolgte die Bewertung des Kongresses. Die Breite des Angebotes bewerteten 81 Prozent der Besucher als genau richtig. 10 Prozent wünschen sich mehr, 9 Prozent weniger. Bei der Bewertung des Kongresses mit Hilfe einer Skala von 1 bis 6 vergaben 6 Prozent die Note »sehr gut«, 64 Prozent die Note »gut«, und für 27 Prozent war der Kongress »befriedigend«. Nur drei Besucher bewerteten den Kongress mit ausreichend und einer mit ungenügend. Dies ergibt einen Notendurchschnitt von 2,2. Die Beurteilung durch die Kongressbesucher ist damit seit der ersten ConSozial auf konstant hohem Niveau. Das sehr ähnliche Ergebnis in den unabhängig voneinander durchgeführten und methodisch unterschiedlich angelegten Befragungen ist ein deutliches Zeichen für valide und reliable Werte.

Beurteilung der Messe durch die Besucher

Das Angebot der Fachmesse, zu der als feste Bestandteile der Marktplatz ConSozial, das Forum Bildung sowie seit 2007 das Forum Reha zählen, ist für die überwiegende Mehrzahl der Besucher sehr attraktiv: Bei der Bewertung nach der Schulnoten-Skala konnte die Messe mit einem Durchschnittswert von 2,3 an das Ergebnis aus dem Vorjahr (2,2) anschließen. Aufgeschlüsselt bedeutet dies eine Benotung mit Note 1 von 6 Prozent, Note 2 von 64 Prozent, Note 3 von 27 Prozent und Note 4 von 4 Prozent. Nur ein Besucher bewertete die Messe negativ.

Beurteilung der Messe

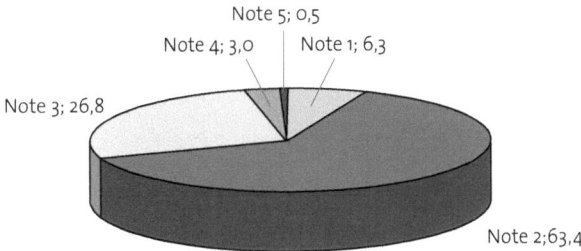

Die Messe hat für die Besucher einen hohen Stellenwert: Über sechs Stunden Zeit hat ein Drittel der Kongress- und Messebesucher dafür eingeplant und 23 Prozent wollten vier bis sechs Stunden in der Messe verbringen. 34 Prozent der Besucher planten zwei bis vier Stunden und 10 Prozent bis zu zwei Stunden auf der Messe ein.

Von den Besuchern eingeplante Zeit für den Messebesuch

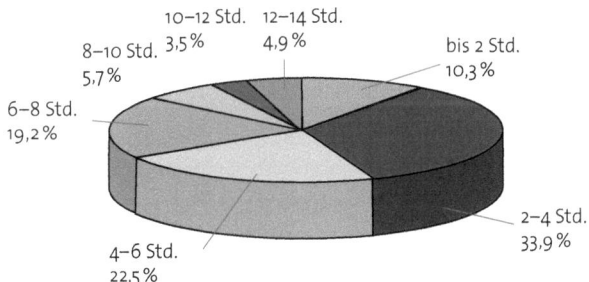

Gespräche mit Ausstellern wollten insgesamt 98 Prozent aller Besucher führen. Bei 11 Prozent waren dies mehr als zehn und bei weiteren 26 Prozent acht bis zehn Gespräche. Je 29 Prozent planten fünf bis sieben bzw. zwei bis vier Gespräche und 4 Prozent zumindest eines. Die Ausstellerfachforen wollten 38 Prozent aller Befragten besuchen.

Teilnahmewunsch an der ConSozial 2011

Im November 2011 wollen 65 Prozent der Befragten wieder zu den Besuchern der ConSozial zählen. 27 Prozent wussten dies zum Zeitpunkt der Befragung noch nicht. 10 Prozent werden an der nächsten Veranstaltung aus verschiedenen Gründen voraussichtlich nicht teilnehmen.

Besuchswunsch ConSozial 2011

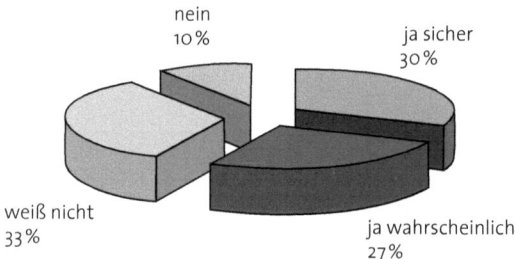

nein 10%
ja sicher 30%
weiß nicht 33%
ja wahrscheinlich 27%

Ideen und Wünsche für 2011

Über das Besucherbüro der ConSozial (info@consozial.de) können Ideen, Wünsche und Verbesserungsvorschläge für die nächste ConSozial abgegeben werden. Die gewünschten Themen und Referenten werden an die Programmkommission weitergegeben und erfahren entsprechende Berücksichtigung bei der Planung der Veranstaltungen der kommenden Jahre.

Die Aussteller und ihre Bewertung

Die von den Ausstellern belegte Standfläche im Messezentrum Nürnberg umfasste 5.136 m².

Lässt man die Sonderfreiflächen der Gemeinschaftsveranstaltung mit dem Deutschen Fürsorgetag außer Acht, so konnte die vermietete Fläche selbst gegenüber dem Spitzenjahr 2009 nochmals um fast 200 m² gesteigert werden. Die Anzahl der Aussteller lag bei 272. Mit 196 Fragebögen sind die Rückmeldungen und Wünsche von 72 Prozent der Aussteller erfasst worden.

Ausstellerverteilung nach Hauptproduktgruppen und Bereichen

Den größten Anteil der gewerblichen Aussteller stellten mit 26 Prozent die Anbieter von Fachsoftware-Lösungen. Dienstleistung im Bereich der Organisations- und Unternehmensberatung boten 7 Prozent der Aussteller an. Die Ausstellungsbereiche Marktplatz ConSozial und Forum Bildung hatten einen Anteil von 31 Prozent bzw. 9 Prozent, das Forum Reha 3 Prozent. Das stärkste Wachstum konnte der Marktplatz ConSozial verzeichnen. Insgesamt ist weiterhin ein Trend zur Verbreiterung der Angebotspalette erkennbar. Die Sonderausstellung »Ambient Assistent Living« ergänzte das Messeangebot und fand große Beachtung bei Besuchern und in den Medien.

Zufriedenheit mit dem Messeverlauf

Die ausstellenden Firmen, Institute, Verbände und Einrichtungen äußerten sich zu 89 Prozent zufrieden über den Verlauf der ConSozial 2010. Sie konnte damit an den Wert des Vorjahres anschließen. Die Aussteller vergaben zu 52 Prozent die Noten sehr gut oder gut.

Beurteilung der Besucherkompetenz

Die Fachkompetenz der Besucher wurde mit 75 Prozent als sehr gut und gut bewertet, 21 Prozent beurteilten sie als zufriedenstellend.

Fachkompetenz der Besucher

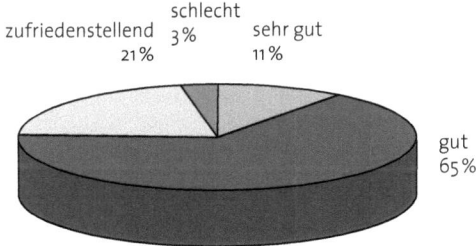

Erreichung der Zielgruppen und Nachmessegeschäft

94 Prozent der Aussteller haben ihre Zielgruppen voll oder teilweise erreicht, 6 Prozent konnten diese nicht zufriedenstellend ansprechen. Neue Geschäftskontakte zu knüpfen war für 80 Prozent der Aussteller sehr gut bis zufriedenstellend möglich. Die bestehenden Kontakte zu Kunden konnten 88 Prozent der Befragten pflegen. Durchschnittlich wurde jeder Ausstellungsstand von 126 Teilnehmern besucht.

Ein gutes Nachmessegeschäft erwarten sich sicher oder wahrscheinlich 61 Prozent der Aussteller, 39 Prozent konnten dies zum Zeitpunkt der Befragung noch nicht einschätzen.

Zufriedenheit mit Organisation und Service

77 Prozent bewerteten die Organisations- und Serviceleistungen der Veranstalter mit sehr gut (17 Prozent) und gut (60 Prozent). Für 17 Prozent war es zufriedenstellend und 6 Prozent äußerten sich hier negativ.

Teilnahmewunsch an der ConSozial 2011

62 Prozent der Aussteller wollen sicher oder wahrscheinlich wieder an der ConSozial 2011 teilnehmen. 33 Prozent haben hierüber noch keine Entscheidung getroffen. Lediglich 6 Prozent werden 2011 aus verschiedenen Gründen voraussichtlich nicht mehr zu den Ausstellern zählen.

Interpretation der Ergebnisse und Fazit

Die ConSozial 2010 konnte auch als Einzelveranstaltung in weiten Bereichen an die Gemeinschaftsveranstaltung der ConSozial 2009 mit dem 78. Deutschen Fürsorgetag anschließen und erreichte erneut ein hohes Niveau an Zufriedenheit unter allen Beteiligten.

Der Kongress mit Fachvorträgen, Best-Practice-Veranstaltungen und Podiumsdiskussionen hat sich zu einer hochkarätigen Veranstaltung entwickelt und wird entsprechend positiv von den Besuchern bewertet.

Auf der Fachmesse stießen insbesondere der gewachsene Marktplatz sowie das Forum Bildung auf eine positive Resonanz bei den Besuchern. Die Job-Infobörse für Führungs- und Fachkräfte bleibt ein Anziehungspunkt sowohl für die studentischen Besucher, als auch für berufstätige Fach- und Führungskräfte. Die erneut gestiegene Ausstellungsfläche zeigt, dass zahlreiche Aussteller mehr Platz zur adäquaten Betreuung der hohen Besucherzahl an ihrem Stand benötigen. Dies spiegelt sich auch in den konstant hohen Zufriedenheitswerten der Aussteller wieder.

Die ConSozial bringt die besten Voraussetzungen mit, um auch im kommenden Jahr ein Forum für Innovation und Fachlichkeit für den sozialen Sektor zu bieten.

Anhang

Verzeichnis der Autoren und Autorinnen

Stefan Becker, Dipl.-Volkswirt soz. R., Geschäftsführer der berufundfamilie Service GmbH Frankfurt/Main
Heiner Bielefeldt, Prof. Dr., Inhaber des im Herbst 2009 neu geschaffenen Lehrstuhls für Menschenrechte und Menschenrechtspolitik an der Universität Erlangen-Nürnberg
Thomas Eisenreich, Sparkassenbetriebswirt, Vorstandsmitglied der Evangelischen Stiftung Alsterdorf, Hamburg
Ute Luise Fischer, Prof. Dr., Volkwirtin und Soziologin, Professorin für Politikwissenschaften an der Fachhochschule Dortmund, Fachbereich Angewandte Sozialwissenschaften. Arbeitsschwerpunkte: Geschlechter- und Arbeitsforschung, rekonstruktive Methoden der Sozialforschung, sozialwissenschaftliche Grundlagen der Sozialen Arbeit, Zukunft des Sozialstaats. Beratung, Vortragstätigkeit und Bildungsangebote in: Selbstbehauptung, Kommunikations- und Konflikttraining, Fallwerkstätten, Personal- und Organisationsentwicklung bzgl. Professionalisierung, Sozialpolitik, Hochschuldidaktik
Axel Geißendörfer, Dipl.-Soz.-Päd. (FH), wissenschaftlicher Mitarbeiter am Institut für Praxisforschung und Evaluation an der Ev. Hochschule Nürnberg, Leiter der Besucher- und Ausstellerbefragung
Erny Gillen, Prof. Dr., lehrt theologische Ethik, Präsident der Luxemburger Caritas und der Caritas Europa, Luxembourg
Christine Haderthauer, Juristin, Mitglied des Bayerischen Landtags, Bayerische Staatsministerin für Arbeit und Sozialordnung, Familie und Frauen, München
Bernd Halfar, Prof. Dr., Professor für Management/OE sozialer Einrichtungen an der Katholischen Universität Eichstätt-Ingolstadt; Unternehmensberater bei xit.forschen.planen.beraten, Nürnberg/Berlin
Markus Horneber, Dr. rer. Pol., Dipl.-Kfm. (Univ.), Geschäftsführer mehrerer Gesellschaften, Leitender Verwaltungsdirektor der Diakonie Neuendettelsau
Wilfried Knorr, Diplompädagoge, Leiter des Bereichs Kinder, Jugendliche und Familie, dann Direktor in Herzogsmühle; Bundesvorsitzender des Evangelischen Erziehungsverbandes (EREV)
Joachim König, Prof. Dr., Evangelische Hochschule Nürnberg, Leiter der Arbeitsstelle für Praxisforschung und Evaluation
Thomas Kreuzer, Dr. theol., Studium der Ev. Theologie, Gesellschaftswissenschaften und Philosophie, Geschäftsführer der Fundraising Akademie gGmbH, Frankfurt/Main
Fritz Krueger, Dr., Privatier

Peter Masuch, Juristenausbildung Universität Bremen, Präsident des Bundessozialgerichts Kassel

Reinhard Marx, Dr., Kardinal, seit 2008 Erzbischof von München und Freising, Vorsitzender der Kommission für gesellschaftliche und soziale Fragen der Dt. Bischofskonferenz; Vizepräsident der Kommission der Bischofskonferenzen der Europäischen Gemeinschaft (COMECE)

Wolfgang Meyer, Sozialwerk St. Georg e. V., Gelsenkirchen

Barbara Mittnacht, Dr. phil., Pflegewissenschaftlerin, Referentin beim GKV-Spitzenverband Berlin und Dozentin am Fachbereich Human- und Gesundheitswissenschaften der Universität Bremen, Arbeitsschwerpunkte: Qualität und Qualitätsentwicklung in der ambulanten und stationären Altenhilfe, angewandte Versorgungsforschung, Pflegepolitik

Christian Oerthel, Diakon, Sozialpädagoge (FH), Rummelsberger Dienste für Menschen ggmbH, Schwarzenbruck

Hans-Joachim Puch, Prof. Dr., Arbeitsschwerpunkte: Organisationen, Bedeutung des Sozialmarkts als Wirtschaftsfaktor, Präsident der Evangelischen Hochschule Nürnberg

Burkard Rappl, Ministerialdirigent, Bayerische Staatsministerium für Arbeit und Sozialordnung, Familie und Frauen

Ronald Richter, Rechtsanwalt, Fachanwalt für Steuerrecht, Vorsitzender der Arbeitsgemeinschaft Sozialrecht im Deutschen Anwaltverein, Hamburg

Renate Salzmann-Zöbeley, Diplompsychologin, Fachstelle »Wohnen im Alter« der GEWOFAG, dem größten kommunalen Wohnungsunternehmen der Landeshauptstadt München, Leiterin des Projektes »Wohnen im Viertel«

Klaus Schellberg, Prof. Dr., Dipl.-Kfm., Leiter des Studiengangs Sozialwirtschaft an der Evangelischen Hochschule Nürnberg und Gesellschafter bei xit.forschen.planen.beraten, Nürnberg/Berlin

Karl Stengler, Mitglied im Sozialpolitischen Ausschuss beim Bundesverband der Arbeiterwohlfahrt, Geschäftsführer des Vereins für Behindertenhilfe Hamburg e. V. und der BHH-Sozialkontor ggmbH, Hamburg

Astrid Szebel-Habig, Prof. Dr., Professorin für Personal- und Unternehmensführung an der Hochschule Aschaffenburg, Fakultät Wirtschaft und Recht. Arbeitsschwerpunkte: Frauenförderung, Mixed Leadership, Talent- und Retention Management. Ihr letztes Buch: Fröse, Marlies/Szebel-Habig, Astrid (Hrsg.): Mixed Leadership: Mit Frauen in die Führung, Haupt Verlag 2009

Wolfgang Wasel, Dr., Vertretungsprofessur für Gesundheitsökonomie der Hochschule Ravensburg – Weingarten; Fakultät Soziale Arbeit, Gesundheit und Pflege, Schwerpunkte: Unternehmensführung, Personalmanagement, Marketing und BWL

Reinhard Wiesner, Dr. jur., Dr. rer. soc. h.c., bis Juni 2010 Leiter des Referats Rechtsfragen des BMFSFJ, Berlin; ab Juli 2010 Partner der Kanzlei Bernzen/Sonntag, Hamburg/Berlin

Heiko Zillich, Dipl.-Heilpädagoge (FH), Lebenshilfe Landesverband Bayern e. V., Erlangen

Mitglieder der Programmkommission der ConSozial 2010

Friedrich Arnold, Referent, Diakonisches Werk der Evangelisch-Lutherischen Kirche in Bayern e. V.
Dr. Jürgen Auer, Landesgeschäftsführer, Lebenshilfe für Menschen mit geistiger Behinderung, Landesverband Bayern e. V.
Dr. Thomas Broch, Pressesprecher der Diözese Rottenburg-Stuttgart
Dr. Thomas Eisenreich, Vorstand, Evangelische Stiftung Alsterdorf
Barbara Fank-Landkammer, Leiterin des Referats Öffentlichkeitsarbeit und Fundrasing, Deutscher Caritasverband e. V.
Rudolf Forster, Regierungsdirektor, Bayerisches Staatsministerium für Arbeit und Sozialordnung, Familie und Frauen
Rainer-Maria Geisler, Leiter der Stabseinheit Zusammenarbeit mit der Landespolitik, Bundesagentur für Arbeit, Regionaldirektion Bayern
Friedemann Götzger, Geschäftsführer, Arbeitsgemeinschaft der öffentlichen und freien Wohlfahrtspflege in Bayern
Carsten Hillgruber, Mitglied des Sozialausschusses des Bayerischen Städtetags, Sozial- und Schulreferent der Stadt Bayreuth
Dr. Dr. Christoph Hölzel, Ministerialdirigent a. D.
Prof. Dr. Joachim König, Evangelische Hochschule Nürnberg
Prof. Helmut Kreidenweis, Katholische Universität Eichstätt-Ingolstadt, KI Consult Augsburg
Irene Marsfelden, Bayerisches Rotes Kreuz, Landesgeschäftsstelle
Wolfgang Meinke, Bundesministerium für Familie, Senioren, Frauen und Jugend
Diakon Christian Oerthel, Dipl.-Soz. Päd. (FH), Diakon, Rummelsberger Dienste für Menschen gGmbH, Grundsatzfragen / Organisationsentwicklung (Wissenschaftliche Leitung)
Michael Pausder, stellvertretender Landesgeschäftsführer und Pressesprecher des Sozialverbandes VdK Bayern
Prof. Dr. Franz Peterander, Ludwig-Maximilians-Universität München, Department Psychologie, Frühförderung
Prof. Dr. Hans-Joachim Puch, Präsident der Evangelischen Hochschule Nürnberg
Burkard Rappl, Ministerialdirigent, Bayerisches Staatsministerium für Arbeit und Sozialordnung, Familie und Frauen
Volker Schirmer, Bundesverband privater Anbieter sozialer Dienste e. V., Regionalgruppe Bayern
Christine Schwab, Bayerisches Staatsministerium für Arbeit und Sozialordnung, Familie und Frauen

Gisela Thiel, Referentin für Grundsatzfragen, Arbeiterwohlfahrt, Landesverband Bayern e.V.
Susanne Türk, Dipl. Päd., Die Rummelsberger Dienste für junge Menschen gGmbH
Prof. Dr. Peter Udsching, Vorsitzender Richter, Bundessozialgericht
Norbert Walke, Regierungsdirektor, Bayerisches Staatsministerium für Arbeit und Sozialordnung, Familie und Frauen
Sascha Weber, Paritätischer Landesverband Bayern, Landesgeschäftsstelle

Kuratorium der ConSozial 2010

Vorsitz
Dr. *Gerhard Timm*, Geschäftsführer der Bundesarbeitsgemeinschaft der Freien Wohlfahrtspflege e. V. (BAGFW)

Geschäftsführung (kommissarisch)
Uta Baur, Caritas-Theologin, Dipl.Soz.päd. (FH), Referentin, Deutscher Caritasverband, Landesverband Bayern e. V.

Mitglieder
Dieter Czogalla, Sprecher des Vorstandes, Sozialwerk St. Georg
Verena Göppert, Beigeordnete, Deutscher Städtetag
Dr. *Barbara Keck,* Bundesarbeitsgemeinschaft der Senioren-Organisationen (BAGSO) e. V.
Prof. Dr. *Heinrich Keupp,* Ludwig-Maximilians-Universität München, Institut für Psychologie
Christian Kipper, Geschäftsführer der Stiftung Deutsches Hilfswerk, ARD Fernsehlotterie
Martin Kraft, Kanzler der Katholischen Hochschule Freiburg
Regina Kraushaar, Sächsisches Staatsministerium für Soziales
Friedhelm Lenz, Leiter des CCN der NürnbergMesse GmbH
Michael Löher, Vorstand des Deutschen Vereins für öffentliche und private Fürsorge e. V.
Herbert Mauel, Bundesgeschäftsführer, bpa Bundesverband privater Anbieter sozialer Dienste e. V.
Diakon Christian Oerthel, Dipl.-Soz. Päd. (FH), Diakon, Rummelsberger Dienste für Menschen gGmbH, Grundsatzfragen / Organisationsentwicklung
Friedhelm Peiffer, Leiter des Bereichs Förderpolitik der Deutschen Behindertenhilfe Aktion Mensch e. V.
Bernd Petri, Geschäftsführer der Bundesarbeitsgemeinschaft für Rehabilitation (BAR)
Reiner Prölß, Referent für Jugend, Soziales und Familie der Stadt Nürnberg
Burkard Rappl, Ministerialdirigent, Bayerisches Staatsministerium für Arbeit und Sozialordnung, Familie und Frauen
Prof. Dr. *Thomas Rauschenbach,* Deutsches Jugendinstitut e. V.
Cristiane Regensburger, Mitglied im Vorstand der BAG Selbsthilfe
Niko Roth, Finanz- und Personalvorstand des Deutschen Caritasverbandes e. V.
Dr. *Greti Schmid,* Landesrätin in Vorarlberg, Österreich

Prof. Dr. Walter Schmid, Präsident der Schweizerischen Konferenz für Sozialhilfe (SKOS)
Dr. Klaus Schulenburg, Abteilungsleiter für Sozialfragen, Deutscher Landkreistag
Bernd Wachter, Generalsekretär Caritas Österreich
Prof. Robert Walbröl, Ernst & Young GmbH, Wirtschaftsprüfungsgesellschaft

Mitglieder der Jury Wissenschaftspreis ConSozial 2010

Prof. Dr. Karin Luckey, Hochschule Bremen
Prof. Dr. Elisabeth Wacker, Universität Dortmund
Prof. Dr. Thomas Rauschenbach, Deutsches Jugendinstitut e.V., München
Prof. Dr. Heinrich Keupp, Ludwig-Maximilians-Universität, München
Prof. Dr. Ulrich Bartosch, Kath. Universität Eichstätt-Ingolstadt